高等职业教育安全防范类专业新形态系列教材

应急处置实务

● 主　编　张绪梁
　副主编　孙　波

大连理工大学出版社

图书在版编目(CIP)数据

应急处置实务 / 张绪梁主编. -- 大连：大连理工大学出版社，2024.9
ISBN 978-7-5685-4822-9

Ⅰ．①应… Ⅱ．①张… Ⅲ．①突发事件－应急对策－高等职业教育－教材 Ⅳ．①D035.29

中国国家版本馆 CIP 数据核字(2024)第 010761 号

大连理工大学出版社出版

地址：大连市软件园路 80 号　邮政编码：116023
发行：0411-84708842　邮购：0411-84708943　传真：0411-84701466
E-mail：dutp@dutp.cn　URL：https://www.dutp.cn
辽宁星海彩色印刷有限公司印刷　大连理工大学出版社发行

幅面尺寸：185mm×260mm	印张：16	字数：386 千字
2024 年 9 月第 1 版		2024 年 9 月第 1 次印刷

责任编辑：唐　爽　　　　　　　　　　责任校对：陈星源
　　　　　　　　封面设计：张　莹

ISBN 978-7-5685-4822-9　　　　　　　　　定　价：55.00 元

本书如有印装质量问题，请与我社发行部联系更换。

前言

党的二十届三中全会审议通过的《中共中央关于进一步全面深化改革 推进中国式现代化的决定》强调,国家安全是中国式现代化行稳致远的重要基础,提出实现高质量发展和高水平安全良性互动,切实保障国家长治久安,完善公共安全治理机制,健全重大突发公共事件处置保障体系,完善大安全大应急框架下应急指挥机制,强化基层应急基础和力量,提高防灾减灾救灾能力。2024年6月28日,第十四届全国人民代表大会常务委员会第十次会议修订了《中华人民共和国突发事件应对法》,标志着我国以此法为基本法,以各行业、各领域的单行应急法规为补充的应急管理法律体系走向成熟。

基于社会对应急处置技能人才的需求,在产教融合背景下,我们根据行业发展需要,围绕专业人才培养目标,编写了《应急处置实务》教材。

本教材作为反映高等职业教育教学改革最新理念的实用教材,按照项目导向、任务驱动、理实一体、突出特色的原则对课程开发开展有益的探索。全书分十四个项目,包括突发事件与应急处置,了解应急处置法律法规,应急预案的编制与演练,报警与接、处警,现场警戒与保护,人群控制与疏散,证人寻找与访问,现场紧急救护,公共场所暴力袭击事件应急处置,群体性事件应急处置,大型活动突发事件处置,交通事故应急处置,公共卫生事件应急处置,自然灾害应急处置。附录为常用应急处置法律法规。

本教材在编写过程中力求突出以下特色:

(1)注重思政引导,强化职业素养。教材贯彻党的二十大精神,重视对学生思想修养、道德情感、理想信念和行为习惯的培养,在每个项目设置"素质提升"模块,指明本项目的思政元素和融入点,与教材内容紧密结合,潜移默化地融入素质教育。

(2)内容有序,体例科学。教学内容采用有序化设计,教学项目体系的搭建遵循基础知识—基本技能—实务运用的逻辑,体现由浅入深、由易到难的学习规律。在每个项目设置若干任务,在任务中穿插"学习目标""素养提升""任务导入""知识链接""拓展案例""项目实训""思考练习"等模块,将对学生认知能力和动手实战能力的培养贯穿全教材。

(3)专业性强,突出技能。本教材坚持职业技能导向,教材内容以应急处置人员职业活动为逻辑起点,以职业岗位要求、工作流程为知识和技能重点。每个任务的"任务导入"模块引导学生进入应急情境,构建基本场景框架,使学生可以带着问题开始学习;"知识链接""拓展案例"模块对必需、够用的基本知识进行必要补充,引领学生拓展思维空间,了解更多、更复杂的场景;"项目实训"模块以小组作业、实地观摩、现场演练等方式帮助学生提高实际动手能力,使其学以致用;"思考练习"模块巩固学生所学基本知识。

(4)教材贯彻现行法律法规、国家标准,与行业发展状况、技术更新同步。

本教材由浙江警官职业学院张绪梁担任主编,浙江警官职业学院孙波担任副主编。其中,张绪梁编写项目一至项目七、项目九至项目十二、项目十四;孙波编写项目八、项目十三。全书由张绪梁统稿和定稿。

在编写本教材的过程中,我们参考、引用和改编了国内外出版物中的相关资料以及网络资源,在此对这些资料的作者表示深深的谢意。请相关著作权人看到本教材后与出版社联系,出版社将按照相关法律规定支付稿酬。

尽管我们在探索教材特色方面做出了许多努力,但教材中仍可能存在一些不足,恳请广大读者批评指正,并将意见和建议反馈给我们,以便修订时改进。

编　者

所有意见和建议请发往:dutpgz@163.com
欢迎访问职教数字化服务平台:https://www.dutp.cn/sve/
联系电话:0411-84707424　84708979

目　录

项目一　突发事件与应急处置 ………………………………………… 1
　　任务一　了解突发事件 …………………………………………… 1
　　任务二　了解应急处置 …………………………………………… 4

项目二　了解应急处置法律法规 ……………………………………… 12
　　任务一　了解《突发事件应对法》 ……………………………… 12
　　任务二　了解其他应急法律法规 ………………………………… 14

项目三　应急预案的编制与演练 ……………………………………… 21
　　任务一　应急预案的编制 ………………………………………… 21
　　任务二　应急演练 ………………………………………………… 31

项目四　报警与接、处警 ……………………………………………… 43
　　任务一　报　警 …………………………………………………… 43
　　任务二　接警和处警 ……………………………………………… 46

项目五　现场警戒与保护 ……………………………………………… 52
　　任务一　现场警戒 ………………………………………………… 52
　　任务二　现场保护 ………………………………………………… 55

项目六　人群控制与疏散 ……………………………………………… 63
　　任务一　人群控制 ………………………………………………… 63
　　任务二　紧急疏散 ………………………………………………… 71

项目七　证人寻找与访问 ……………………………………………… 79
　　任务一　现场访问 ………………………………………………… 79
　　任务二　制作现场访问笔录 ……………………………………… 90

项目八　现场紧急救护　95
任务一　现场急救　95
任务二　心肺复苏　99
任务三　止　血　106
任务四　包　扎　112
任务五　固　定　118
任务六　搬　运　122

项目九　公共场所暴力袭击事件应急处置　129
任务一　涉爆事件应急处置　129
任务二　暴力砍杀事件应急处置　134

项目十　群体性事件应急处置　138
任务一　群体性上访事件处置　138
任务二　网络群体性事件处置　147

项目十一　大型活动突发事件处置　152
任务一　球迷闹事事件处置　152
任务二　拥挤踩踏事件处置　156

项目十二　交通事故应急处置　162
任务一　交通疏导和管制　162
任务二　交通事故现场处置　167

项目十三　公共卫生事件应急处置　178
任务一　了解突发公共卫生事件应急知识　178
任务二　突发传染病事件处置　186
任务三　突发中毒事件处置　191

项目十四　自然灾害应急处置　197
任务一　台风应急处置　197
任务二　洪水、泥石流应急处置　200
任务三　地震应急处置　205

参考文献　212

附　录　214

项目一 突发事件与应急处置

学习目标

(1) 了解突发事件的概念、特征、分级和分类等基础知识。
(2) 了解应急处置的概念和原则。
(3) 了解应急管理体制和机制。
(4) 掌握应急处置的流程。

素养提升

通过对突发事件与应急处置基础知识的学习，领悟人民至上、生命至上的安全发展理念，遵循安全、合法、有效、程序的应急处置原则。

任务一 了解突发事件

任务导入

世界正处于高风险社会

当今世界正处于高风险社会，世界经济论坛（World Economic Forum，WEF）发布的《2022年全球风险报告》认为，未来5~10年内全球主要的长期风险包括气候行动失败、自然资源危机、生物多样性破坏、有害的技术进步、地缘政治资源争夺等。当今社会，军事、政治领域的传统威胁没有消退，新的不安全因素正困扰着人类，传统与非传统安全问题叠加的形态正加剧危及人类安全。唯有时刻保持清醒的认知，做好长期与风险危机并存的心理准备，并且主动应对，不断强大自身，方能在风险洪流中立于不败之地。

一、突发事件的概念

在《现代汉语词典》中,"事件"解释为"历史上或社会上发生的不平常的大事情",由此可将事件理解为历史上或者现实社会生活中发生的,具有严重后果和重大影响的大事。

突发事件的含义有广义和狭义之分。广义的突发事件是指超出组织或个人原定计划或认识范围的,突然发生的具有破坏性或潜在危害性的一切事件。狭义的突发事件可以参照《突发事件应对法》的规定,是指突然发生,造成或者可能造成严重社会危害,需要采取应急处置措施予以应对的自然灾害、事故灾难、公共卫生事件和社会安全事件。

无论在实务界和学术界,突发事件常常与危机事件、紧急事件等相邻概念一起被提及。实际上,它们既有联系又有区别。一般认为危机事件着重对事件危及的范围、烈度和深度的描述,突发事件引起的仅是组织的局部破坏,而危机事件则是对整个组织的根本性的破坏。突发事件强调事件发生的不可预测性,紧急事件强调事件处理的紧迫性。因而,紧急事件是突发事件的上位概念,突发事件是紧急事件,而紧急事件不一定就是突发事件。一般认为突发事件中的重大或特大事件是危机事件。

综上,本书对"突发事件"这一概念定义为突然发生、具有不确定性、需要快速处置并加以控制的危害性事件。

二、突发事件的特征

(一)突发性

突发事件发生多没有征兆,就算是有征兆,但实际发生的时间、地点不可预见,可预警的时间很短,易造成令人触目惊心的危害后果,因而突发事件发生后应急处置准备及实施的时间极其短暂。

(二)紧迫性

突发事件发展迅速,有导致局势恶化、社会混乱的危险或者威胁,要求管理者迅速做出决策,启动应急预案,开展应急响应,充分调动和配置资源进行应对,尽快控制事态,消除不利影响。

(三)不确定性

突发事件不仅在发生的时间、地点等方面具有偶然性,而且其发展变化过程具有明显的不确定性。如果处理不当,损害后果会出现不同程度的扩大,甚至导致更大范围的严重社会危机。突发事件的发生一般很难用常规性的规则进行判断,其后的发展及其影响也缺乏经验性知识的指导。

(四)社会危害性

突发事件的后果一般是很严重的,事件往往会给社会的发展、人民的生命财产及环境带来巨大的损失。大量案例表明,突发事件问题最初发生时可能仅仅是行业性、区域性或局部性的现象,但经过城市、社会所特有的"场"吸引和"场"辐射的作用,其影响力会迅速向各个领域和周边地区蔓延,从而导致各种显性、隐形损失,引起社会动荡,影响社会和谐,对社会的持续发展构成威胁。

三、突发事件的分类和分级

(一)突发事件的分类

按照突发事件的发生过程、性质和机理,突发事件可分为自然灾害、事故灾难、公共卫生事件、社会安全事件四类。

1. 自然灾害

自然灾害是指自然原因导致的突发事件,主要包括水旱灾害、气象灾害、地震灾害、地质灾害、海洋灾害、生物灾害和森林草原火灾等。例如,2008年5月12日,我国发生8.0级地震,震中位于四川省汶川县,地震波及大半个中国乃至东南亚多国,造成6.9余万人遇难,3.7万余人受伤,1.7万余人失踪。

2. 事故灾难

事故灾难是指人类生产、生活导致的突发事件,主要包括工矿商贸等企业的各类安全事故、交通运输事故、公共设施和设备事故、环境污染和生态破坏事件等。例如,2019年3月21日,江苏省响水县江苏天嘉宜化工有限公司化学储罐发生爆炸事故,并波及周边16家企业。事故共造成78人死亡,76人重伤,640人住院治疗,直接经济损失19.86亿元。

3. 公共卫生事件

公共卫生事件主要包括传染病疫情、群体性不明原因疾病、食品安全和职业危害、动物疫情,以及其他严重影响公众健康和生命安全的事件。例如,新型冠状病毒肺炎(COVID-19)疫情于2020年3月被世界卫生组织确认其为全球大流行疫情。2023年5月5日,世界卫生组织宣布,新型冠状病毒肺炎疫情不再构成"国际关注的突发公共卫生事件"。

4. 社会安全事件

社会安全事件是指人类的主观意愿产生的危及安全的突发事件,主要包括恐怖袭击事件、经济安全事件和涉外突发事件等。例如,2023年8月13日9时17分,巴基斯坦瓜达尔港中方项目车队从机场返回港区途中遭遇路边炸弹袭击和枪击,所幸没有造成中国公民伤亡。事后,巴基斯坦恐怖组织"俾路支解放军"下属"马吉德旅"声称对该事件负责。

(二)突发事件的分级

按照社会危害程度、影响范围等因素,突发自然灾害、事故灾难、公共卫生事件可划分为特别特大、重大、较大和一般四级。

《突发事件应对法》规定,突发事件的分级标准由国务院或者国务院确定的部门制定。实际工作中,突发事件的具体分级工作要依据《国家突发公共事件总体应急预案》和地方政府的相关规定来确定。例如,《生产安全事故报告和调查处理条例》中对生产安全事故根据三方面标准来分级:第一,事件造成的死亡人数,30人以上死亡的为特别重大事故;

10人以上30人以下死亡的为重大事故;3人以上10人以下死亡的为较大事故;3人以下死亡的为一般事故。第二,事件造成的重伤人数,100人以上重伤的为特别重大事故;50人以上100人以下重伤的为重大事故;10人以上50人以下重伤的为较大事故;10人以下重伤的为一般事故。第三,事件造成的直接经济损失,即由事件直接造成的物质、财产及人的生命安全所发生的直接费用,1亿元以上直接经济损失的为特别重大事故;5 000万元以上1亿元以下直接经济损失的为重大事故;1 000万元以上5 000万元以下直接经济损失的为较大事故;1 000万元以下直接经济损失的为一般事故。(以上规定中的"以上"含本数,"以下"不含本数。)

突发事件分类和分级的意义在于在突发事件预防及应急中明确不同的责任主体,配置和调动不同范围、不同级别的应急资源,以达到快速有序、科学有效的应急处置效果。

任务二　了解应急处置

任务导入

我国应急管理体系建设历程

从历史进程看,我国应急管理体系建设大体经历了三个阶段:第一阶段从改革开放到2002年,基本上以单灾种应对为主,救灾体系庞大而效率低下。第二阶段从2003年到2012年。2003年,SARS疫情暴发,我国迫切需要建立一个综合性的应急管理体制。2006年,我国设置了国务院应急管理办公室(国务院总值班室),自此我国应急管理体制有了"大脑中枢"。此后,国家大力推进"一案三制"(制定修订应急预案,建立健全应急体制、应急机制、应急法制)建设,并初步建立了"统一领导、综合协调、分类管理、分级负责、属地为主"的应急管理体制,这标志着我国应急管理体系基本建成。后历经汶川地震、南方冰冻雨雪灾害、青海玉树地震等大灾的锤炼,我国应急管理体制逐渐完善起来。第三阶段从2013年到现在。随着2013年国家大部制改革的推进,我国应急管理体制进入了更关注质量的发展阶段。2018年,国家组建应急管理部,推动形成"统一指挥、专常兼备、反应灵敏、上下联动、平战结合"的中国特色应急管理体制。2024年,《突发事件应对法》修订,明确国家建立"统一指挥、专常兼备、反应灵敏、上下联动"的应急管理体制,这标志着中国特色应急管理体系基本形成。

应急管理体制是应急管理(应急处置)的核心内容。了解应急管理体制和机制、应急管理与应急处置的范畴非常必要。

一、应急管理的概念

应急管理是政府、企业及其他公共组织,为了保护公众生命财产安全,维护公共安全、环境安全和社会秩序,在突发事件事前、事发、事中、事后所进行的预防、响应、处置、恢复等活动的总称。应急管理是政府的核心职能之一,它不仅贯穿于突发事件事前、事发、事中、事后的全过程,还是事前、事后的管理和事发、事中的应急的有机统一。

根据国内学界及实务部门的看法,应急管理一般分为四个阶段,即应急预防、应急准备、应急响应和应急恢复。这四个阶段在应急管理中所起的作用各不相同,它们相辅相成,相互影响,如图1-1所示。

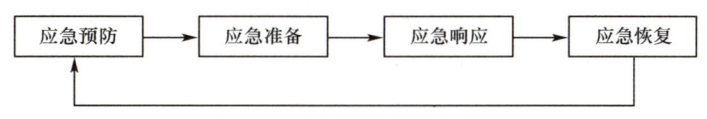

图1-1 应急管理的四个阶段

(一)应急预防

应急预防是指为预防、控制和消除突发事件对人们生命财产长期危害所采取的防御性行动。应急预防有两层含义:一是事件的预防工作,即通过安全管理和安全技术等手段,尽可能地防止事件的发生,实现本质安全;二是在假定事件必然发生的前提下,通过预先采取的预防措施,降低事件的影响或后果严重程度。应急预防的内容包括风险辨识、评价与控制、安全规划、安全研究、安全法规和标准制定、危险源监测监控、事故灾害保险、税收激励和强制性措施等。

(二)应急准备

应急准备是指突发事件发生之前所采取的旨在提高突发事件应急能力的行动。其内容包括制定应急处置方针与原则,建立应急处置工作机制,编制应急处置预案,筹备应急处置物资装备,进行应急处置培训与演习,签订应急互助协议和建立应急处置信息库等。其目标是保持突发事件应急处置所需的应急能力。

(三)应急响应

应急响应是指突发事件即将发生前、发生期间和发生后立即采取旨在保护生命、减少财产损失、控制和消除突发事件的行动。其内容包括启动相应的应急系统和组织,报告有关政府机构,实施现场指挥和救援,控制事件扩大并消除危害,人员疏散和避难,环境保护和监测,现场搜寻和营救等。实际工作中,应急响应根据事态发展可划分为两个阶段:初级响应阶段和扩大应急阶段。

(四)应急恢复

应急恢复是指在突发事件发生后,使生产、生活恢复到正常状态或得到进一步改善的行动。其内容包括损失评估和理赔、清理废墟、灾后重建、应急预案复查和事故调查等。

二、应急管理体制

(一)应急组织体系

应急管理机构是应急管理体系的核心部分。应急管理部是我国应急管理的最高行政主管机构,具体指导安全生产类、自然灾害类应急救援,承担国家应对特别重大灾害指挥部工作。国务院其他部委指导相应事件的应急处置工作,如发生严重危害社会治安秩序的事件时,公安部负责相应处置工作;重大疫情发生时,国家卫生健康委员会负责专业疫情防控工作。另外国家防汛抗旱总指挥部、国务院抗震救灾指挥部、国务院安全生产委员会、国家森林草原防灭火指挥部、国家减灾委员会等国务院议事协调机构也是我国应急管理体制中的重要的协调指挥机构。除政府及其部门外,企业组织、非政府组织、社会公众和国际社会也是应急管理体系的重要组成部分。目前国内应急管理体系中有三支重要的应急救援队伍,即以人民解放军、武警部队为主的军队救援力量,以综合性消防救援队伍、医疗救援队伍、矿山救援队伍为主的专业应急救援队伍,以及企事业单位广大职工和农村社区民众及志愿者等组成的社会应急救援力量。

(二)应急法律法规体系

应急管理体制中要有相对独立的应急法律法规体系。目前我国应急法律法规体系以《突发事件应对法》为基本法,涵盖自然灾害、事故灾难、公共卫生事件和社会安全事件等专业领域的专项法律法规,如《消防法》《安全生产法》《防震减灾法》等,为应对紧急情况措施手段提供了较为充足的法律依据和保障。

(三)应急技术和支撑体系

加强和创新应急体系建设的科技支撑是构建中国特色应急管理体系的迫切需要。无论应急预防阶段涉及的风险评估、应急处置阶段涉及的应急响应,还是事后恢复阶段涉及的信息统计、灾后评估等,移动互联网、大数据、云计算、物联网等新技术均能增强应急环节的整体性、协同性、精准性,起着非常强大的支撑作用。目前我国建有国家自然灾害灾情系统、重特大自然灾害综合评估系统、安全生产信用信息管理系统、全国地方应急管理机构建设信息管理系统等14个相关业务系统,全力保障应急管理体制的响应速度和响应效果。

(四)应急预案体系

应急预案是应急准备环节中的核心内容,是加快反应速度、提高处置措施的针对性、确保处置工作安全有序的必要要求。2004年,国务院办公厅发布的《国务院有关部门和单位制定和修订突发公共事件应急预案框架指南》对应急预案编制的格式、内容进行了具体安排,标志着应急预案编制走上标准化道路。2007年,全国基层应急管理工作座谈会提出建立"横向到边、纵向到底"的应急预案体系。目前,我国已经建立从综合预案、专项预案到现场预案的层级应急预案体系。

三、应急管理机制

2006年,国务院出台《关于全面加强应急管理工作的意见》,提出构建统一指挥、反应灵敏、协调有序、运转高效的应急管理机制。应急管理机制包括预防与应急准备机制、监测与预警机制、信息报告机制、应急响应机制、应急处置机制、善后恢复和重建与调查评估机制、资源配置与监管机制、新闻发布机制、合作参与机制。

(一)预防与应急准备机制

预防与应急准备机制是指应急管理相关机构在突发事件发生前,为消除或者降低突发事件发生可能性及其带来的危害性而采取风险管控的过程。相关应急机构通过调查和风险评估，认识突发事件发生发展规律，利用行政、法律、技术等手段，从源头上减少或消除事件发生诱因，并提前做好相关的应急准备工作，从而减少事件所带来的危害。预防与应急准备机制一般是通过降低脆弱性、开展风险管理和做好应急准备等流程来开展工作的。

（二）监测与预警机制

监测与预警机制是指应急管理主体依据既往的突发事件数据和资料，运用科学的预测和推理技术，对某些突发事件出现的条件、发展趋势和演变规律等做出科学的估计与推断，对突发事件发生的可能性及其危害程度进行估量，并及时提醒公众做好准备，规避危险，减少损失。其主要功能为突发事件监测，预警信息的确认与发布。2004年12月26日，印度尼西亚苏门答腊岛附近海域发生9级以上地震，引发印度洋海啸，造成30多万人死亡，造成如此惨重损失的一个重要原因是印度洋各岛国没有建立健全海啸预警预测系统。

（三）信息报告机制

信息报告机制是指突发事件发生后，应急管理责任方将突发事件信息及时、准确、全面地报送给上级应急管理机构，为上级应急管理机构科学、正确地决策和指挥提供有效保障。信息报告是应急管理机制的重要环节，及时、准确、全面地报告突发事件信息，有利于预测突发事件发展趋势，采取积极有效措施，最大限度地减少事件发生及造成的损失，保护人民群众生命和财产安全。

（四）应急响应机制

应急响应机制是指突发事件发生后，社会组织或公众向应急管理系统报警，应急管理系统针对社会组织或公众的报警做出反应的过程。应急响应机制可以保障公众将突发事件信息及时、有效地报送出去，而应急管理系统能够针对报警做出快速、准确的反应。目前，我国成立了应急联动中心、110接警中心，建立统一接警、分类分级调度、统一监督管理的接警与调度分离的应急响应模式。

（五）应急处置机制

应急处置机制是指突发事件发生后，政府或者公共组织为尽快控制和减少事件造成危害而采取的应急措施，主要包括启动应急机制、组建应急工作机构、开展应急救援、适时公布事件进展等。应急处置是应急管理工作中重要的职能之一，也是本门课程介绍的重点。

（六）善后恢复和重建与调查评估机制

善后恢复和重建与调查评估机制是指突发事件被控制后，政府及其部门、社会力量致力于恢复工作，尽力将社会财产、基础设施、社会秩序和社会心理恢复到正常状态的过程。善后恢复和重建与调查评估是应急管理运行机制中的重要环节，旨在通过对突发事件发生的深度分析及应急处置过程复盘，巩固处置成果，恢复秩序，总结经验教训，提出改进意见，不断提高应急管理水平。同时，对涉及事故的责任人给予相应处理。

（七）资源配置与监管机制

充分利用应急资源是保障应急管理体系正常运转的必要环节。应急资源管理既要考虑资源数量、质量，还要考虑资源在时间和空间上的规划布局，使资源保持在最佳配置状态，做到有备无患。资源配置与监管机制是应急管理的重要组成部分，贯穿于应急管理全过程，通过纠正偏差，改进制度，排除干扰，促使应急管理体系正常运转，主要通过监督机制和奖惩机制来实现。

(八)新闻发布机制

新闻发布机制是指突发事件发生后,应急指挥部确定新闻发言人,按照有关规定和程序,统一、及时向社会发布有关信息。事件信息披露(除涉及国家安全、有重大影响公共利益和个人隐私外)是应急工作各主方信息沟通主要内容之一。只有及时、准确、全面地披露事件信息,才能满足公众知情权,接受社会监督,杜绝谣言产生,避免社会恐慌,才能使社会组织、公众配合政府开展应急工作。

(九)合作参与机制

突发事件的处置范围、危害程度难以确定,给处置工作带来难度,在某些情况下需要外在力量协同作战,即合作参与。一方面,需要应急处置主体与事发周边各方共同应对突发事件;另一方面,需要引导、发动社会力量共同参与处置突发事件。

四、应急处置的概念和原则

(一)应急处置的概念

应急处置是应急管理环节中的一环,而且是其最核心的组成部分。它着眼于应急管理的战略、方法与技术,强调应急程序、应急决策、应急组织和应急行动。同时,应急处置与其他应急管理环节具有天然的联系,彼此不可割裂。

据此,应急处置定义为针对即将或业已发生的突发事件,相关组织或个人迅速开展一系列旨在控制事态局面、减少损失的应急措施或行动。

(二)应急处置的原则

《国家突发公共事件总体应急预案》明确提出了应对各类突发公共事件的六条工作原则:以人为本,减少危害;居安思危,预防为主;统一领导,分级负责;依法规范,加强管理;快速反应,协同应对;依靠科技,提高素质。对于应急处置,应突出以下几个原则:

1. 安全性原则

安全性原则也称为人本主义原则,应急处置要把保障公众健康和生命安全作为首要任务。凡是可能造成人员伤亡的突发事件在发生前,要及时采取人员避险措施;在发生后,要优先开展抢救人员的紧急行动;要加强对参与处置突发事件的应急人员的安全防护,最大程度地避免和减少突发事件造成的人员伤亡和危害。同时,在保证人员生命安全的基础上,尽力保障国家和人民群众的财产安全。

2. 时间性原则

由于突发事件具有巨大的破坏性和危害性,突发事件一旦发生,必须立即在事发现场采取一系列紧急处置行动,及时控制事态发展。要做到及时应对突发事件,首先要求应急人员具有快速反应的能力,在接到报警或是上级的派遣指令后,能够火速赶赴现场。要依托现代智慧平台,自动关联展示事件信息、应急预案、周边力量、现场视频等,自动匹配最需要、最有效的处置力量,点对点、可视化地精准下达处置指令,真正实现依靠现代智慧调度下的快速处置。

3. 协同性原则

由于参与应急处置的人员和力量来自社会各个方面,包括军队、警察、交通、通信、消防、信息、搜救、食品、公共设施、公众救护、物资支持、医疗和政府其他部门的人员等,甚至还有志愿人员参加,相互之间需要互相支持和协作,形成统一的处置力量,需要借助社会各种力量的共同参与,整合各种资源,形成处置合力,才能实现最优效果。因此,应急处置中统一指挥、协调的运作机制尤为重要。

4. 合法性原则

应急处置属于非常规或非程序性决策问题,因此,在应急处置过程中,政府应急管理权力运作的合法性就显得特别关键。紧急情景下,政府特别是警方拥有许多特殊权力,但这些权力必须慎用,切忌误用、滥用,尤其涉及公民人身权、财产权的紧急措施更需依法行使。应合理把握非常措施的运用范围和实施力度,妥善处理应急措施与常规管理的关系,使应对突发事件的工作规范化、制度化、法制化。

5. 科学性原则

先进的应急技术和设备、科学的决策和指挥是应急处置事件成功的重要保障。因而,应急处置必须加强公共安全科学研究和技术开发,采用先进的预测、预警、预防和应急处置技术及设备,提高应对突发公共事件的科技水平和指挥能力;充分发挥专家在突发事件的信息研判、决策咨询、专业救援、应急抢险、事件评估等方面的作用。

五、应急处置的流程

应急处置的流程如图 1-2 所示。

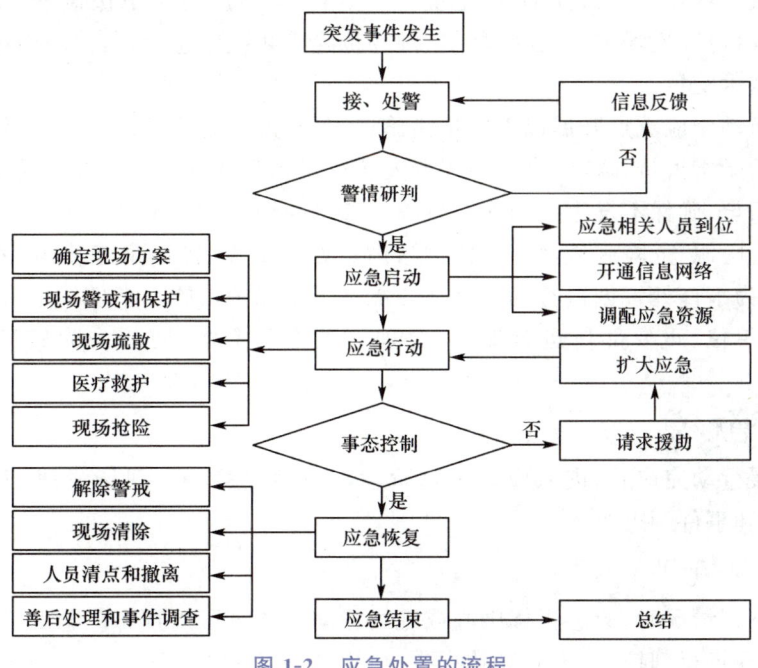

图 1-2 应急处置的流程

（一）接、处警

突发事件发生后,报警信息应迅速汇集到应急指挥中心并立即传送到各专业区域应急指挥中心。在受理报警时,要抓住主要要素问询并记录。一般按照"五要素"(时间、地点、人、警情性质、联系方式)开展接警工作。

处警是指应急指挥中心根据警情调派应急力量赶赴现场,确认案情,维护秩序和先期处置等活动。处置人员到达现场后,要迅速熟悉现场情况,通过询问、观察,初步判明事件性质,针对不同性质的警情,采取相应的应急行动,并及时向相关应急平台报告现场突发事件情况。

应急指挥中心接到警报后,应立即建立与事件现场的地方或企业应急机构的联系,根据事件报告的详细信息,对警情做出判断。通过问询和现场反馈,尽量了解事件发生的时间、地点、原因、伤亡情况和财产损失情况,在此基础上判断事件的性质。当然,由于突发事件发生、发展的不确定性,初期警情研判结果可能不够精准,为更好应对突发事件,宜采取"就高不就低"的原则。通过警情研判,由应急中心值班负责人或现场指挥人员初步确定相应的响应级别。

（二）应急启动

在响应级别确定后,应急指挥中心应立即按规定程序发布预警信息和警报。同时启动应急程序,通知应急指挥中心有关人员到位,开通信息网络,调配救援所需的应急资源(包括应急队伍和物资、装备等),派出现场指挥协调人员和专家等。如果事件不足以启动应急救援体系的最低响应级别,通知应急机构和其他有关部门关闭响应。

（三）应急行动

在快速成立现场应急指挥部,确定现场方案后,救援应急队伍快速进入事件现场,开展现场警戒和保护、现场疏散、医疗救护、现场抢险等相关应急救援工作,专家为救援决策提供建议和技术支持。

在应急行动中应重点开展以下三项措施:一是救人措施。组织各种力量开展处置,组织营救和救治受害人员,疏散、撤离并妥善安置受到威胁的人员,应急救援要保障营救工作人员生命安全,确保不发生新的伤亡事故。二是控制措施。事件发生后,指挥部要迅速查出并控制危险源、危险区域,划定警戒线,确定处置重点,控制事态蔓延,消除发生次生灾害的隐患,为事件处置创造有利的外部环境。三是保护措施。事件发生后,要对重要应急物资、重点单位、重要部位进行保护,合理分配应急资源,防止人为破坏和不可抗力影响。

（四）应急恢复

应急救援行动完成后,进入应急恢复阶段,包括解除警戒,现场清理,人员清点和撤离,善后处理和事件调查等。

（五）应急结束

当出现下列情况时,应急指挥中心或现场行动指挥官可以宣布应急处置结束:

(1)事件现场得到控制,没有导致次生、衍生的事故,或导致次生、衍生的事故隐患已消除。

(2)没有被困人员,事件现场人员已疏散到安全地带。

(3)受伤人员已全部从事件现场救出,并送到医院进行救治,没有失踪人员,包括参加应急处置的人员。

(4)事件现场的各种专业应急处置行动已无继续的必要。

项目实训

实训案例:

某日 14 时 50 分左右,N 市公安局 110 指挥中心接群众报警,称在本市一台球室内,工作人员在台球桌下发现一个疑似爆炸物。接警后,N 市公安局迅速启动爆炸物品紧急预案,紧急调集警力赶赴现场紧急处置。

第一批赶到现场的警察迅速在现场拉起两道警戒线,台球室所在道路西侧由北向南约 150 m 长的路段被封锁,交警疏导过往行人车辆由逆向车道通行。十余名警察站在第一道警戒线外,不时劝告围观市民现场危险,赶快离开。数百名围观市民站在第二道警戒线外议论纷纷。

警察在台球桌下发现一个约 15 cm×5 cm×5 cm 的白色长方体,盒外有缠着黑色胶带的疑似电池装置,并且闪烁着红灯。

15 时 55 分,3 辆黑色巡特警排爆车赶到现场。巡特警防爆队员用遥控器操控排爆机器人慢慢向疑似爆炸物靠近,伸出机械手将它抓了起来并移动放置入路旁防爆罐车内的防爆罐,之后迅速运走,整个过程持续了 10 min。

16 时 15 分,警犬赶到现场。经 10 min 的搜寻,警犬没有发现其他可疑物。

16 时 25 分,在巡特警防爆队员离开现场后,现场警察撤除了警戒线,封锁被解除。

18 时左右,警方向外界宣称已排除该物品为爆炸装置。

实训内容:

(1)参照图 1-2 的流程,讨论本案例应急处置的各节点。

(2)讨论本案例中如何体现应急处置的原则。

实训实施:

(1)以小组为单位,分组讨论上述问题。

(2)每小组派 1~2 名代表分享小组意见。

(3)其他小组成员听完后提问互动。

(4)教师点评小组表现,并解答互动疑难问题。

思考练习

(1)突发事件的含义和特征是什么?突发事件是如何分类的?

(2)应急处置的概念是什么?

(3)应急组织体系是如何构成的?

(4)简述应急处置的流程。

项目二 了解应急处置法律法规

学习目标

(1)了解《防洪法》《自然灾害救助条例》《生产安全事故应急条例》《戒严法》的主要内容。

(2)掌握《应急突发事件应对法》《安全生产法》《传染病防治法》的主要内容。

素养提升

通过对应急法律法规条文和案例的学习,树立应急法治观念,形成依法应急意识,树立人民至上、生命至上的以人为本的发展理念。

任务一 了解《突发事件应对法》

任务导入

网民在网络散发虚假自然灾害信息被罚案

某日,网民王某在抖音 App 将一段下雨路况视频捏造为"大暴雨,塌了,山体滑坡"视频,引起网民恐慌,严重扰乱社会秩序,造成不良社会影响。当地警方依据《治安管理处罚法》第二十五条的规定,对王某因虚构事实扰乱公共秩序的行为依法处以行政罚款,并责令其删除相关谣言信息。《突发事件应对法》第七条规定:"任何单位和个人不得编造、故意传播有关突发事件的虚假信息。"

目前我国应急法律法规体系是以《突发事件应对法》为基本法,以自然灾害、事故灾难、公共卫生事件和社会安全事件等专业领域的专项法律法规搭建的体系。

一、《突发事件应对法》的主要内容

《突发事件应对法》于2007年颁布，于2024年进行了修订。该法共八章一百零六条，是一部规范突发事件应对工作原则和预防与应急准备、监测与预警、应急处置与救援、事后恢复与重建等内容的重要法律。该法主要包括以下内容：

(1)确立了突发事件应对的总体原则，即应当坚持总体国家安全观，统筹发展与安全；坚持人民至上、生命至上；坚持依法科学应对，尊重和保障人权；坚持预防为主、预防与应急相结合的原则。

(2)建立突发事件管理与指挥体制。国家建立统一指挥、专常兼备、反应灵敏、上下联动的应急管理体制和综合协调、分类管理、分级负责、属地管理为主的工作体系。而且特别规定，突发事件应急指挥机构发布的决定、命令、措施与设立它的人民政府发布的决定、命令、措施具有同等效力，法律责任由设立它的人民政府承担。

(3)建立应急预防与应急准备制度。国家建立健全突发事件应急预案体系，县级以上人民政府应急管理部门指导突发事件应急预案体系建设，明确了应急预案的制定、修订、备案等程序。建立健全应急避难场所标准体系和突发事件风险评估体系，明确国家综合性消防救援队伍是应急救援的综合性常备骨干力量的性质，强调各级地方政府、基层组织建立基层应急救援队伍，加强应急救援的专门训练和公众的应急知识宣传普及活动和必要的应急演练。按照集中管理、统一调拨、平时服务、灾时应急、采储结合、节约高效的原则，建立健全应急物资储备保障制度。

(4)建立健全突发事件监测与预警制度。可以预警的自然灾害、事故灾难和公共卫生事件的预警级别，按照突发事件发生的紧急程度、发展势态和可能造成的危害程度分为一级、二级、三级和四级，分别用红色、橙色、黄色和蓝色标示，一级为最高级别。国家建立健全突发事件预警发布平台，按照有关规定及时、准确向社会发布突发事件预警信息。

(5)确立突发事件的应急处置制度。明确地方人民政府应当采取下列应急处置措施：组织营救，控制危险源，抢修与提供避难，划定警戒区，实行交通管制，限制人员流动，封闭管理，关闭部分设施场所，启用应急保障物资，组织救援，保障基本生活品供应，打击违法行为，维护社会秩序等。特别规定了在应急处置中公民、法人和其他组织的信息收集的程序和方式，并确保信息安全。

(6)明确事后恢复与重建制度。规定人民政府在突发事件的威胁和危害得到控制或者消除后应当宣布解除应急响应。突发事件影响地区的地方政府和有关部门应尽快修复被损坏的交通、通信、供水、排水、供电、供气、供热、医疗卫生、水利、广播电视等公共设施。

(7)完善法律责任体系。对违反本法的地方政府及相关部门、相关单位及个人设定了更为严格的法律责任，包括行政处分、罚款乃至追究刑事责任等。同时，加强了对投诉、举报制度的规定，鼓励公众积极参与监督，确保法律的有效实施。如考虑到在突发事件应对过程中，往往会有公民为了避免人身、财产损害而采取避险行为的情况，在本法中增加与《民法典》《刑法》等法律关于紧急避险的衔接性规定，为公民在突发事件应急处置中开展自救互救、减少损失提供法律依据。

> **知识链接**
>
> **《突发事件应对法》相关规定**
>
> 　　第九十七条　违反本法规定，编造并传播有关突发事件的虚假信息，或者明知是有关突发事件的虚假信息而进行传播的，责令改正，给予警告；造成严重后果的，依法暂停其业务活动或者吊销其许可证件；负有直接责任的人员是公职人员的，还应当依法给予处分。
>
> 　　第九十八条　单位或者个人违反本法规定，不服从所在地人民政府及其有关部门依法发布的决定、命令或者不配合其依法采取的措施的，责令改正；造成严重后果的，依法给予行政处罚；负有直接责任的人员是公职人员的，还应当依法给予处分。
>
> 　　第一百条　单位或者个人违反本法规定，导致突发事件发生或者危害扩大，造成人身、财产或者其他损害的，应当依法承担民事责任。
>
> 　　第一百零二条　违反本法规定，构成违反治安管理行为的，依法给予治安管理处罚；构成犯罪的，依法追究刑事责任。

二、《突发事件应对法》的意义

　　《突发事件应对法》颁布实施标志着我国对突发事件的应对进入规范化、科学化、法制化的轨道，标志着我国以《突发事件应对法》为基本法，以各行业、各领域的单行应急条例为补充的应急处置法律法规体系初步形成。

　　2024年6月28日第十四届全国人民代表大会常务委员会第十次会议通过《突发事件应对法》修订稿，回应了社会关切热点问题，是我国应急管理体系和能力建设的新成果、新经验。此次修订，标志着我国以突发事件应对法为基本法，以各行业、各领域的单行应急法为补充的应急管理法律体系走向成熟。

任务二　了解其他应急法律法规

> **任务导入**
>
> **《安全生产法》在预防减少生产安全事故上发挥重要作用**
>
> 　　《安全生产法》自2002年施行以来，对预防和减少生产安全事故发挥了重要作用。我国生产安全事故死亡人数从2002年的大约14万人，减少到2020年的2.71万人，减少了约80.6%；全国事故起数和死亡人数连续十余年实现"双减少"；重特大事故起数从2001年的140起，减少到2020年的16起，减少了88.6%。2020年是中华人民共和国成立以来首次未发生特别重大事故的年份。安全生产领域立法在规范执法行为、治理安全生产领域乱象方面效果明显。

一、自然灾害类的应急法律法规

自然灾害类的应急法律法规主要有《气象法》《水法》《防洪法》《防震减灾法》《森林法》《防沙治沙法》《自然灾害救助条例》《防汛条例》《气象灾害防御条例》《破坏性地震应急条例》《地质灾害防治条例》《军队参加抢险救灾条例》等。下面重点介绍《防洪法》和《自然灾害救助条例》。

(一)《防洪法》

《防洪法》于1997年颁布,至2016年进行了三次修正。其主要内容如下：

(1)明确了防洪工作的基本原则,即实行全面规划、统筹兼顾、预防为主、综合治理、局部利益服从全局利益的原则。

(2)确定防汛指挥机构设置和职责分工及防汛抗洪工作管理体系。防汛抗洪工作实行各级人民政府行政首长负责制,统一指挥、分级分部门负责。有防汛抗洪任务的县级以上地方人民政府设立由有关部门、当地驻军、人民武装部负责人等组成的防汛指挥机构。

(3)确立防御洪水方案制度。有防汛抗洪任务的县级以上地方人民政府根据流域综合规划、防洪工程实际状况和国家规定的防洪标准,制定防御洪水方案。

(4)授权防汛指挥机构的有关行政措施。在紧急防汛期,国家防汛指挥机构或者其授权的流域、省、自治区、直辖市防汛指挥机构有权对壅水、阻水严重的桥梁、引道、码头和其他跨河工程设施做出紧急处置。

(5)明确了军队、武警参与抗洪的职责。中国人民解放军、中国人民武装警察部队和民兵应当执行国家赋予的抗洪抢险任务。

(6)确定了授权紧急征用权。在紧急防汛期,防汛指挥机构根据防汛抗洪的需要,有权在其管辖范围内调用物资、设备、交通运输工具和人力,决定采取取土占地、砍伐林木、清除阻水障碍物和其他必要的紧急措施。

(7)确定救灾保障和恢复制度。发生洪涝灾害后,有关人民政府应当组织有关部门、单位做好灾区的生活供给、卫生防疫、救灾物资供应、治安管理、学校复课、恢复生产和重建家园等救灾工作以及所管辖地区的各项水毁工程设施修复工作。

(二)《自然灾害救助条例》

《自然灾害救助条例》于2010年颁布,于2019年进行了修订。其主要内容如下：

(1)明确自然灾害救助工作的领导体系。实行各级人民政府行政领导负责制。国家减灾委员会负责组织、领导全国的自然灾害救助工作,协调开展重大自然灾害救助活动。目前具体工作由应急管理部负责。

(2)确立自然灾害救助物资储备制度。设区的市级以上人民政府和自然灾害多发、易发地区的县级人民政府应当根据自然灾害特点、居民人口数量和分布等情况,按照布局合理、规模适度的原则,设立自然灾害救助物资储备库。

(3)设立应急避难场所制度。县级以上地方人民政府应当根据当地居民人口数量和分布等情况,利用公园、广场、体育场馆等公共设施,统筹规划设立应急避难场所,并设置明显标识。

(4) 加强自然灾害救助人员的队伍建设。村民委员会、居民委员会和企业事业单位应当设立专职或者兼职的自然灾害信息员。

(5) 设立自然灾害预警、响应机制。县级以上人民政府或者人民政府的自然灾害救助应急综合协调机构应当根据自然灾害预警预报启动预警响应,及时向社会发布避险警告,开放应急避难场所,组织避险转移,做好基本生活的救助准备。当达到应急预案启动条件时,及时启动应急响应,紧急转移安置受灾人员,救助、抚慰受灾人员,处理遇难人员善后事宜。

(6) 规范灾后生活救助制度。如受灾地区人民政府应当对受灾人员进行过渡性安置,提供基本生活救助,组织重建或者修缮因灾损毁的居民住房。

二、事故灾难类的应急法律法规

事故灾难类的法律法规主要有《安全生产法》《消防法》《危险化学品安全管理条例》《矿山安全法》《建筑法》《煤矿安全生产条例》《生产安全事故应急条例》《核电厂核事故应急管理条例》等。下面重点介绍《安全生产法》和《生产安全事故应急条例》。

(一) 安全生产法

《安全生产法》于2002年颁布,至2021年进行了三次修正。其主要内容如下:

(1) 安全生产工作坚持中国共产党的领导。这充分说明了党对安全的重视。

(2) 坚持人民至上、生命至上,把保护人民生命安全摆在首位,树牢安全发展理念,坚持安全第一、预防为主、综合治理的方针,从源头上防范化解重大安全风险。这充分体现了习近平总书记关于安全生产的重要论述精神,贯彻了党中央、国务院关于加强安全生产的一系列重大决策部署,确立了"以人为本、安全发展"的指导原则和"安全第一、预防为主、综合治理"的方针,进一步解决了安全生产"摆位"、责任落实、重典治乱等问题,为加强安全生产工作提供了强有力的法律支撑,对有效防范和坚决遏制生产安全事故,保障人民群众生命财产安全,促进经济社会持续健康发展具有十分重要的意义。

(3) 明确安全生产责任的"三必须"原则,即管行业必须管安全、管业务必须管安全、管生产经营必须管安全。这是我国安全生产管理体制中分工负责的原则,也就是按照党政同责、一岗双责、齐抓共管的原则落实安全管理责任,要求政府的行业领域主管部门在其管理业务和生产经营活动时,必须管安全。明确企业主要负责人是安全生产第一责任人,其他负责人对职责范围内的安全生产工作负责。

(4) 建立完善安全风险评估与论证机制,按照安全风险管控要求,进行产业规划和空间布局。这表明了党和国家在安全方面关口前移的主导思想。

(5) 强制执行安全生产责任险制度。属于国家规定的高危行业、领域的生产经营单位,应当投保安全生产责任保险。国家鼓励生产经营单位投保安全生产责任保险。

(6) 加强双重预控。要求生产经营单位构建安全风险分级管控和隐患排查双重预防机制,并在罚则中对于未建立制度和采取管控措施的生产经营单位给予相应处罚。

(7) 加大处罚力度。一是罚款金额更高。现在对特别重大事故的罚款,最高可达一亿元。二是处罚方式更严。违法行为一经发现,即责令整改并处罚款,拒不整改的,责令停产停业整顿,并且可以按日连续计罚。三是惩戒力度更大。采取联合惩戒方式,最严重的要进行行业或者职业禁入等联合惩戒措施。例如,对承担安全评价、认证、检测、检验职责的机构及其直接责任人员,吊销其相应资质和资格,五年内不得从事安全评价、认证、检测、检验等工作;情节严重的,实行终身行业和职业禁入。

> **知识链接**
>
> **《安全生产法》相关条款**
>
> 第八条 国务院和县级以上地方各级人民政府应当根据国民经济和社会发展规划制定安全生产规划,并组织实施。安全生产规划应当与国土空间规划等相关规划相衔接。
>
> 各级人民政府应当加强安全生产基础设施建设和安全生产监管能力建设,所需经费列入本级预算。
>
> 县级以上地方各级人民政府应当组织有关部门建立完善安全风险评估与论证机制,按照安全风险管控要求,进行产业规划和空间布局,并对位置相邻、行业相近、业态相似的生产经营单位实施重大安全风险联防联控。
>
> 第二十一条 生产经营单位的主要负责人对本单位安全生产工作负有下列职责:
>
> (一)建立健全并落实本单位全员安全生产责任制,加强安全生产标准化建设;
>
> (二)组织制定并实施本单位安全生产规章制度和操作规程;
>
> (三)组织制定并实施本单位安全生产教育和培训计划;
>
> (四)保证本单位安全生产投入的有效实施;
>
> (五)组织建立并落实安全风险分级管控和隐患排查治理双重预防工作机制,督促、检查本单位的安全生产工作,及时消除生产安全事故隐患;
>
> (六)组织制定并实施本单位的生产安全事故应急救援预案;
>
> (七)及时、如实报告生产安全事故。
>
> 第九十二条 承担安全评价、认证、检测、检验职责的机构出具失实报告的,责令停业整顿,并处三万元以上十万元以下的罚款;给他人造成损害的,依法承担赔偿责任。
>
> 承担安全评价、认证、检测、检验职责的机构租借资质、挂靠、出具虚假报告的,没收违法所得;违法所得在十万元以上的,并处违法所得二倍以上五倍以下的罚款;没有违法所得或者违法所得不足十万元的,单处或者并处十万元以上二十万元以下的罚款;对其直接负责的主管人员和其他直接责任人员处五万元以上十万元以下的罚款;给他人造成损害的,与生产经营单位承担连带赔偿责任;构成犯罪的,依照刑法有关规定追究刑事责任。
>
> 对有前款违法行为的机构及其直接责任人员,吊销其相应资质和资格,五年内不得从事安全评价、认证、检测、检验等工作,情节严重的,实行终身行业和职业禁入。

> 第九十五条 生产经营单位的主要负责人未履行本法规定的安全生产管理职责,导致发生生产安全事故的,由应急管理部门依照下列规定处以罚款:
> (一)发生一般事故的,处上一年年收入百分之四十的罚款;
> (二)发生较大事故的,处上一年年收入百分之六十的罚款;
> (三)发生重大事故的,处上一年年收入百分之八十的罚款;
> (四)发生特别重大事故的,处上一年年收入百分之一百的罚款。

(二)生产安全事故应急条例

《生产安全事故应急条例》于2019年颁布。其主要内容如下:

(1)明确应急工作体制。国务院统一领导全国的生产安全事故应急工作,县级以上地方人民政府统一领导本行政区域内的生产安全事故应急工作。

(2)强化应急准备工作。县级以上人民政府及其负有安全生产监督管理职责的部门和乡、镇人民政府以及街道办事处等地方人民政府派出机关应当制定相应的生产安全事故应急救援预案,并依法向社会公布。生产经营单位应当制定相应的生产安全事故应急救援预案,并向本单位从业人员公布。

(3)规范现场应急救援工作。发生生产安全事故后,生产经营单位应当立即启动生产安全事故应急救援预案,采取相应的应急救援措施,并按照规定报告事故情况。有关地方人民政府及其部门接到生产安全事故报告后,按照预案的规定采取抢救遇险人员,救治受伤人员,研判事故发展趋势以及可能造成的危害,防止事故危害扩大和次生、衍生灾害发生等应急救援措施,按照国家有关规定上报事故情况。

三、公共卫生类的应急法律法规

公共卫生类的法律法规主要有《传染病防治法》《食品安全法》《动物防疫法》《国境卫生检疫法》《疫苗管理法》《进出境动植物检疫法》《突发公共卫生事件应急条例》《重大动物疫情应急条例》《植物检疫条例》《学校卫生工作条例》《公共场所卫生管理条例》《传染病防治法实施办法》《消毒管理办法》《国境卫生检疫法实施细则》等。下面重点介绍《传染病防治法》。

《传染病防治法》于1989年颁布,于2004年修订,2013年修正。其主要内容如下:

(1)实施传染病分类管理制度。根据传染病病种的传播方式、速度及其对人类危害程度,我国将列为法定管理的37种传染病分为甲、乙、丙三类,实行分类管理。对部分乙类传染病采取甲类传染病的预防、控制措施。

> **知识链接**
>
> **新型冠状病毒感染疫情管控政策调整**
>
> 2020年1月20日,国家卫生健康委员会发布2020年第1号公告,将新型冠状病毒感染的肺炎纳入《传染病防治法》规定的乙类传染病,并采取甲类传染病的预防、

控制措施,即采取"乙类甲管"政策。随着疫情的发展,根据病原体、疾病的性质和危害性的认识,以及人群免疫力和卫生健康系统的抵抗力等情况,2022年12月26日,国家卫生健康委发布2022年第7号公告,于2023年1月8日起,将新型冠状病毒感染从"乙类甲管"调整为"乙类乙管"。

(2)规定公民预防控制的配合义务。一切单位和个人,必须接受疾病预防控制机构、医疗机构有关传染病的调查、检验、采集样本、隔离治疗等预防、控制措施,如实提供有关情况。

(3)明确传染病预警和信息通报制度。国务院卫生行政部门和省、自治区、直辖市人民政府根据传染病发生、流行趋势的预测,及时发出传染病预警,根据情况予以公布。县级以上地方人民政府卫生行政部门应当及时向本行政区域内的疾病预防控制机构和医疗机构通报传染病疫情以及监测、预警的相关信息。

(4)规定疫情控制措施。医疗机构发现甲类传染病时,对病人、病原携带者,予以隔离治疗,隔离期限根据医学检查结果确定;对疑似病人,确诊前在指定场所单独隔离治疗;对医疗机构内的病人、病原携带者、疑似病人的密切接触者,在指定场所进行医学观察和采取其他必要的预防措施。拒绝隔离治疗或者隔离期未满擅自脱离隔离治疗的,可以由公安机关协助医疗机构采取强制隔离治疗措施。传染病暴发、流行时,县级以上地方人民政府可以限制或者停止集市、影剧院演出或者其他人群聚集的活动;停工、停业、停课;封闭或者封存被传染病病原体污染的公共饮用水源、食品以及相关物品;控制或者扑杀染疫野生动物、家畜家禽;封闭可能造成传染病扩散的场所。

(5)加强处罚措施。对于医疗机构,未按照规定报告传染病疫情,或者隐瞒、谎报、缓报传染病疫情的,发现传染病疫情时,未按照规定对传染病病人、疑似传染病病人提供医疗救护、现场救援、接诊、转诊的,或者拒绝接受转诊的,故意泄露传染病病人、病原携带者、疑似传染病病人、密切接触者涉及个人隐私的有关信息、资料的,县级以上人民政府卫生行政部门责令改正,通报批评,给予警告;造成传染病传播、流行或者其他严重后果的,对负有责任的主管人员和其他直接责任人员,依法给予降级、撤职、开除的处分,并可以依法吊销有关责任人员的执业证书;构成犯罪的,依法追究刑事责任。

四、社会安全事件类的应急法律法规

社会安全事件类的法律法规主要有《国家安全法》《戒严法》《人民警察法》《集会游行示威法》《银行业监督管理法》《价格法》《农业法》《信访条例》《营业性演出管理条例》《期货交易管理条例》《粮食流通管理条例》《民用爆炸物品安全管理条例》《民用航空安全保卫条例》等。这里重点介绍一下戒严法。

《戒严法》于1996年颁布。其主要内容如下:

(1)规定戒严的实施条件。在发生严重危及国家的统一、安全或者社会公共安全的动乱、暴乱或者严重骚乱,不采取非常措施不足以维护社会秩序、保护人民的生命和财产安全的紧急状态时,国家可以决定实行戒严。

(2)规定实施戒严的措施。戒严期间,戒严实施机关可以决定在戒严地区禁止或者限制集会、游行、示威、街头讲演以及其他聚众活动,禁止罢工、罢市、罢课,实行新闻、通信、邮政、电信、出境入境管制等。

(3)明确戒严执勤人员的职责。执行戒严任务的人民警察、人民武装警察和人民解放军是戒严执勤人员,依照戒严实施机关的规定,享有检查权、搜查权、扣留权和拘留权。戒严执勤人员对非法聚众、阻止无效的,可以使用警械强行制止或者驱散,并将其组织者和拒不服从的人员强行带离现场或者立即予以拘留;在戒严地区遇有特别紧急情形,使用警械无法制止时,可以使用枪支等武器。戒严执勤人员依法执行任务的行为受法律保护。

项目实训

实训案例:

搜集自然灾害、事故灾难、公共卫生事件、社会安全事件等突发事件的典型案例和法律规定。

实训内容:

分组实施应急处置法律法规知识竞答。

实训实施:

(1)教师事先整理好若干涉及应急法律法规的问题及相关案例,组织学生分成四组进行知识竞答。

(2)抽签选出其中两组作为第一场竞答双方。对教师提出的问题,答题者要准确说出违反的法律法规名称及条款。

(3)另外两组派出两名同学主持竞答,其余同学作为评委,在竞答结束时指出竞答双方的错误,同时注意观察记录竞答双方的表现。

(4)重复(2)(3)程序进行第二场竞答。

(5)两场获胜者进行竞答决赛,程序同上。

(6)项目评分,教师点评。

思考练习

(1)我国应急法律保障体系是如何构成的?

(2)分析《突发事件应对法》出台的背景和主要内容。

项目三 应急预案的编制与演练

学习目标

(1)了解应急预案的概念、特点、作用和类型。
(2)掌握应急预案的框架及编制程序方法。
(3)掌握应急演练方案的制作方法和演练实施方法。

素养提升

通过对应急预案编制与演练等知识的学习,形成有备无患、生命至上、科学严谨、团结协助等应急理念。

任务一 应急预案的编制

任务导入

山地百千米越野赛选手冻死惨案

2021年5月22日,2021年(第四届)黄河石林山地马拉松百千米越野赛暨乡村振兴健康跑在甘肃省白银市景泰县黄河石林大景区举行。比赛进行期间,遭遇大风、降水、降温的高影响天气,造成21名参赛选手死亡,8人受伤。事后调查认定,这是一起极限运动项目在强度、难度最高赛段遭遇大风、降水、降温的高影响天气,赛事组织管理不规范、运营执行不专业,导致重大人员伤亡的公共安全责任事件。事故产生的直接原因之一是赛事承办执行和运营单位组织、管理、运营水平低,未按规定制定专项应急预案和安全保障措施,应急救援力量准备严重不足。请思考:应急预案编制的意义是什么?编制应急预案的重点在哪里?

一、应急预案的概念和特点

应急预案,又称应急计划,是政府或相关组织针对可能发生的突发事件,为保证迅速、有序、有效地开展应急与救援行动,减少伤亡和损失而预先制定的突发事件应对的原则性方案。它提供突发事件应对的标准化反应程序,是突发事件处置的基本规则和应急响应的操作指南。其特点如下:

(一)全面性

应急预案囊括事前预测预警、事发识别控制、事中应急处置和事后恢复重建,贯穿突发事件应急管理全过程。

(二)系统性

应急预案本身作为应急管理工作中的重要组成部分,是突发事件应对处置的操作指南,对应应急工作的各环节。各个应急预案之间又相互衔接,形成预案体系。

(三)权威性

应急预案是应急法律法规制度的具体化过程,应急决策和措施均来自这些法律法规的授权,编制过程和内容不能违背立法精神。应急预案的颁布和实施要经过政府或相关组织的一定的程序,是政府的施政措施。

(四)实用性

应急预案中所规定的应急措施和方法,既有历史经验和理论概括,又有科学分析和成功做法,通用性、操作性强。

二、应急预案的作用

(一)科学规范突发事件应对处置工作

明确各级政府、各个部门及各个组织在应急体系中的职责,以便形成精简、统一、高效和协调的突发事件处置体制和机制。

(二)合理配置应对突发事件的相关资源

通过事先合理规划、储备和管理各类应急资源,在突发事件发生时,按照预案明确的程序,保证资源尽快投入使用。

(三)提高应急决策的科学性和时效性

突发事件的紧迫性、信息不对称性和资源有限性要求快速做出应急决策,预案为准确研判突发事件的规模、性质、程度并合理决策应对措施提供了科学的思路和方法,从而减轻突发事件危害程度。

三、应急预案的体系与类型

我国突发事件应急预案体系由国家总体应急预案、国家专项应急预案、国务院部门应急预案、地方应急预案、企事业单位应急预案、重大活动应急预案等六大类预案构成。应急预案类型较多,按适用范围和功能,可分为综合应急预案、专项应急预案、现场处置方案和单项应急预案。

（一）综合应急预案

综合应急预案是概括性的整体预案,从总体上阐述应急方针、政策,应急组织结构及相应的职责,应急行动、措施和保障等基本要求和程序,是对各类事件的综合性文件。通过综合应急预案可以清晰地了解应急体系及预案的文件体系,更重要的是可以作为应急工作的基础和"底线",对没有预料到的紧急情况也能起到应急指导作用。

（二）专项应急预案

专项应急预案是针对某一种、特定类型的紧急情况而制定的专项工作方案。专项应急预案是在综合应急预案的基础上,充分考虑了某特定危险的特点,对应急的形势、组织机构、应急活动等进行更具体的阐述,具有较强的针对性。专项应急预案一般只涉及应急处置阶段,当专项应急预案与综合应急预案中的应急组织机构、应急响应程序相近时,可不编写专项应急预案,相应的应急处置措施并入综合应急预案。

（三）现场处置方案

现场处置方案是针对具体场所、装置或者设施所制定的应急处置措施。现场处置方案重点规范事件风险描述、应急工作职责、应急处置措施和注意事项,应体现自救互救、信息报告和先期处置的特点。事故风险单一、危险性小的生产经营单位可只编制现场处置方案。

（四）单项应急预案

单项应急预案是针对大型公众聚集活动（如经济、文化、体育、民俗、娱乐、集会等活动）和高风险的建设施工活动（如城市人口高密度区建筑物的定向爆破）而制定的临时性应急行动方案。

四、应急预案的内容

2004年,国务院办公厅发布《国务院有关部门和单位制定和修订突发公共事件应急预案框架指南》,指导全国地方各级各类应急预案的编制。2024年,国务院办公厅发布《突发事件应急预案管理办法》,规定单位应急预案侧重明确应急响应责任人、风险隐患监测、主要任务、信息报告、预警和应急响应、应急处置措施、人员疏散转移、应急资源调用等内容。一个完整的应急预案一般应覆盖应急准备、应急响应、应急处置和应急恢复全过程,其基本内容如下：

（一）总则

总则说明编制应急预案的目的、依据、适用范围和工作原则等内容。

(二)组织体系及职责

组织指挥是应急预案的重点内容,应急预案的主要功能就是建立统一、有序、高效的指挥和运行机制。明确各组织机构的职责、权利和义务,以突发事件应急响应全过程为主线,明确事件发生、报警、响应、结束、善后处理处置等环节的主管部门与协作部门;以应急准备及保障机构为支线,明确各参与部门的职责等内容。

(三)预警和预防机制

应急预案的对象就是假定发生的突发事件,并有针对性地做好应急准备,因此,预警和预防机制是预案的关键内容。预警和预防机制包括信息监测与报告、预警预防行动、预警支持系统和预警级别发布等内容。

(四)应急响应

应急响应包括分级响应程序(原则上按一般、较大、重大、特别重大四级启动程序),信息共享和处理,指挥和协调,紧急处置,应急人员的安全防护,群众的安全防护,社会力量动员与参与,事件调查分析、检测与后果评估,新闻报道,应急结束等内容。

(五)后期处置

后期处置包括善后处置、社会救助、保险、事故调查报告和经验教训总结及改进建议等内容。

(六)保障措施

保障措施包括人力资源保障、财力保障、通信与信息保障、应急支援与装备保障、技术储备与保障、医疗卫生保障等内容。此外,还有应急宣传、培训、演练及监督检查等内容。

(七)附则

附则包括有关名词术语的定义与说明、预案管理与更新、国际沟通与协作、奖励与责任、制定与解释部门、预案实施或生效时间等内容。

(八)附录

附录包括各种表单和说明文件,如操作手册、指挥机构组织结构图、相关机构和人员通信录等。

拓展案例

触电专项应急预案

1. 事故类型和危害程度分析

1.1 触电事故是企业用电的常见事故,也是企业人身伤亡事故的主要类型。

1.2 由于电气设施(设备)故障或绝缘部位老化、员工操作不当,很容易发生触电事故。发生触电事故,会造成人员伤亡、设备毁损、施工中断,还可能因停电影响周边居民生产生活。

2. 应急处置基本原则

2.1 迅速行动,灵活应对

处理事故险情时,由项目或项目事故应急救援指挥领导小组启动本预案并实施。

2.2 以人为本

险情处理应首先保证人身安全(包括救护人员和遇险人员)。

2.3 强化防护

迅速疏散无关人员,防止次生事故发生。

3. 组织机构及职责

3.1 应急组织体系

项目部事故应急救援组织体系由项目部行政主管领导和分管安全生产的领导与办公室、工程部、设备部、物资部、安质环保部、财务部、施工单位应急组织机构的负责人组成。

3.2 指挥机构及职责

3.2.1 指挥机构

项目部事故应急救援指挥部由抢险组、疏导组、救护组、保障组、善后组、调查组和现场应急组织机构组成。

项目部事故应急救援指挥部办公室应设在安质环保部办公室,明确 24 h 值班、值班人员和固定电话。

抢险组:由安质环保部、工程部、设备部、物资部组成。

疏导组:由安质环保部负责人和部门人员组成。

救护组:由安质环保部负责人和事故所在地医疗机构组成。

保障组:由办公室、工程部、设备部、物资部、财务部负责人组成,必要时邀请技术专家参加。

善后组:由项目办公室、计划部、财务部负责人组成。

调查组:由工程部、设备部、物资部负责人组成。

现场应急组织机构:由现场施工单位有关人员组成。

3.2.2 事故应急救援指挥部职责

(1)总指挥的职责:

①贯彻国家、地方、行业等上级有关安全应急管理的法律法规、标准和规程。

②组织实施单位应急预案,掌握单位事故灾害及险情情况,解决应急工作中的重大问题。

③根据事故现场的情况,下令进入相应级别的应急状态,必要时向上级(相关单位)应急救援机构报告有关情况。

④确保应急资源配备投入到位,组织项目应急演练。

(2)副总指挥的职责:

①协助总指挥开展应急指挥工作,总指挥不在位时,代行其职责。

②组织编制应急预案,监督落实项目应急行动程序,督促检查主管部门搞好培训、演习。

③进入应急状态时,负责事故现场指挥,并根据险情发展情况,提出改进措施;

④组织做好善后工作。

(3)应急办公室职责:掌握项目部事故灾害及险情情况,及时向总指挥报告。负责项目部应急处置所需资源的统一调配,传达应急各项指令;根据总指挥指令负责向当地人民政府(相关单位)应急机构报告险情及进行信息沟通。

(4)救护组职责:负责现场伤员的医疗抢救工作,根据伤员受伤程度做好转运工作。

(5)疏导组职责:维护现场,将获救人员转至安全地带;对危险区域进行有效的隔离。

(6)保障组职责:负责应急救援方案的制订,并保证应急处置的通信、物资、设备和资金及时到位及后勤保障。

(7)善后组职责:妥善安置伤亡人员和接待伤亡人员的家属,按有关规定做好理赔工作。

(8)调查组职责:收集事故资料,掌握事故情况,查明事故原因,评估事故影响程度和损失,分清事故责任并提出相应处理意见,提出防止事故重复发生的意见和建议,写出应急处置报告并做好相关工作的移交。

4. 预防与预警

4.1 危险源监控

牢固树立安全第一、预防为主的观念,做好日常的预防工作。制定用电管理制度,随时检查和定期检查相结合,掌握供用电情况,对不符合要求的及时整改,建立和完善以预防为主的日常监督检查机制。

根据安全用电"装得安全,拆得彻底,用得正确,修得及时"的基本要求,为防止发生触电事故,在日常施工(生产)用电中要严格执行有关用电的安全要求。

4.2 预警行动

当发现电气设施(设备)故障或绝缘部位老化,施工作业点距高压线较近的情况下,做好警示工作。经常性对员工进行安全用电教育。

5. 信息报告程序

5.1 当发生事故时,现场值班人员应立即断电,组织危险区域施工人员撤离,并迅速报告应急自救领导小组,启动现场处置方案,同时上报项目事故应急救援指挥部办公室。

5.2 采用喊话或其他方式疏散人员。

5.3 事故现场应急救援指挥部应及时与医院、电力部门取得联系,确保24 h联络畅通,联络方式采用电话、传真等。

5.4 事故现场应急救援指挥部通过上述联络方式向有关部门报警,报警的主要内容:触电发生的时间、地点、造成的损失(包括人员伤亡数量、触电情况及造成的直接经济损失),已采取的处置措施和需要救助的内容。

6. 应急处置

6.1 响应分级

二级触电事故定义为一次可能导致死亡2人以下,直接影响施工,项目部能自己处理的事故。

一级触电事故定义为一次可能导致死亡3人以上,直接导致施工中断,项目部不能完全自己处理,需要上级、地方人民政府救援的事故。

6.2 响应程序

项目部应急自救领导小组获取触电的险情报告后,迅速启动现场处置方案,同时报告项目部事故应急救援指挥部,项目部事故应急救援指挥部接到信息后上报项目部事故应急救援指挥部领导,立即对事故进行评估,根据评估结果确定应急响应等级并启动预案。

6.3 处置措施

6.3.1 当发生触电事故时,抢险组启动触电现场应急处置方案,现场人员立即断电,撤离危险地点。

6.3.2 疏导组负责维护现场,将获救人员转至安全地带;对危险区域进行有效的隔离。

6.3.3 救护组负责现场伤员的医疗抢救工作。根据伤员受伤程度,立即对受伤人员进行紧急处理和做好送往就近医院救治转运工作。

6.3.4 保障组保证应急处置的物资、设备和资金及时到位及后勤保障。

6.3.5 善后组妥善安置伤亡人员和接待伤亡人员的家属,按有关规定做好理赔工作。

6.3.6 调查组收集事故资料,掌握事故情况,查明事故原因,评估事故影响程度和损失,分清事故责任并提出相应处理意见,提出防止事故重复发生的意见和建议,写出应急处置报告。

7. 应急物资与装备保障

7.1 保障组负责组织项目应急物资、装备的储备管理和应急处置时的调配。

7.2 按照平战结合的原则,确定应急物资、设备机具、防护用品的品种、规格和标准,报送需求计划,由相关专业主管部门审核汇总后,根据物资、装备类别报送保障组,保障组对需求计划再进行审核并组织实施,确保应急所需物资、装备及时供应、补充和更新。

7.3 各部门、各单位应根据项目专项应急预案的要求,对应急物资、装备的储备情况进行检查和核实。

8. 附件(略)

送往医院救治。

4.2 对烧伤面积较大的伤员要注意呼吸、心跳的变化,必要时进行心肺复苏。

4.3 对有骨折出血的伤员,应做相应的包扎、固定处理。搬运伤员时,以不压迫创面和不引起呼吸困难为原则。

4.4 在进行抢救伤员的同时,应及时拨打急救中心电话(120)并派人接应急救车辆。

5. 灭火结束

灭火结束后,注意保护好现场,积极配合有关部门的调查处理工作,并做好伤亡人员的善后处理。调查处理完毕后,经有关部门同意,组织人员进行现场清理,尽快恢复生产经营活动。

6. 灭火处置原则

6.1 火势很小,可以用手提灭火器、消防水源进行扑救,员工接受过灭火训练。

6.2 切断火源、电源,撤离未着火物资。

6.3 不能自行灭火时,立即报火警。

五、应急预案的编制过程

(一)成立应急预案编制工作组

结合本单位部门职能和分工,成立以单位有关负责人为组长,单位相关部门人员(如生产、技术、设备、安全、行政、人事、财务人员)参加的应急预案编制工作组,明确工作职责和任务分工,制订工作计划,组织开展应急预案编制工作。应急预案编制工作组应邀请相关救援队伍及周边相关企业、单位或社区代表参加。

(二)资料收集

应急预案编制工作组应收集下列相关资料:

(1)适用的法律法规、部门规章、地方性法规和政府规章、技术标准及规范性文件。

(2)单位周边地质、地形、环境情况及气象、水文、交通资料。

(3)单位现场功能区划分、建(构)筑物平面布置及安全距离资料。

(4)单工艺流程、工艺参数、作业条件、设备装置及风险评估资料。

(5)本单位历史事故与隐患、国内外同行业事故资料。

(6)属地政府及周边企业、单位应急预案。

(三)风险评估

开展风险评估,撰写风险评估报告,其内容包括但不限于:

(1)辨识单位存在的危险有害因素,确定可能发生的突发事件类别。

(2)分析各种事件类别发生的可能性、危害和影响范围。

(3)评估确定相应事件类别的风险等级。

(四)应急资源调查

全面调查、客观分析本单位及周边单位和政府部门可请求援助的应急资源状况,撰写应急资源调查报告,其内容包括但不限于:

(1)本单位可调用的应急队伍、装备、物资、场所。

(2)针对单位业务开展过程及存在的风险可采取的监测、监控、报警手段。

(3)上级单位、当地政府及周边单位可提供的应急资源。

(4)可协调使用的医疗、消防、专业抢险救援机构及其他社会化应急救援力量。

(五)应急预案编制

应急预案编制应当遵循以人为本、依法依规、符合实际、注重实效的原则,以应急处置为核心,体现自救互救和先期处置的特点,做到职责明确、程序规范、措施科学,尽可能简明化、图表化、流程化。

应急预案编制工作包括但不限于:

(1)依据风险评估和应急资源调查结果,结合本单位组织管理体系、生产规模及处置特点,合理确立本单位应急预案体系。

(2)结合组织管理体系及部门业务职能划分,科学设定本单位应急组织机构及职责分工。

(3)依据事件可能的危害程度和区域范围,结合应急处置权限及能力,清晰界定本单位的响应分级标准,制定相应层级的应急处置措施。

(4)按照有关规定和要求,确定事故信息报告、响应分级与启动、指挥权移交、警戒疏散方面的内容,落实与相关部门和单位应急预案的衔接。

(六)应急预案评审

1. 评审形式

应急预案编制完成后,单位应按法律法规有关规定组织评审或论证。参加应急预案评审的人员可包括有关安全管理及应急管理方面的、有现场处置经验的专家。应急预案论证可通过推演的方式开展。

2. 评审内容

应急预案评审内容主要包括风险评估和应急资源调查的全面性、应急预案体系设计的针对性、应急组织体系的合理性、应急响应程序和措施的科学性、应急保障措施的可行性、应急预案的衔接性。

3. 评审程序

评审前,将应急预案、编制说明、风险评估报告、应急资源调查报告及其他有关资料在评审前送达参加评审的单位或人员。评审会上,应有不少于出席会议专家人数的三分之二同意方为通过;单位应认真分析研究专家意见,对应急预案进行修订和完善,再经评审专家组组长签字确认。

(七)批准实施

通过评审的应急预案,由单位主要负责人签发实施。

六、应急预案编制的基本要求

(1)有关法律、法规、规章和标准的规定。

(2)本地区、本部门、本单位的安全管理实际情况。

(3)本地区、本部门、本单位的危险性分析情况。

(4)应急组织和人员的职责分工明确,并有具体的落实措施。

(5)有明确、具体的应急程序和处置措施,并与其应急能力相适应。

(6)有明确的应急保障措施,满足本地区、本部门、本单位的应急工作需要。

(7)应急预案基本要素齐全、完整,应急预案附件提供的信息准确。

(8)应急预案内容与相关应急预案相互衔接。

任务二　应急演练

> **任务导入**
>
> **银行营业大厅防抢劫应急演练准备**
>
> 　　某日,某银行因当前社会治安形势严峻,涉及金融机构的恶性案件频发,为应对日趋严峻的治安形势,检验员工应急处置能力,要求保卫部近期组织一次银行营业大厅防抢劫应急演练。为做好本次演练,保卫部进行了精心的筹划,聘请了专业策划团队。若你是策划团队中的一员,该从哪些方面给保卫部一些建议呢?

一、应急演练的概念及目的

应急演练是指各级人民政府及其部门、企事业单位、社会团体等组织相关单位及人员,依据有关应急预案,模拟应对突发事件的活动。

应急演练是检验、评价和保持应急能力的一个重要手段,其目的如下:

1. 检验预案

通过开展应急演练,查找应急预案中存在的问题,进而完善应急预案,提高应急预案的实用性和可操作性。

2. 完善准备

通过开展应急演练,检查应对突发事件所需应急队伍、物资、装备、技术等方面的准备情况,发现不足及时予以调整补充,做好应急准备工作。

3. 锻炼队伍

通过开展应急演练,增强演练组织单位、参与单位和人员等对应急预案的熟悉程度,提高其应急处置能力。

4. 磨合机制

通过开展应急演练，进一步明确相关单位和人员的职责任务，理顺工作关系，完善应急机制。

5. 科普宣教

通过开展应急演练，普及应急知识，提高公众风险防范意识和自救互救等灾害应对能力。

二、应急演练的类型

（一）按组织形式分类

按组织形式，应急演练可分为桌面演练和实战演练。

1. 桌面演练

桌面演练是指参演人员利用地图、沙盘、流程图、计算机模拟、视频会议等辅助手段，针对事先假定的演练情景，讨论和推演应急决策和现场处置的过程。桌面演练通常在会议室举行，由应急组织的代表或关键岗位人员参加，按照应急预案和标准行动程序，采取口头评论的形式，讨论采取的应急行动，最终形成书面总结和改进建议。

2. 实战演练

实战演练是指参演人员利用应急处置涉及的设备和物资，针对事先设置的突发事件情景及其后续的发展情景，通过实际决策、行动和操作，完成真实应急响应的过程，从而检验和提高相关人员的临场组织指挥、队伍调动、应急处置技能和后勤保障等应急能力。实战演练通常在特定场所完成。

（二）按内容分类

按内容，应急演练可分为单项演练和综合演练。

1. 单项演练

单项演练是指只涉及应急预案中特定应急响应功能或现场处置方案中一系列应急响应功能的演练活动。注重针对一个或少数几个参与单位（岗位）的特定环节和功能进行检验。单项演练需要调用有限的资源开展现场演练，一般在应急指挥中心进行，最终要形成书面报告。

2. 综合演练

综合演练是针对应急预案中全部或大部分应急响应功能开展演练。综合演练一般要求持续几小时，采取交互的方式进行，演练过程要求尽量真实，调用更多的应急人员和资源，来开展实战性演练，以检验相互协调的总体反应和应急能力。

三、应急演练组织机构

演练应在相关预案确定的应急领导机构或指挥机构领导下组织开展。演练组织单位要成立由相关单位领导组成的演练领导小组，通常下设策划部、保障部和评估组。对于不同类型和规模的演练活动,其组织机构和职能可以适当调整。根据需要,可成立现场指挥部。

(一)演练领导小组

应急演练活动应在演练领导小组领导下进行。演练领导小组组长一般由演练组织单位或其上级单位的负责人担任,副组长一般由演练组织单位或主要协办单位负责人担任,小组其他成员一般由各演练参与单位相关负责人担任。在演练实施阶段,演练领导小组组长、副组长通常分别担任演练总指挥、副总指挥。

(二)策划部

策划部负责应急演练策划、演练方案设计、演练实施的组织协调、演练评估总结等工作。策划部设总策划、副总策划,下设文案组、协调组、控制组、宣传组等。

1. 总策划和副总策划

总策划和副总策划是演练准备、演练实施、演练总结等阶段各项工作的主要组织者,一般由演练组织单位具有应急演练组织经验和突发事件应急处置经验的人员担任。副总策划协助总策划开展工作,一般由演练组织单位或参与单位的有关人员担任。

2. 文案组

在总策划的直接领导下,文案组负责制订演练计划,设计演练方案,编写演练总结报告,进行演练文档归档与备案等。其成员应具有一定的演练组织经验和突发事件应急处置经验。

3. 协调组

协调组负责与演练涉及的相关单位及本单位有关部门之间的沟通协调,其成员一般为演练组织单位及参与单位的行政、外事等部门人员。

4. 控制组

在演练实施过程中,控制组在总策划的直接指挥下,负责向演练人员传送各类控制消息,引导应急演练进程按计划进行,保障演练过程的安全。其成员最好有一定的演练经验,也可以从文案组和协调组抽调,常称为演练控制人员。

5. 宣传组

宣传组负责编制演练宣传方案,整理演练信息、组织新闻媒体和开展新闻发布等。其成员一般是演练组织单位及参与单位宣传部门的人员。

(三)保障部

保障部负责调集演练所需物资装备,购置和制作演练模型、道具、场景,准备演练场地,维持演练现场秩序,保障运输车辆,保障人员生活和安全保卫等。其成员一般是演练组织单位及参与单位后勤、财务、办公等部门人员,常称为后勤保障人员。

(四)评估组

评估组负责设计演练评估方案和编写演练评估报告,对演练准备、组织、实施及其安全事项等进行全过程、全方位评估,及时向演练领导小组、策划部和保障部提出意见、建议。其成员一般是应急管理专家、具有一定演练评估经验和突发事件应急处置经验专业人员,常称为演练评估人员。评估组可由上级部门组织,也可由演练组织单位自行组织。

(五)参演队伍和人员

参演队伍包括应急预案规定的有关应急管理部门(单位)工作人员、各类专兼职应急救援队伍及志愿者队伍等。

参演人员包括演练人员、模拟人员和观摩人员。演练人员要根据模拟场景和紧急情况做出反应,尽可能按真实事件一样决策或响应,应熟悉应急响应体系和所承担的任务及行动程序。模拟人员要模拟事故的发生过程,如释放烟雾、模拟气象条件、模拟泄漏等。扮演、替代某些未能参加演练的部门。观摩人员由有关部门领导、外部机构人员和旁观演练过程的观众组成。

四、应急演练的准备

(一)制订演练计划

(1)确定演练目的,明确举办应急演练的原因、演练要解决的问题和期望达到的效果等。

(2)分析演练需求,在对事先设定事件的风险及应急预案进行认真分析的基础上,确定需调整的演练人员、需锻炼的技能、需检验的设备、需完善的应急处置流程和需进一步明确的职责等。

(3)确定演练范围,根据演练需求、经费、资源和时间等条件的限制,确定演练事件类型、等级、地域、参演机构及人数、演练方式等。演练需求和演练范围往往互为影响。

(4)安排演练准备与实施的日程计划,包括各种演练文件编写与审定的期限、物资器材准备的期限、演练实施的日期等。

(5)编制演练经费预算,明确演练经费筹措渠道。

(二)设计演练方案

1. 确定演练的目标

演练目标是由落实演练目的分解出来的具体的可量化考核的工作指标。一般说明由谁在什么条件下完成什么任务,依据什么标准,取得什么效果。演练目标应简单、具体、可量化、可实现。一次应急演练要设置若干个具体的演练目标,一个具体的演练目标要对应具体的应急演练项目和演练参与人员,可用表格的方式加以明确。下面以某银行防抢劫应急演练目标进行说明,见表3-1。

表3-1　　　　　　　　某银行防抢劫应急演练目标

序号	演练具体目标	对应演练项目	检验对象
1	应急人员操作熟练程度和技术水平	报警、柜台紧急操作、疏散、劝说及制服歹徒	柜员、大堂经理、保安、运营经理、保安部经理、行长

续表

序号	演练具体目标	对应演练项目	检验对象
2	各岗位、部门应急职责履行及应急协调情况	指挥、调度	运营经理、保安部经理、行长
3	应急资源准备程度	钢叉、保安装备、对讲机、监控设备、假钞	保卫部、办公室
4	对员工应急意识和公众安全感的提升帮助	第一响应时间、客户疏散	参演员工、围观群众

2. 设计应急情景

情景设计是针对假想事件的发展过程，设计出一系列的情景事件，目的是通过引入这些需要应急组织做出相应响应行动的事件，保证演练不断进行。

（1）演练场景概述

要对每一处演练场景概要说明，主要说明事件类别、发生的时间地点、发展速度、强度与危险性、受影响范围、人员和物资分布、已造成的损失、后续发展预测、气象及其他环境条件等。

（2）演练场景清单

要明确演练过程中各场景的时间顺序列表和空间分布情况。演练场景之间的逻辑关联依赖于事件发展规律、控制消息和演练人员收到控制消息后应采取的行动。

3. 确定演练现场规则

所有对外消息应以"这是一次演练"作为开头语或结束语；不得采取超越安全保证的行动，不得进入禁止进入的区域，不得接触不必要的危险；演练过程中对可能真正的紧急情况保持警惕，发现真正紧急事件时，按程序立即终止、取消演练，迅速转入真正应急。

4. 设计演练流程

演练流程就是以演练情景为基点，对演练任务予以具体化分解，按照时间顺序将参演队伍和人员的具体演练行动进行合理化安排的活动。演练流程一般设计为演练脚本的形式，至少应包含时间、地点、情景说明、行动主体、预期行动等要素。一般会以时间为序详细描述各应急环节、应急岗位的职责和任务。可以以口令、对话的形式描述各个功能项，也可以用表格的方式列出时间、演练项目和演练内容。目前我国有些地区推行了"双盲式"应急演练模式，不预选演练时间、地点和事件类型，完全按照实战模式展开应急响应，这对演练人员的应急能力提出很高要求。

5. 确定评估方式

应急演练评估是通过观察、体验和记录演练活动等形式，对照应急管理能力要求和应急演练目标，根据演练人员的表现进行评估和提出改进意见。它是应急演练中必不可少的环节。演练评估应以演练目标为基础。每项演练目标都要设计合理的评估项目方法、标准。根据演练目标，可以用选择项（如判断、多项选择）、主观评分（如1分为差，3分为合格，5分为优秀）、定量测量（如响应时间、被困人数、获救人数）等方法进行评估。为便于演练评估操作，通常事先设计好评估表格，包括演练目标、评估方法、评估标准和相关记录项等。有条件时,还可以采用专业评估软件等工具。

6. 编写演练手册

演练手册是指导演练实施的详细工作文件,包括演练人员手册、演练控制指南、演练评估指南、演练宣传方案、演练脚本等。演练人员手册内容包括演练基本信息、现场标识、安全事项、演练规则和通信保障,但不包括演练细节。演练控制指南内容包括演练控制规则、控制人员组织结构与职责等。演练评估指南内容包括评估人员组织结构与职责、评估人员位置、评估表格及相关工具等。演练脚本内容包描述演练事件场景、处置行动、执行人员、指令与对白、视频背景与字幕、解说词等。

7. 形成演练方案

演练方案是指根据演练目的和目标,对演练性质、规模、参演单位和人员、假想事件、序列情景事件、气象条件、响应行动、评估标准、时间进程等制定的总体设计。将上述演练准备阶段中各个文件编制完成后就形成一个完整、全面的应急演练方案。演练方案可以是一份单独文件,也可以是一个系列性文件,一份单独的文件至少应包括演练目标、演练情景、演练流程和演练评估等核心演练要素。

> **拓展案例**
>
> **某银行营业大厅抢劫突发事件应急演练方案**
>
> 一、演练目的
>
> 针对较为严峻的治安形势,为了加强银行营业场所的安全管理,提高银行营业部全体员工安全防范意识和应对抢劫突发事件的处置能力,确保我行员工及客户人身财产安全,切实达到安全保卫工作有备无患的目的,制定本次银行营业大厅抢劫突发事件应急演练方案。
>
> 二、演练适用范围、总体思想和原则
>
> 本方案针对动用本单位内部应急资源开展全面演练进行的情景设计,按照上级应急预案的要求,进行演练策划,遵守"生命至上"的方针及"先期处置、相互协助"的原则,并在组织实施过程中,结合实际,突出重点,讲究实效,保证演练参与人员、公众和环境的安全。
>
> 三、应急演练组织机构
>
> (一)演练策划组(演练领导小组)
>
> 组长:夏××
>
> 副组长:俞××、张××
>
> 成员:金××、朱××
>
> 职责:
>
> (1)确定演练方案;确定演练实施计划、情景设计与处置方案,审定演练准备工作计划和调整计划;发布演练开始、结束指令。
>
> (2)检查和指导演练准备与实施,解决演练准备与实施过程中所发生的重大问题。
>
> (3)协调各类演练参与人员之间的关系。
>
> (4)组织演练总结与追踪。

(二)后勤保障组

组长:王××

副组长:赵××

成员:肖××、吴××

主要职责:负责调集演练所需物资装备,购置和制作演练模型、道具、场景,准备演练场地,维持演练现场秩序,保障运动车辆,保障人员生活和安全保卫等。

四、应急演练参与人员

(一)演习人员

1. 现场指挥组

成员:营业室经理杨××、安保部经理金××

职责:

(1)营业室经理:启动应急预案、负责现场应急处置指挥。

(2)安保部经理:负责与歹徒对话,指挥应急分队紧急处置。

2. 内厅处置组

成员:柜员朱××、周××、林××

职责:

(1)事发柜台:面对歹徒对话,稳住歹徒情绪,并迅速传递信息。

(2)相邻柜台:转移或封锁钱箱、电话报警(隐蔽方式)、报告领导。

(3)其他柜台:停止业务,转移或封锁钱箱,告知客户离场。

3. 外围处置组

成员:大堂经理徐××、大堂保安姚××

职责:

(1)大堂经理:疏散外厅客户,规劝歹徒。

(2)大堂保安:协助疏散;实施现场警戒,确保办公区域秩序维护。做好制服歹徒准备。

4. 应急机动组

成员:应急分队徐××、黄××、陈××

职责:装备(钢叉、盾牌、钢盔)到位,集结待命,接令后控制歹徒。

(二)控制组

成员:朱××

职责:

(1)确保应急演练目标得到充分演示。

(2)确保演练活动对于演习人员具有一定的挑战性。

(3)保证演习进度,解答演习人员疑问,解决演练过程中出现的问题。

(4)保证演练过程的安全。

(三)评估组

成员:夏××、俞××

职责:

(1)观察演练人员的应急行动,并记录其观察结果。

(2)在不干扰演练人员工作的情况下,协助控制人员确保演练按计划进行。

(四)模拟人员

模拟歹徒:方××

模拟在场客户:略

(五)观摩人员

邀请分行领导前来观看。

五、应急演练时间

20××年10月26日15:30—16:00

六、应急演练假想事件情景说明

某天下午,我行大厅正常营业。一名男子进入营业大厅,观察了一下周围,便径直走向5号柜台走去,并将拎包放在柜台上。临柜人员正常起身问候,询问办理什么业务。该男子未作答,直接从口袋里掏出一张纸条递给柜员,上写"抢劫,拿30万,不准报警,包内有炸弹",并打开拎包露出疑似爆炸物的东西。

七、演练程序

(1)参演人员全部就位,各项准备工作就绪。

(2)观摩人员到现场。

(3)演练总指挥宣布演练开始。

(4)模拟人员(歹徒)进场,递纸条,称有炸弹。

(5)内厅处置组及时处置,采取劝说、拖延等方法,控制事态,稳住情绪;并隐蔽报警和报告(不得声光报警)。

(6)外围处置组及时处置,疏散客户,防止其他人员再次进入现场。

(7)现场指挥到场,劝服歹徒放弃犯罪行为,命令监控中心时刻监控。

(8)事态升级,歹徒扬言爆炸,指挥组下达送钱指令。

(9)事态转机,歹徒人包分离,应急机动组迅速采取措施控制歹徒,隔离疑似爆炸物。

(10)保护现场,等待公安警察前来处理。

(11)演练总指挥宣布演习结束。

八、演练规则及要求

(1)演习现场要树立"这是演习现场"牌子。

(2)所有参与人员必须服从指挥,注意自身安全,以严肃的态度对待此次演习。

(3)参演人员要熟悉具体实施方案中规定的职责。

九、演练前培训及物质保障
　　(1)策划组对评估人员进行培训,让其熟悉应急预案、演练方案和评估标准。
　　(2)培训所有参演人员,熟悉并遵守演练现场规则。
　　(3)器材、道具准备:保安服、防刺背心、头盔、钢叉、盾牌、模拟歹徒的刀具、爆炸物、背包、帽子。
　　(4)评估组准备好摄像器材,以便进行拍摄图片及摄像,做好资料搜集和整理。
　　十、应急演练总结
　　应急演练现场总结由策划组和单位领导完成,应根据评估人员演练在过程中收集和整理的资料,以及演习人员的反馈信息,指出不足,并落实整改。

(三)演练动员与培训

在演练开始前要进行演练动员和培训,确保所有演练参与人员掌握演练规则、演练情景和各自在演练中的任务。所有演练参与人员都要经过应急基本知识、演练基本概念、演练现场规则等方面的培训。对控制人员要进行岗位职责、演练过程控制和管理等方面的培训;对评估人员要进行岗位职责、演练评估方法、工具使用等方面的培训;对参演人员要进行应急预案、应急技能及个体防护装备使用等方面的培训。

(四)应急演练保障

1. 人员保障

演练参与人员一般包括领导人员、策划人员、评估人员、保障人员、参演人员等。在演练的准备过程中,演练组织单位和参与单位应合理安排工作,保证相关人员参与演练活动的时间;通过组织观摩学习和培训,提高演练人员素质和技能。

2. 经费保障

演练组织单位每年要根据应急演练规划编制应急演练经费预算,纳入该单位的年度财政(财务)预算,并按照演练需要及时拨付经费。对经费使用情况进行监督检查,确保演练经费专款专用,节约高效。

3. 场地保障

根据演练方式和内容,经现场勘查后选择合适的演练场地。桌面演练可选择会议室或应急指挥中心等;实战演练应选择与实际情况相似的地点,并根据需要设置指挥部、集结点、接待站、供应站、救护站、停车场等设施。演练场地应有足够的空间,良好的交通、生活、卫生和安全条件,尽量避免干扰公众生产生活。

4. 物资和器材保障

根据需要,准备必要的演练材料、物资和器材,制作必要的模型设施等,如应急预案和演练方案的纸质文本、演示文档、图表、地图、软件等。准备各种应急抢险物资、特种设备、录音摄像设备。搭建必要的模拟场景及装置设施。

5. 通信保障

应急演练过程中,领导人员、策划人员、参演人员等之间要有及时可靠的信息传递渠道。根据演练需要，可以采用多种公用或专用通信系统，必要时可组建演练专用通信与信息网络，确保演练控制信息的快速传递。

6. 安全保障

演练组织单位要高度重视演练组织与实施全过程的安全保障工作。必要时要制定专门的演练突发事件应急预案，并进行培训和演练。根据需要为演练人员配备个体防护装备，购买商业保险。对可能影响公众生活、易于引起公众误解和恐慌的应急演练，应提前向社会发布公告，告示演练内容、时间、地点和组织单位，并做好应对方案，避免造成负面影响。演练现场要有必要的安保措施，必要时对演练现场进行封闭或管制，保证演练安全进行。

五、应急演练的实施

（一）演练启动

演练正式启动前一般要举行简短仪式，由演练总指挥宣布演练开始并启动演练活动。在启动仪式中，一般要介绍演练的背景、目的、组织机构和参演人员。要向参演人员导入说明演练的初始情景。要强调演练的安全注意事项、演练要求和中止条件。

（二）演练指挥与行动

（1）演练总指挥负责演练实施全过程的指挥控制。当演练总指挥不兼任总策划时，一般由总指挥授权总策划对演练过程进行控制。

（2）按照演练方案要求，应急指挥机构指挥各参演队伍和人员，开展对模拟演练事件的应急处置行动，完成各项演练活动。

（3）控制人员应充分掌握演练方案，按总策划的要求，熟练发布控制信息，协调参演人员完成各项演练任务。

（4）演练人员根据控制消息和指令，按照演练方案规定的程序开展应急处置行动，完成各项演练活动。

（5）模拟人员按照演练方案要求，模拟未参加演练的单位或人员的行动，并做出信息反馈。

（三）演练过程控制

总策划负责按演练方案控制演练过程。总策划按照演练方案发出控制消息，控制人员向演练人员和模拟人员传递控制消息。演练人员和模拟人员接收到信息后，按照发生真实事件时的应急处置程序，或根据应急行动方案，采取相应的应急处置行动。演练过程中，控制人员应随时掌握演练进展情况，并向总策划报告演练中出现的各种问题。

（四）演练解说

在演练实施过程中，演练组织单位可以安排专人对演练过程进行解说。解说内容一般包括演练背景描述、进程讲解、案例介绍、环境渲染等。对于有演练脚本的大型综合性示范演练，可按照脚本中的解说词进行讲解。

（五）演练记录

演练实施过程中，一般要安排专门人员，采用文字、照片和音像等手段记录演练过程。文字记录一般可由评估人员完成，主要包括演练实际开始与结束时间、演练过程控制情况、各项演练活动中参演人员的表现、意外情况及其处置等内容，尤其要详细记录可能出现的人员"伤亡"（如进入"危险"场所而无安全防护，在规定的时间内不能完成疏散等）及财产"损失"等情况。

（六）演练宣传报道

宣传组按照演练宣传方案认真做好信息采集，对涉密应急演练要做好相关保密工作。

（七）演练结束与终止

演练完毕，由总策划发出结束信号，演练总指挥宣布演练结束。演练结束后，所有人员停止演练活动，按预订方案集合进行现场总结讲评或者组织疏散。保障部负责组织人员对演练场地进行清理和恢复。

演练实施过程中出现下列情况，经演练领导小组决定，由演练总指挥按照事先规定的程序和指令终止演练：

（1）出现真实突发事件，需要演练参与人员参与应急处置时，要终止演练，使演练参与人员迅速回归其工作岗位，履行应急处置职责。

（2）出现特殊或意外情况，短时间内不能妥善处理或解决时，可提前终止演练。

六、演练评估和总结阶段

（一）演练评估

《突发事件应急预案管理办法》第三十三条规定，应急预案演练组织单位应当加强演练评估，主要内容：演练的执行情况，应急预案的实用性和可操作性，指挥协调和应急联动机制运行情况，应急人员的处置情况，演练所用设备装备的适用性，对完善应急预案、应急准备、应急机制、应急措施等方面的意见和建议等。应急演练结束后应对演练的效果做出评估，并提交演练评估报告，详细说明演练过程中发现的问题，包括不足项、整改项和改进项。演练评估报告的主要内容一般包括演练执行情况、应急预案的合理性与可操作性、应急指挥人员的指挥协调能力、演练人员的处置能力、演练所用设备装备的适用性、演练目标的实现情况、演练的成本效益分析、对完善预案的建议等。演练评估可以通过访谈、汇报、填写表格、自我评价、公开会议和通报等形式完成。

（二）演练总结

演练总结一般是在演练结束后，由文案组根据演练记录、演练评估报告、应急预案、现场总结等材料，对演练进行系统和全面的总结，并形成演练总结报告。演练参与单位也可对本单位的演练情况进行总结。演练总结报告的内容包括演练目的、时间和地点、参演单位和人员、演练方案概要、发现的问题与原因、经验和教训及改进有关工作的建议等。

火灾事故现场处置方案

1. 火情处置程序

1.1 报警：所有员工应熟悉报警程序，发现事故征兆，如电源线产生火花，某个部位有烟气、异味等。现场第一发现人员应立即报告值班领导（负责人）按报警器报警，现场人员进行自救，灭火，防止火情扩大。

1.2 接报：消防中控室值班人员接报后，立即到达事故现场了解情况，组织人员进行自救灭火。并报告企业负责人或应急救援指挥部，做好现场灭火处置工作。

1.3 火情已被扑灭，做好现场保护工作，待有关部门对事故情况调查后，经同意，做好事故现场的清理工作。

2. 火灾处置程序

2.1 事故现场继续蔓延扩大，现场指挥人员通知各救援小组快速集结，快速反应履行各自职责投入灭火行动。

2.2 按指挥人员要求，联络组向公安消防机构报火警，及向有关部门报告，派人接应消防车辆，并随时与救援处置领导小组联系。

2.3 各灭火小组在消防人员到达事故现场之前，应继续根据不同类型的火灾，采取不同的灭火方法，加强冷却，撤离周围易燃可燃物品，控制火势。

2.4 在发生有可能形成有毒或窒息性气体的火灾时，应佩戴隔绝式氧气呼吸器或采取其他措施，以防救援灭火人员中毒，消防人员到达事故现场后，听从指挥积极配合专业消防人员完成灭火任务。

2.5 疏散组应通知引导各部位人员尽快疏散，尽量通知到应撤离火灾现场的所有人员。在烟雾中，要用湿毛巾掩鼻，低头弯腰逃离火场。

2.6 火灾现场指挥人员随时保持与各小组的通信联络，根据情况可互相调配人员。

2.7 进行自救灭火、疏导人员、抢救物资、抢救伤员等救援行动时，应注意自身安全。无能力自救时，各组人员应尽快撤离火灾现场。

3. 电气设备着火处置措施

3.1 电线、电气设施着火，应首先切断供电线路及电气设备电源。

3.2 电气设备着火，灭火人员应充分利用现有的消防设施、装备器材投入灭火。

3.3 及时疏散事故现场有关人员及抢救疏散着火源周围的物资。

3.4 着火事故现场由熟悉带电设备的技术人员负责灭火指挥或组织消防灭火组扑救电气火灾。

3.5 扑救电气火灾，可选用干粉灭火器、二氧化碳灭火器等，不得使用水、泡沫灭火器灭火。

3.6 扑救电气火灾，灭火人员应穿绝缘鞋、戴绝缘手套、防毒面具等以加强自我保护。

3.7 专业消防人员到达后，协同配合其灭火抢险。

4. 现场抢救受伤人员的处置

4.1 被救人员衣服着火时，可就地翻滚，用水或毯子、被褥等物覆盖措施灭火，伤处的衣、裤、袜应剪开脱去，不可强行撕拉，伤处用消毒纱布或干净棉布覆盖，并立即

项目实训

实训案例：

某学院拟在某日举办一次学生宿舍楼应急疏散演练,情景为当日13点35分,学生宿舍楼502室同学们正在午睡,被滚滚浓烟惊醒而慌忙逃散,学院随即启动学生宿舍楼应急疏散预案。

实训内容：

(1)为这次应急疏散演练设计一份演练方案,掌握应急演练全过程全要素的知识和技能。

(2)每小组完成一份演练方案、一份演练方案准备清单(调研中获取的安全制度、方案、预案或资料、勘查现场照片、小组讨论会议照片等)。

(3)每人完成一份实训报告,含实训过程、内容、心得(扮演角度、任务及完成体验)等。

实训实施：

(1)学生每5~6人为一小组,每小组设组长一名,负责演练方案编制的全盘管理,下设资料收集与分析员、现场勘查员、图表制作员、文案制作员若干名。组长由教师挑选,成员由组长挑选。

(2)实施组长负责制,召集小组讨论会、分工任务、掌控进度。

(3)上交小组作业,开展方案讲评和小组互动讨论。

(4)教师对方案、准备清单质量及讲评情况打分,确定小组基准分(评分规则包含方案研制过程、规范性、操作性、团队协作等因素)。

(5)教师对个人实训报告打分,在小组基准分的基础上确定个人成绩。

思考练习

(1)应急预案的概念是什么？

(2)应急预案的体系及内容包含哪些内容？

(3)应急演练准备的内容和程序是什么？

(4)应急演练参与人员是如何构成的？

项目四 报警与接、处警

学习目标

(1) 了解报警的方式。
(2) 掌握报警的方法和接警技巧。
(3) 掌握处警的程序和要求。
(4) 掌握接警与处警的协调配合关系。

素养提升

通过对报警、接警和处警等知识的学习,形成以人为本、快速有效、团结协助等应急理念和原则。

任务一 报 警

任务导入

"120"呼救平台无效报警比例超半数

"120"这条24 h畅通的社会热线时刻守护着群众的生命健康,但这条热线却常被一些无效电话占据,浪费了有限的急救资源。2019年全年,某区急救中心共接到呼救电话157 956次,其中有效呼救77 350次,这意味着超过半数都是无效报警。其主要表现:一是报假警,如谎称某路口发生交通事故,需要医疗救援,但急救人员到达现场后发现并没有事故发生,拨打报警人电话也无人接听。二是骚扰电话,如响几下挂断,接起来没有声音或者打过来聊天。拨打这些电话的人群主要为社会闲杂人员、未成年人及部分精神疾病患者。三是现场信息表述不清并且后续联系不上报警人。有些地区的结构较复杂或有相同的地名,报警人对地名等信息表述不清晰,会导致急救人员无法准确确定位置。四是高估病情,有时会接到轻微皮外伤、感冒等病情不严重、本不需要救护车的病人,甚至会遇到一些病人在救护车到达前就离开现场的情况,或者得知救护车要收费后,就拒绝用车。由此看出,充分、有效地利用有限的报警资源除了要提高报警技巧外,还应加强法治教育。

一、报警的概念

报警是指突发事件现场的受害人或目击者向当地政府或有关应急机构报告险情,请求处置的行为。它属于应急处置流程中的信息报告环节,是争取时间公众自救和获取公共救助资源的主要措施。《突发事件应对法》第六十条规定,公民、法人或者其他组织发现发生突发事件,或者发现可能发生突发事件的异常情况,应当立即向所在地人民政府、有关主管部门或者指定的专业机构报告。

二、报警的方式

依据不同的标准,可以把报警分成不同的种类。就报警主体而言,有个人报警和相关组织报警,有被害人报警、目击者报警和事发单位报警;就报警事项而言,有刑事、治安案件报警,火灾报警,交通事故报警和其他突发事件报警;就报警对象而言,有向公安机关、消防机构和政府其他部门甚至单位组织内部的报警。按报警的方式,有如下分类:

(一)电话报警

电话报警是一种广泛采用的报警方式,具有方便快捷、出警迅速等优点。电话报警时可以直接使用普通电话、投币电话、移动电话等拨打"110""119""120"等号码,拨打这三个电话是免费的,并且不用拨区号,即可直接拨通。当然,拨打所辖地派出所或警种所队值班电话也可以快捷地传递警情和获取帮助。电话报警的缺点是受电话线路和报警环境的限制。

(二)上门报警

上门报警是指报警人主动到公安机关驻地或路面执勤的民警前反映案情的情形。上门报警具有反映情况真实、便于问清事实等优点。

(三)短信报警

短信报警是一种新兴的报警形式,与传统的电话报警相比,它具有报警隐蔽性强、适应的群体广、报警质量高等优点,如在不惊动侵害者的情况下,可以隐蔽、快速、安全、准确地表述事件和地点而完成报警,有利于保护受害人的人身安全。对于聋哑人、只会讲方言的外地人、只会讲本国语言的外国人而言,短信报警具有电话报警不能替代的作用。目前我国相关部门将"12110"作为全国公安机关统一的公益性短信报警号码。使用时,应向"12110+本地电话区号后三位"的机主发送报警信息,当地警方可以第一时间获知警情。例如,在杭州短信报警,可以编辑报警信息发送到"12110571",即可接入杭州市公安信息指挥中心平台。

(四)网络报警

网络报警分为两种:一种是通过网络监控系统报警,也称为联网报警。一旦发生突发事件,技防系统前端设备自动将信息传送给后方的接收系统,接收系统以声音、图像的形式提醒监控值守人员警情的到达。如装在单位财务室的自动报警装置可自动触发报警模式。另一种是通过警方开发的报警App或小程序报警,报警人可自主选择电话报警、视频报警和自助报警等报警模式,可通过声音、图片或视频等与接警员联系。这种报警方式弥补了传统报警"说不清""找不到"的短板,高效利用互联网自动定位、多媒体交互等技术,实现了报警可视化和自主定位,大大提高了报警效率。

> **知识链接**
>
> **其他简易求救信号**
>
> 在遇到突发事件,报警人一时没有通信工具或不具备上门报警的条件时,可以采取一些相对原始的办法,就地取材,发出求救信号。下面介绍几种国际应急处置中通行的求救信号。
>
> 1. 声响求救信号
>
> 用哨子先吹三声短音,再吹三声长音,最后吹三声短音,停顿 1 min 再重复。或直接大声喊叫、猛击物品等,尽可能利用身边的物品,发出比较大的响声,获得救援。
>
> 2. 光线求救信号
>
> 使用手电筒闪光或用镜子反射太阳光等,引起救援人员的注意。具体做法是光线每分钟闪照 6 次,停顿 1 min 再重复。
>
> 3. 火光求救信号
>
> 选择在开阔地带,燃放三堆烟火,火堆摆成三角形,每堆之间间隔相等,保持燃料干燥,一旦飞机经过,尽快点燃火堆求救。
>
> 4. 浓烟求救信号
>
> 在野外遇到危险,在白天点燃新鲜的树枝、青草等植物,发出烟雾,晚上可以点燃干柴,发出明亮耀眼的火光,向周围发出求救信号。
>
> 5. 字样求救信号
>
> 用树枝、石块或衣物等物品在空地上摆出"SOS"或其他求救字样,字尽可能大,每个字至少长 6 m。
>
> 6. 旗语信号求救
>
> 将一面旗子或色彩鲜亮的布条绑在木棍上,按照左侧长画,右侧短画做"8"字形挥动。
>
> 7. 抛掷软物求救信号
>
> 当在高楼遇到危险时,可用枕头、塑料空瓶等物品抛掷向地面发出求救信号,但这些抛掷物质地要柔软,防止砸伤地面行人。
>
> 总之,无论用何种方式发送求救信号,信号一定要鲜明,声音要大,颜色要明亮,字要醒目,让施救者准确地知道你的方位,及时救助你脱离险境。

三、报警的程序和注意事项

(一)报警的程序

1. 拨打报警电话

拨打"110""119""120"等号码,接入当地报警服务台。

应急处置实务

2. 简要说明事由

首先说明事发的确切地点、时间、事件种类,再说明事件的状况及危害情况,最后将自己的姓名和联系方式告诉接警员。报警事由中,时间和地点比较关键。

3. 报警后的处理

报警后尽量在原地等待,适时到交通要口引导警车、消防车或救护车进入现场,并及时表明身份,说明事由。同时,保持联系方式通畅,以便随时与报警台取得联系,并适时保护现场。在此过程中,一定要注意自身的安全。

(二)报警的注意事项

1. 熟悉报警事项范围

报警系统是社会公共应急资源,报警人不得谎报警情和无故占用报警热线,这些都是违法行为。普通民众应熟记报警服务台的受理范围,也可参照事件"急、难、险、重"的原则报警。

2. 尽量在事发地附近报警

尽量在始发地附近报警,这便于处警人员及时找到现场,也方便报警者实时监控现场。

3. 确定事发地点

大量案例表明,报警者在陈述事发地点上花费的时间较长。其实确定事发地点的方法很多,如可以借助周围建筑物说明,尽量选择醒目的、有标志性的建筑,还可留意周围的一些标识,如公交站牌、路灯柱编号等。

4. 报警内容要客观真实

报警内容要实事求是,切忌夸大事实。因为接警员将根据报警内容的性质和程度调动不同地区、不同警种的警力出警,如果报警内容与实际情况有出入,势必影响警情的处理。

5. 在接警员的提示下报警

报警者一般都有紧张、恐惧的心理反应,报警时语无伦次,抓不住重点。而接警员训练有素,随时处于应急状态,可依据接警操作规程和经验,向报警者提问,报警者跟从接警员作答即可完成报警。

任务二 接警和处警

> **任务导入**
>
> **接警员娴熟运用接、处警技能协助抓获嫌疑人**
>
> 某日晚上,某市应急联动中心接警员小王接到一名男子的报警电话,称其摩托车被人抢了,其声音十分急促慌张。小王立即让该男子保持冷静,准确回答他的问题。随后,通过小王简单、迅速的询问,在短时间内得知了该事件的几个关键点:该男子的摩托车于 A 大桥南被抢,两名犯罪嫌疑人正驾车往 B 地方向开去,并获知被抢摩托车的颜色、车牌号和劫匪的衣着特征。被抢男子目前搭乘一辆"摩的"跟在犯

罪嫌疑人后面追赶。小王当即电话通知 B 地派出所值班民警在收费站设卡拦截，其间，小王与报警男子及 B 地派出所民警一直保持着电话联系，过了三分钟，B 地派出所民警反馈被抢摩托车及犯罪嫌疑人均被截下。整个过程从报警到破案，只用了短短十分钟时间。由此可见，接警与处警紧密结合，接警员与现场民警相互配合是这次处置成功的关键。

一、接 警

（一）接警的概念

接警简单来说就是接受公众电话报警，是指接警员与报警者进行警情信息交流并完整记录，下达处警指令的全过程，是突发事件响应过程中诸多环节的首要环节。

（二）接警受理的范围

根据《110 接处警工作规则》规定，110 报警服务台受理的范围包括接受报警、接受求助、接受投诉三个方面。下面主要介绍前两者。

1. 受理报警

受理报警的范围：刑事案件；治安案（事）件；危及人身、财产安全或者社会治安秩序的群体性事件；自然灾害、治安灾害事故；需要公安机关处置的其他与违法犯罪有关的报警。

2. 受理求助

受理求助的范围：发生溺水、坠楼、自杀等状况，需要公安机关紧急救助的；老人、儿童、智障人员、精神疾病患者等人员走失，需要公安机关在一定范围内帮助查找的；公众遇到危难，处于孤立无援状况，需要立即救助的；涉及水、电、气、热等公共设施出现险情，威胁公共安全、人身或者财产安全和工作、学习、生活秩序，需要公安机关先期紧急处置的；需要公安机关处理的其他紧急求助事项。

（三）接警的程序

公安部《110 报警服务工作规范化标准》对 110 报警服务台在接受群众报警、求助时的程序和内容做了明确规定，如图 4-1 所示。

第一步：在接通报警、求助电话时，主动说："您好，这里是＊＊110 报警服务台。"

第二步：在受理报警、求助信息时，要抓住几个要素问明情况：询问报警、求助人的姓名、职业、工作单位或住址、联系电话等；报警求助事项的基本情况，如时间、地点、案由或事由、当时所在的位置等，如系重大报警案件，应重点询问发案（发现）涉案的人数、涉案人的体态特征、去向等。

第三步：在受理报警、求助结束时，应区别不同的情况给予当事人答复和必要的抚慰。

这里最重要的是第二步，确定接警"五要素"，即时间、地点、人、警情性质、联系方式。每个接警员都应熟知这"五要素"，做到实际操作无一遗漏。在接警实践中还可借助智能报警系统完成警情信息填报和分发。

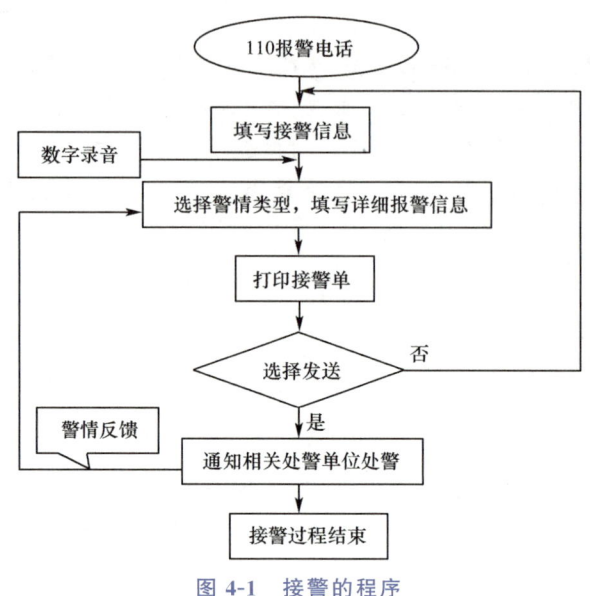

图 4-1　接警的程序

（四）接警的技巧

1. 态度诚恳，稳定对方情绪

报警者最普遍的反应是无助、恐惧、脑子一片空白等，因此接警员首先要稳定对方的情绪，说出必要的"定心话"，表明 110 报警服务台愿意帮助报警人。报警人在得到安慰后，情绪会得以稳定，为下一步的语言交流奠定良好的心理基础。

2. 理解处境，引导陈述

接警员的"接"并非被动地接听，而要采取必要的插话、连续追问、引导陈述等手段，善于运用音调高低、语气轻重，以及必要的引导、追问、安抚等问话技巧来获知报警信息。

3. 抓住主要矛盾，适时转移话题

常有报警人反映不属于公安机关管辖的事件，在告知应向相关部门反映后，报警人认为相关部门不会及时处理而要求公安机关处理，应理解矛盾的核心是报警人担心相关部门执行不力，这时应引导报警人请相关部门的上级单位监督执行，而不是反复解释公安机关无管辖权。

（五）接警员的素质能力

1. 高超的专业技能

一是熟练掌握接、处警系统各项查询、统计、接警、反馈等功能；二是规范接、处警警单录入完整性，加强信息反馈，及时报送信息；三是接警员在工作中要真正做到"五知"（知法律法规、知地形地貌、知警力分布、知卡点位置、知预案体系）和"七会"（会受理报警、会准确领会指令要求、会指挥高度、会调查研究、会群众工作、会服务协调、会设备应用）。

2. 足够的知识储备

接警员不仅需要具备一定的文化素质，还要具备一定的法律知识和应急处置知识。如掌握《刑法》《治安管理法》《刑事诉讼法》《行政诉讼法》《交通法》《消防法》《人民警察法》等常用法律法规，掌握案件处理、消防管理、交通事故处理等专业知识和技能。

3. 优越的心理品质

接警员应热情、积极,声音亲切,富有同情心,乐于与人沟通,反应敏捷。

二、处 警

(一)处警的概念

处警是报警中心根据警情,调派警力赶赴现场,确认案情、维护秩序和先期处置等活动的总称。110处警工作实行一级处警和就近处警、分类处警相结合的处警原则。

(二)处警的工作模式

1. 派警与报告同时进行

(1)对危及公共安全、人身或者财产安全的紧急案(事)件,应当在派警处置的同时,立即向分管负责人报告,并向业务主管部门通报。

(2)对接报的自然灾害事故,应当根据灾害的种类、程度派警处置,同时报告分管负责人。

2. 先报告后派警

(1)对接报的重大案(事)件,应当根据警情的性质、事态规模、紧急程度,及时报告分管负责人,并按照工作预案和分管负责人的指示,迅速派警处置。

(2)对接报的规模较大、行为方式激烈的群体性事件,应当立即报告分管负责人,并按照工作预案和分管负责人的指示,派警赶赴现场,控制事态,协助有关部门做好缓解、化解矛盾的工作,尽快平息事态。

3. 先通报后酌情派警

对接报的规模较小、影响不大的一般性群体性事件,应当迅速将情况通报业务主管部门,同时酌情派警维持现场秩序,协助有关部门进行疏导劝阻,防止事态扩大。

4. 先派警后移交

对接报的管辖暂不明确的地区发生的案(事)件,应当先指定处警人员进行先期处置,必要时再移交属地公安机关有关部门进行处理。

(三)处警的程序和要求

1. 处警的程序

(1)快速出警

处警人员接到指令后,应该雷厉风行立即出警,以最快的速度赶到现场。例如,有的城市规定凡危及公民人身、财产安全的重大、紧急报警、求助,在市区,必须5 min内到达现场,在郊区,必须10 min内到达现场。

(2)迅速判明案情

处警人员到现场后,要迅速熟悉现场情况,通过询问、观察,初步判明警情性质,针对不同性质的警情,采取相对应的恰当行动。

(3) 积极开展处置

处警人员应根据现场情况积极采取措施,如及时制止违法犯罪行为,组织抢救伤员、追捕嫌疑人,及时提取可能流失的证据,为受害人提供必要的帮助,排除危险或施救等措施。

(4) 妥善收尾,手续齐全

处警结束以后,处警人员要及时向110报警服务台反馈情况,及时登记备案,将信息录入警务平台,相关材料要及时提交存档。

2. 处警的要求

(1) 合理分工,配合处置

两人处警时,相互间要有分工,有主有辅,互相呼应。在同伴被指责时,同行人员应及时解围;在同伴采取行动时,同行人员应密切观察周围环境,保障其安全等。

(2) 增强现场证据意识

现场处警人员不仅要对案件本身进行取证,还要养成对处警过程进行取证的习惯。如打开随身佩戴的执法记录仪全程录音、录像。

(3) 增强现场安全意识

处置带有暴力性质的警情时,要特别注意自我安全。在采取行动时,不仅要防止来自制服对象本身的威胁,更要防止来自其在场亲属、朋友的威胁。

(四) 处警中的协调工作

1. 处警与反馈

如果对正在发生的案(事)件,最先到达现场的处警人员不足以制止或者控制局面,应当立即将案(事)件情况报告110报警服务台。110报警服务台应当按照工作预案,迅速调集、指挥有关警种、部门赶赴现场增援或者进行布控查缉。

2. 处警与跟踪

处警人员到达现场后,110报警服务台应继续实时监控跟踪,将发现的最新情况、案情的发展动向、犯罪分子的危险程度、实施抓捕的时机全方位、多角度地传递给现场处警人员,发挥合成作战的优势。

3. 处警与取证

对于处置的场景,110报警服务台应充分发挥监控的实时录像功能,做好处置人员行动的向导和助手。如对于公共场所的扒窃行为,务必观察到扒窃分子犯罪的预备、实施和逃跑等作案全过程,并对相关重要情节予以录像,作为事后处置的事实依据。

项目实训

实训案例:

选取一例典型突发事件视频案例(刑事、治安、事故等突发事件)。

实训内容:

采用角色扮演法,模拟报警人、接警员身份,开展现场模拟报警、接警实训,掌握报警"五要素"和接警技巧,学会分析报警人心理。

实训实施：

(1)学生分为两组：报警组、接警组。
(2)接警组学生离开现场，报警组学生留下观看视频。
(3)接警组学生返场，与报警组学生开展一对一的报警、接警训练。
(4)训练完毕，在接警组中找一个学生概括案情。
(5)教师从报警、接警两个方面点评训练质量。
(6)回放视频，集中观看，找出先前接、报警训练中的不足。

思考练习

(1)报警的基本操作程序和要领是什么？
(2)接警的"五要素"是什么？
(3)接警员应具备哪些素质？
(4)接警与处警如何协调配合？

项目五 现场警戒与保护

学习目标

(1) 了解现场警戒、保护的概念。
(2) 掌握现场警戒、保护的职责。
(3) 掌握现场警戒、保护的程序和方法。

素养提升

通过对现场警戒和保护等知识的学习,树立生命至上、依法处置的应急理念。

任务一 现场警戒

任务导入

一起煤气泄漏事故的现场警戒和处置

某日17时30分左右,某市公安局110指挥中心接到市民报警,称在本市A路上的B公司对面的荒草丛中传出尖锐的煤气井气体泄漏的声音。该煤气泄漏点处在一栋居民楼前,附近居民区密集,在离煤气井约20 m远的地方为一建材市场。时值市民下班的高峰期,如果遇到明火,随时都可能引发爆炸和市民煤气中毒,情况十分危急。

接警后,巡警支队四大队副大队长李某仅用了2 min就赶到了现场,并在距现场50 m的地方将警车停在路中央,迅速拉起警戒带,同时,通知巡长赵某从A路另一端切断过往人流和车辆。5 min后,A路100 m内所有车辆停止了行进,所有过往群众被紧急疏散。接到通知后,煤气公司抢修人员赶到现场,临时用木楔堵住漏点。

10 min后,A路恢复通车。在煤气漏点被堵住后,警察并没有马上撤离现场,而是在附近居民区进行走访,调查有无群众发生煤气中毒事件。由于警察及时赶到现场,采取措施得当,附近居民区的居民没有一人陷入危险。

一、现场警戒的含义和特点

现场警戒是指在突发事件发生后,现场处置人员对事发现场设立警戒区域,实施安全管控警戒,维护现场秩序的一项专门活动。现场警戒是突发事件现场处置活动中一项紧急性措施,其目的是控制现场,便于开展应急行动。现场警戒的特点如下:

(一)法定性

在特定应急场景,现场警戒是警方或其他政府部门的一项法定职责。《突发事件应对法》第七十三条第二款规定,自然灾害、事故灾难或者公共卫生事件发生后,履行统一领导职责的人民政府应当迅速控制危险源,标明危险区域,封锁危险场所,划定警戒区,实行交通管制、限制人员流动、封闭管理以及其他控制措施。《突发事件应对法》第七十四条第三款规定,社会安全事件发生后,组织处置工作的人民政府应当立即启动应急响应,组织有关部门针对事件的性质和特点,依照有关法律、行政法规和国家其他有关规定,采取封锁有关场所、道路,查验现场人员的身份证件,限制有关公共场所内的活动。《人民警察法》第十七条规定,县级以上人民政府公安机关,经上级公安机关和同级人民政府批准,对严重危害社会治安秩序的突发事件,可以根据情况实行现场管制。

(二)保障性

从现场应急处置整体工作上看,现场警戒为其他处置措施开展提供保障功能,为其他处置措施开展创造必要的操作区域和安全环境,使现场处置人员不受干扰,专注应急处置工作,同时也避免现场可能存在的各种危险危及周围无关人员的安全,但这不是说现场警戒工作是辅助性的,它是现场应急处置必需的环节,要有专业的技能和高度责任心方能做好此项工作。

(三)始终性

现场警戒要始终伴随现场应急处置全过程,随现场处置工作开展而持续警戒,现场处置工作不停,现场警戒工作不止。实践中,现场警戒工作往往最先开展,最后撤离现场。这是工作技能问题,更是工作理念问题。这要求现场警戒人员善始善终,坚守岗位,明确职责,全力保障现场处置的顺利开展。

(四)复杂性

现场情况的多样性决定了现场警戒的复杂性。面对种类繁多、性质各异的突发事件,都要完整地保障现场秩序和保全证据,其难度可想而知。现场警戒的工作内容也具有复杂性。现场警戒不仅要维护秩序和保护证据,还要积极参与、协助现场救援工作。

(五)科学性

现场警戒是一项严肃的专业工作。它要求警戒人员科学、合理地划定警戒范围,有理有节地开展现场说服工作。物理隔离、封控是基础,人力管控是关键。同时,随着科技发展,现场警戒运用大量现代科学技术,如视频监控、人流监视、人脸识别、入侵探测、电子围栏和无人机反制技术等。

二、现场警戒的职责

总的来说,现场警戒人员的职责是维护现场秩序,严格控制进出现场的人、物、车和信息,避免再次出现人员伤亡、财产损失或引起现场的混乱。具体而言,有以下几项职责:

(1) 在警戒区(危险区)外围实施交通管制,对危险区的交通路口实施定向、定时封锁,严格控制进出现场的人员和车辆。

(2) 在警戒区内实施人员撤离,保障车辆顺利通行,指引应急救援车辆进入现场,及时疏通交通堵塞。

(3) 在撤离区和人员安置区加强治安巡逻工作,保卫撤离区内和各封锁路口附近的重要目标和财产安全,打击各种犯罪分子。

(4) 除上述职责以外,警戒人员还应该积极协助发出警报、现场紧急疏散、人员清点、传递紧急信息、应对媒体及事故调查等现场处置工作。

三、确定现场警戒范围

现场警戒范围是应急指挥人员、处置专家和救援人员开展应急处置的工作阵地,无关人员一律不得进入,因而确定现场警戒范围是一项至关重要的工作。而确定警戒范围大小是这项工作的难点。理论上说,应将现场的危险区域和现场处置区域都包括进去,坚持宜大不宜小,保留必要的警戒冗余度以阻止现场内外人、物、信息的大规模无序流动。例如,化学品泄漏事故发生后,应根据化学品泄漏的扩散情况或火焰辐射热所涉及的范围建立警戒区域。按照现场处置的通行做法,多将现场警戒区域划分为三个区域,分层管理,有限开放,如图5-1所示。具体如下:

第一层为外围警戒区域。该区域是对现场最外围的警戒和保护,主要为了限制公众进入,限制车辆通过现场和阻止不必要的人员进入现场。在外围警戒区域内,可以为新闻媒体划出一个特定的区域。

第二层为缓冲区域。该区域是二线处置力量的集结区域和现场指挥部所在地,设置在近现场中心附近的一定区域。只有警察、处置专业人员、救援人员和应急车辆可以进入。在缓冲区域内,应为高级别现场处置指挥人员和专家划定部分活动区域。

第三层为内层警戒区域。该区域是现场最危险的核心区域及处置人员操作区。该区域警戒范围的确定要考虑两个因素:现场危险源的威胁范围和与事件原因调查的相关证据散落的范围。对该区域应实行最为严格的控制,一般只允许医疗救护人员、警察、消防人员、应急专家或专业的应急人员进入。

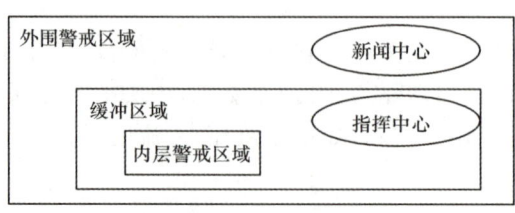

图 5-1 现场警戒区域

四、现场警戒的方法

突发事件现场所处的环境和条件不同,现场的状态也显得错综复杂,所以掌握一定的警戒方法并合理、适当地运用是现场处置开展的前提。常见的警戒措施如下:

(一)设置"人墙"

在未及时用障碍物设置现场警戒线之前,对险情十分重大的现场,以及对那些发生在闹市区的现场,现场警戒人员应组织群众或利用自己的身体组成"人墙",临时应急警戒现场。

(二)设置障碍物,画警戒线

利用绳索、铁丝或其他专业器械,在保护区外道路上摆放障碍物,设置警戒线。还可在现场周围绕以绳索或撒白灰作为标记。同时,在现场线外设置岗哨看守,防止他人翻越障碍物出入现场。

(三)封锁交通道口,指挥现场交通

如果现场范围较大,或者现场上存在险情需要排除,而现场周围来往车辆、行人又很频繁,应根据实际情况,封锁通往现场的有关交通道口,禁止车辆、行人通过。同时,派专人指挥现场交通,让车辆、行人绕道通行。

(四)张贴布告,划出通道

对于室内、院内的现场,可暂时将大门关闭,张贴布告,禁止无关人员进入,同时为不影响室内、院内住户的正常出入,应根据现场具体情况,划出供居民出入的通道。

任务二 现场保护

任务导入

一起刑事案件的现场保护

某日11时许,A大厦保安部接到报警,6楼电梯内一名中年女子被刺。接警后,保安部立即向公安"110"报警,并派人上楼查看。发现在6楼电梯口处躺着一名中年女子,颈部有一道伤口,鲜血不断从伤口涌出,地面鲜血一片。周围有不少人在观看,其中一名男子神情恍惚,突然蹲在一旁呕吐。经询问得知,该男子是命案的目击者,因场面过于血腥而惊吓过度。保安立即拨打了"120",并专人把守A大厦入口,禁止所有人进出。8 min后,急救车和警车先后到达现场。警方随即开展现场勘查,经查中年女子已经死亡,凶手不明。由于A大厦内没有安装闭路监视器,对凶手形象没有准确的资料,而赶来救援的医护人员又不慎破坏了现场足印,目前取证比较困难。17时许,死者遗体被抬出运走,A大厦入口开放。在这起案件中,A大厦安保部处置是如何开展的?

与警戒范围是大体统一的,原则上应把突发事件现场的中心部位和外围的一些重要部位严密地看守和保护起来。但划定现场保护更突出对事发起因的人、事、物的保护,强调对现场证据的搜集和保护,如刑事案件现场中的犯罪分子来去现场的路线、现场出入口、遗留有痕迹物证的场所,火灾事故现场的最初起火部位等。在划定保护范围后,现场处置人员要组织力量,如企事业单位的保卫人员、街道治保人员等在保护区周围设岗警戒,把犯罪现场封锁起来,禁止无关人员进入或滞留在现场。

(二)采取措施保护现场物证

在划定保护范围和布置警戒后,应禁止一切无关人员进入现场,现场保护人员也不能无故进入,不得触摸乱动现场上的任何物品,更不能擅自进行勘查。但如果遇到特殊原因,如恶劣天气、险情蔓延等,直接影响现场痕迹物证的毁损和灭失,应积极采取措施保护痕迹物证,如用苇席遮掩烈日暴晒下的尸体。同时,若非要进入现场不可,也要选择不破坏现场的适当路线进出,不能因为采取具体保护措施而破坏现场的原始状态。

(三)及时了解有关情况

现场保护人员在做好警戒工作的同时,要抓紧时间,充分利用案件知情群众、报案人、现场发现人对事发记忆犹新的有利条件进行询问,收集现场被发现后至保护前的各种情况、犯罪嫌疑人的情况,还要对所有在场的证人逐一进行登记,有条件的还应将围观人拍摄下来。突发事件的现场证人,有些不大愿意主动讲述现场情况,现场保护人员应依靠现场的实际情况努力寻找和确认一些关键证人。对于现场不便、不愿陈述的证人,也要弄清他的姓名、单位、地址等情况,以便之后求得他的协助,使事件的后期调查工作得以顺利进行。

(四)介绍、报告现场情况

当领导或后期救援队伍到达现场后,现场保护人员应当将先期了解到的有关突发事件的情况及对现场进行保护的情况,向他们如实地做详细的汇报。同时,现场保护人员还要将在保护现场中发现的痕迹物品指给相关技术人员过目,将收集到的有关物品和形成的各种记录移交给相关人员。

(五)适时采取紧急措施

值得注意的是,对现场保护的认识,不能仅仅局限于对现场痕迹物证的保护。在布置警戒、保护物证的同时,还要对现场中出现的伤员病危、火灾爆炸或犯罪嫌疑人逃跑等意外情况进行紧急处置。一般来说,现场保护阶段所采取的紧急措施主要包括抢救人命,排除险情,排除交通障碍,监视控制,追缉堵截犯罪嫌疑人和肇事者等。

三、现场保护的方法

(一)现场痕迹、物品的保护方法

根据现场的痕迹、物品的特点,应采用不同的保护方法。常用的几种现场保护方法如下:

1. 警戒法

警戒法是指不进入现场内部,而在现场周围设岗,警戒看守痕迹、物品的方法。这种方法适用于一般的室内现场,只要在现场出入口外派人警戒看守,现场及其痕迹、物品即得到保护。另外,某些室外现场,如地处偏僻地方的现场或者现场不具备用其他方法进行保护的条件,也可以用警戒法进行保护。运用警戒法时应注意:在看守时不仅要防止人为因素的变动、破坏,而且还要注意避免非人为因素对现场的变动,防止发生意外事件。

2. 标记法

标记法是指在现场痕迹、物品周围用一些醒目的物品做标记,以提醒或告诫人们注意的方法。这种方法主要用于两种现场:一种是遇有某种紧急情况的现场。如需急救、抢救财物、排除险情等,必须进入现场或必须移动现场上的某些物品,对于在行走路线上已发现的痕迹、物品,可用粉笔等物品在痕迹、物品周围做标记进行保护,以免有人不注意进入现场而被变动。另一种是范围较大,痕迹、物品较分散,现场保护人员已经发现且有随时有被人为因素变动可能的室外现场。遇到这种现场情况时,除了采用警戒法保护外,还必须对已发现的痕迹、物品设法进行标记,以便引起他人注意。在进行物证标记时,现场保护人员应注意尽量减少对客体物的变动。

3. 遮盖法

遮盖法是指在现场痕迹、物品上用一定的物品进行遮盖保护的方法。这种方法主要用于对室外现场痕迹、物品的保护,特别是遇到刮风、下雨或下雪等情况时,要设法用盆、塑料布等不透风雨的物品进行遮盖保护。运用遮盖法时应注意:忌用带有浓烈气味的器物遮盖,以免污染嗅源,妨碍使用警犬追踪鉴别;遇下雨且雨水较大时,应当在痕迹、物品周围挖一道排水沟,让积水顺沟流走,以免损坏痕迹、物品。

4. 记录法

记录法是指对现场痕迹、物品在搬动前的原始位置、形状进行记录保护的方法。这种方法主要用于因抢救人命、扑灭火险的需要,而必须移动现场物品时。记录的方法有现场模拟绘图、现场照相和现场录像。在记录时应注意对物品、痕迹的相对位置、局部位置和全局位置进行全面、客观的记录,必要时可设见证人。

5. 转移法

转移法是指转移现场上带有物证的物体,以适当方式保存保护的方法。这种方法主要用于两种现场:一种是现场上存在某种特殊紧急情况的室内现场。如纵火案现场,为了避免痕迹、物品被烧毁、破坏,或避免因房屋倒塌等而毁坏,必须及时转移保护。另一种是地处特殊位置的室外现场。如发生在铁路或公路干线上的现场,过往车辆频繁而附近又无岔道可绕的现场,为了避免造成大规模的交通堵塞,应将影响车辆通行的有关物体从轨道或路面上搬走,并妥善保存起来。运用转移法时应注意:在搬动或转移有关物体前,必须先标明或记录有关物体的原始状态;在搬动或转移有关物体时,应当选择适当的部位和动作,以免改变、损坏原有的痕迹,或者留下现场保护人员自己的痕迹。

6. 提取法

提取法是指在保护现场过程中,用适当的方法将特定的痕迹物品进行提取的方法。这种方法主要用于现场存在细小物品和贵重物品,如不提取就可能使其遭受变动、破坏的情况。运用提取法时应注意:在提取痕迹物品前应先固定记录;此法应尽量少用,只是在特定的情况下使用。

在现场痕迹、物品的保护过程中,上述几种方法既可单个运用,也可综合运用。在现场保护过程中,要善于根据现场的具体情况,有针对性地采取相应的保护措施。

(二)现场尸体的保护方法

1. 对室内或不易受客观环境影响而变化的尸体保护

一定要保持原状不能变动,包括尸体上附着的衣物等,不要随便触摸、挪动尸体和尸体上及周围的物品,因为从尸体的姿势、衣着等可以分析判断案情。

2. 室外暴露在空气中尸体的保护方法

在太阳光直晒的情况下,尸体的腐败速度很快。因此如果天气炎热,可用洁净的物品加以遮盖,以防加速腐败。如遇下雨、下雪等天气,应用塑料布等洁净的防雨材料加以遮盖,以防尸体上附着的毛发、血迹、精斑等痕迹物证被散失、污染或破坏。

3. 山林、旷野等处尸体的保护方法

对这类尸体的保护,除了上述要求外,主要是现场保护人员加强值班看守,以防止尸体受到兽食鸟啄而发生变化。在冬季野外冻僵的尸体,一般情况下不要将其移入室内,应就地进行保护,以避免冻僵的尸体随着环境温度的升高而解冻融化,导致尸体上的伤口变形,给以后的尸体检验工作带来困难。

4. 水中尸体的保护方法

发现水中的尸体后要用一定的方法将其固定住使其不再继续漂流,一般不必打捞上岸。因为尸体暴露在空气中较之浸泡在水中更容易腐败,而且打捞时,极易损伤尸体上的附着物,从而增加尸体检验的难度。如果水流过急、无法固定,应设法将尸体打捞上岸。但在打捞过程中要十分小心,不能直接抓握尸体的四肢拖拉,也不能用铁钩等硬物去打捞,而应用干净的布从水下将尸体托住,然后再将尸体从水中拉出,放在安全的处所进行保护。

5. 火场中尸体的保护方法

对于火场中的尸体,如不能制止火势蔓延或者建筑物即将坍塌,尸体有被烧毁或被倒塌的砖石覆盖的危险时,应设法将尸体移出火场保存。但在移动搬运尸体时,应当尽可能使用担架、木板等工具,避免因搬动不当造成新的伤痕,沾染上新的物质或者导致原来附着的物质脱落。对于搬运出的尸体,若无特殊原因,仍按搬动前尸体的姿势存放,以便后期检验。

6. 吊挂着的尸体保护方法

挂着的尸体包括上吊自杀和他杀后伪装自杀两种情况。如果发现人体尚未死亡,需急救,可在颈部未打结处剪断绳索(切忌解绳),并注意将绳索及绳结完整保存,因为绳结的系法是确定犯罪性质的依据之一。在摘卸吊挂者时应注意一定的方法,即由一人或几人托住吊挂者,另一人将绳索剪断,然后将吊挂者轻放在适当地点进行抢救和保护,以免吊挂者被摔坏形成新的痕迹。如果吊挂者确已死亡,则不必将尸体卸下,只要将现场保护好即可。另外,对于任何现场中的尸体,都应特别注意对尸体黏附物的保护,因为在认定尸体身份的过程中,它将起到举足轻重的作用。

(三)刑事案件现场的保护方法

1. 室内现场的保护方法

室内现场是指在非露天的建筑物内发生的各类刑事犯罪案件的地点和留有痕迹、物证的场所。对室内现场的保护,通常采取的措施如下:

(1)封锁现场的出入口和通道。封锁出入口,重点是现场中心所在的出入口;在门口、窗口和重要通道布置专人看守,如果是双向通道,须全部封锁,禁止一切无关人员进入现场。

(2)封锁现场周围地带。在现场周围划出一定的警戒范围,布置警戒,禁止围观群众靠近现场,以防群众破坏现场外围的犯罪痕迹物证。

(3)在实施封闭措施时,不能随便移动门窗,并要特别注意门窗、门锁、窗户插销上的痕迹是否遭到破坏。

(4)对发生在宿舍、办公楼、营业单位等的案件现场,应劝事主暂时离开。

2. 露天现场的保护方法

对于露天现场,通常是划出一定的范围布置警戒。保护范围原则上应包括犯罪分子实施侵害行为的地点和遗留有与侵害行为有关的痕迹物证的一切场所。实践中通常的做法是先把范围划得略大一些,待勘查人员到达现场后根据情况进行调整。具体方法如下:

(1)对于范围不大的露天现场,可以在周围绕以绳索或撒白灰等作为警示标记,防止他人入内。

(2)对通过现场的道路,必要时可临时中断交通,指挥行人或车辆绕道而行。

(3)对现场上重要部位及现场进出口,应当设岗看守或者设置屏障遮挡。

(4)对大院内空地上的现场,可将大门关闭。若内有其他住户,可以划出通道方便住户出入。

(5)当环境(如天气)发生改变时,要对现场上易变的痕迹物证采取适当的保护措施。野外现场要防止动物进入现场破坏痕迹物证。

四、现场警戒和保护的要求

现场警戒和保护是政策性、法律性、技术性上要求很强的业务工作,现场警戒和保护人员在现场处置时,要具有高度负责的精神和科学严谨的态度。具体地说,有以下几点:

(一)要依法文明处置

现场警戒和保护人员在突发事件应急处置中往往是第一批赶到现场的人员,面对大量的围观群众,面对不明的事件性质,如何做好群众工作对于力争稳定事态、控制局面的前期处置效果是至关重要的。在处置中,首先要依法行事。必须做到处置程序合法,工作方法合法,形成的材料合法。如对于刑事案件现场中的犯罪嫌疑人,要严加监视和控制,防止逃跑,但不能非法搜身、强扣票证、非法拘禁。其次,要文明执勤。对于现场的围观群众要以说服教育为主,讲明政策,晓以利弊,劝服他们撤离现场,尤其对于事发的事主、失去亲人的家属、新闻媒体记者,要理解他们的心情和职责,说服时态度要和蔼,切忌动粗。最后,要讲究策略。如果现场有围观群众起哄的苗头,必须马上对其宣传有关法律和政策规定,通过批评、规劝、命令、调解等多种教育疏导方法及时缓解矛盾,打消其对立情绪。如果现场的围观群众已经形成一种很强的对立情绪,为了避免事态进一步激化,可将部分人员隔离起来,或将为首人员带出现场单独教育。对于少数一意孤行、严重扰乱处置秩序的人员,要在加强宣传的同时果断制服,依法处罚。

(二)要树立高度的组织纪律观念

现场警戒和保护人员要坚守自己的岗位,牢记自己的职责,严格按照分工去实施自己所承担的任务。在现场处置时,不得随意进入现场,不准触摸、移动、拿用现场上的任何物品,未经允许不得随意离开岗位,听从指挥,服从命令,高标准、高质量地完成现场警戒和保护的任务。

(三)严格保守现场秘密

现场警戒和保护人员在现场警戒和保护过程中及处置工作结束后,都不能把现场秘密向无关人员泄露,不能随意地与无关人员谈论现场的情况,不能把自己在现场上听到的或看到的及通过其他感官所感知的情况向无关人员陈述。

(四)要有强烈地证据保全意识

现场警戒和保护工作主要是为事件的处置和事后的调查提供良好的秩序保障和有力的证据支持,因而对于参与前期处置的警戒和保护人员来说,要始终保持清醒的头脑,思想要谨慎,行动要仔细。同时,现场警戒和保护人员要具备一定的专业知识,如应知道哪些痕迹、物品对寻找线索和证实时事件真相有利,应知道对不同的环境、不同的物品痕迹采用不同的保护方法,

(五)要积极参与现场救援行动

如前所述,现场警戒和保护的首要职责是维护现场的治安秩序,保全现场的证据,但对于现场的险情也不能视而不见。面对生命垂危的伤员、正被大火吞噬的财产,现场警戒和保护人员在做好本职工作的同时要积极参与抢险救人。在实践中,第一批到达现场的警戒和保护人员往往是抢险处置的重要力量。

(六)注意自身安全

现场警戒和保护人员处于突发事件现场一线,事件性质不清,灾情不明,自身常处于十分危险的境地。在没有防护设备或专业知识时,不要贸然进入事件中心区域,以免引起不必要的自身伤亡。这既是应急处置的原则要求,也符合当代以人为本的理念。

项目实训

实训案例:

某日,某大学保洁员王某来校保卫科反映,凌晨5时15分,她去实训中心大楼打扫卫生,发现103室门虚掩,瞧见室内中央躺着一具女尸。现场位于某大学实训中心大楼一楼东侧103室。该大楼南隔15 m绿化带与该校办公楼相邻,西侧朝南有一大门,东侧、北侧均为人行道。103室窗户朝南面临绿化带,其中西窗防护网被撬开,玻璃窗被打开,窗台及外墙体有泥鞋印数枚和一簇杂草。室门朝北面临走廊,室内靠南和东向共摆放实验台

5张,台下有台式计算机5台,其中4台主机被打开。靠东的工作台的凳子翻倒,室内中央的空地上躺着一具头东脚西的仰卧女尸,上身穿黑色套头运动衫,下身穿浅蓝色运动裤,裤带松开。双腿直伸,脚上未穿鞋。右手腕有割刺创口,地面有大量血迹。脖子有数条呈交叉状勒痕。地上散落着报纸、女式拖鞋等物品。报案人王某称,死者名叫张某,系该楼管理员李某的妻子,平时和丈夫住在该楼西侧的值班室,案发当晚李某回老家办事了。另有人称,办公楼当晚有人值班。

实训内容:

采用角色扮演法,实施现场警戒、保护、访问和急救等应急措施的模拟训练,掌握应急处置组织和协调等实务技能。

实训实施:

(1)学生分为两组:指挥组、处置组。

(2)指挥组学生受理报案并赶赴现场外围观察。

(3)指挥组学生下达集合动员令,迅速分工,明晰职责。

(4)各处置组在总指挥的带领下,有序、迅速地开展现场警戒、保护、访问和急救处置工作。

(5)指挥组学生掌握各组处置进度,视情况结束现场处置训练。

(6)教师评分与点评(评分规则包含组织指挥、警戒措施、物证保护、访问笔录、现场急救、纪律作风)。

(7)学生写出实训报告并上交,教师批阅。

思考练习

(1)现场警戒的职责和方法是什么?

(2)如何确定现场警戒的范围?

(3)现场保护的职责有哪些?

(4)如何保护现场的尸体?

项目六 人群控制与疏散

学习目标

（1）了解人群控制、紧急疏散的含义、种类及特征。
（2）掌握人群控制、紧急疏散的准备和实施。
（3）了解群集行为。
（4）掌握人群控制、紧急疏散方案的编制。

素养提升

通过案例讨论、方案制定等方式学习人群控制与疏散知识，理解应急措施中生命至上的理念，老幼病残优先撤离的尊老爱幼传统美德。

任务一 人群控制

任务导入

上海外滩跨年夜人群失控惨案

2014年12月31日23时35分，很多游客、市民聚集在上海外滩迎接新年。外滩广场东南角通往黄浦江观景平台的人行通道阶梯处底部有人失衡跌倒，继而引发多人摔倒、叠压，致使拥挤踩踏事件发生，造成36人死亡，49人受伤。事后调查表明，该事件活动管理方存在失职：一是对于过度的活动宣传没有及时干预；二是当现场人数超过容纳极限时没有及时进行疏散；三是未规定在活动现场人员的单向流动。由此可见，大型活动中行动快捷、科学的人群管控措施非常必要。

一、现场保护的含义和特点

现场保护是指在突发事件现场实施警戒封锁的前提下,及时采取措施保护现场的痕迹物证,使现场保持发现时的原始状态的专门活动。现场保护是突发事件处置活动中一项保障性措施,目的是保护现场物证、痕迹,为勘验现场创造良好作业条件,为最终调查事件真相、厘清责任奠定基础。现场保护的特点如下:

(一)目的明确性

突发事件一旦发生,发展速度异常迅猛,事件起因在短时间内难以断定,这就需要在现场处置中保护现场,为后期调查提供原始现场信息。现场保护目的非常明确,就是防止现场物证、痕迹灭失或遭受破坏,为事件调查提供原始的现场面貌。

(二)场合多样性

应该说,多数突发事件现场都需要采用现场保护措施,尤其是一时难以分清成因的事件现场,如火灾现场,要分清是肇事者故意纵火还是责任人过失失火,就要通过火灾现场起火点、引燃物来判断。又如有尸体存在的现场,自杀或他杀性质一时不明,这也需要根据现场痕迹判断。以上可以看出现场保护适用范围的广泛性和重要性。

(三)配合协同性

突发事件应急处置行动时往往多种应急措施同时开展,这就需要各方应急行动协调统一,确保彼此顺利开展。就现场保护而言,在紧急救援过程中现场处置人员往往因无暇顾及而破坏了现场,这就需要现场指挥人员在保障生命救援的原则下,指挥、告诫现场处置人员最大限度地保护现场,如不进或少进核心现场,对不得已要进入现场的,要采取绕道或先拍照固定后进入的方法。

(四)方法灵活性

因为现场保护是为统计事件伤亡损失后果,查明事件原因,分清事故责任提供原始现场面貌,所以现场保护并不是消极地保护、简单地画警戒线,而要根据现场情况,灵活、科学地采取保护措施。对于露天现场中容易被风雨侵蚀破坏的痕迹物证要采取必要的转移、覆盖措施,而不要教条地认为任何情况下都不能动现场痕迹物证。

二、现场保护的职责

现场保护的职责是在突发事件应急处置中根据现场的实际情况和周围环境,划定保护区范围,布置警戒,采取有效保护措施等,把种种原因造成的现场变动降到最低程度。

(一)划定保护范围,实施警戒

对于突发事件现场的第一批处置人员,无论是本来就在现场执勤的一线保卫人员,还是接到处警命令赶赴现场的处置人员,都应当从保护现场的角度出发,在观察、巡视现场后,迅速划定警戒、保护范围,适时封锁现场,维护治安秩序。

划定保护范围应根据现场的不同情况和现场的具体环境来定,事实上现场保护范围

一、人群控制的含义和特征

（一）人群控制的含义

人群控制是指在人员密集场所或活动中，通过出入口控制、现场巡查、隔离、疏散、撤离等措施，控制特定区域或活动中人员数量、分布、流向和流速，确保人流通畅，维护现场秩序的现场管理措施。

人群控制多用于突发事件的预防和预警阶段，适用场合主要有两类：一类是常态下的人群控制，如在大型群众性活动安保、临时性活动安保，以及大型商场、车站、机场等人员密集场所日常安保管理中，从现场容量和安全度考量，对现场人群数量、活动区域的控制；另一类是非常态下的人群控制，如在群体性事件中，对人群实施分流、驱离等措施。两类场合的人群控制措施在强度、法律依据上略有不同。

（二）人群控制的特征

1. 控制对象的复杂性

人群控制的对象都在人群密集的活动和场所中，人员密集已经成为一种常态，但在人群成分构成、流向、分布等因素上具有不可预测性。以大型活动管理为例，人群的分布呈现明显的时间和空间分布的不均匀性，一旦超出人群管理能力，就会为突发事件的发生埋下隐患。又如在群体性事件中，人群中盛行法不责众心理，一旦为首人员怂恿和带领，极易发生打砸抢等违法事件。

2. 以秩序和安全为目的

人群控制的目的是通过对人群的整体运动特征，包括数量、速度和方向等的识别，采取适当的管理和控制措施，以使人流畅顺，防止形成拥挤或者避免发生其他异常情况，使公共活动有秩序、安全地举行。

3. 控制方法的多样性

人群控制的方法包括现场隔离、安全检查、票证管理等常态措施和现场管制、带离等强制措施，实现人员分类管理，达到人流有序管理的目的。既可以通过铁马、移动栅栏等物理隔离方法，又可以通过热成像技术、视频预警等先进科技手段，还可以通过现场安保人员的巡查、宣传甚至人墙等人力防范方法，实现对现场人群的有效管控。

二、人群控制的准备

（一）人群总量控制

《大型群众性活动安全管理条例》第七条第四款规定，按照核准的活动场所容纳人员数量、划定的区域发放或者出售门票。要根据活动场所的面积、活动内容和性质等确定参加活动的最大人数，或者按公安机关核定的容量来安排参与活动的人员，通过控制人群总量，防止人群集聚场所人员超标。

1. 核定安全总量

各个公共场所应按国家规定的标准确定本场所可以容纳的最大人员容量,在公共场所内采取相应措施,合理控制人员容量,防止超过最大人员容量接纳入场人员。按照部分地方活动安全分级管理规定,还要预留安保座席和防涨座席,并根据风险评估结果,在现有防涨座席比例的基础上,根据需要提升比例,甚至要设置隔离看台或处置突发事件预留看台。

2. 依规发售门票

依照核定安全总量和安全评估的结果,承办者发售的入场票证一般不得超过与大型活动安全等级相适应的比例,如一级安全等级的大型活动,发售入场票证的数量不得超过安全容量的80%～85%。要严格控制售票、发票、送票的总数,不得超出核定总人数,为防止伪造和私自加印票证,公安机关在票证加贴防伪标签。

(二)活动场地合理布局

根据《大型活动安全要求 第3部分:场地布局和安全导向标识》(GB/T 33170.3—2016)及其他地方性规定,大型活动场地应根据活动内容、特点和场地自身条件划分若干功能区,如主要活动区域、集中休息区、缓冲区、记者区等主要功能区,以确保现场人流有序安全。

1. 设置合理的疏散通道和缓冲区

为防止发生人员拥挤,应预留足够数量的疏散出口和足够宽度的疏散通道,并保证其畅通无阻。同时设立缓冲区,以控制活动区域人数及紧急情况下缓解拥堵情况。根据国家的有关规定和公安机关的监管经验,每个观众区域的疏散通道不少于2条,万人以上的不少于4条;观众左、右区域为主疏散通道,后侧为缓冲区,方阵之间为辅疏散通道。总人数在5 000人以上、15 000人以下的,主疏散通道宽度不小于6 m,辅疏散通道宽度不小于3 m,通道口距离观众区域不小于7 m;缓冲区面积不小于总面积的四分之一。多于15 000人的,按比例增大疏散通道宽度。

2. 保证舞台与观众区的合理距离

舞台高度不超过2 m的,舞台与临时摆放座位之间的距离不宜小于8 m;舞台高度在2 m以上的,第一排座位与舞台的距离相应增大舞台所增大高度的5倍。在观众区搭建临时设施的,宜与观众座位不宜小于2 m,并在四周搭建硬隔离。

(三)人车流线设置

人车流线设置是指大型活动的承办者,根据举办场所的出入口条件,考虑观众入场、疏散和周边交通因素,合理设定人群及车辆的进出场路线和行进路线。如设置环流路线、单向路线或通过物理隔离设施划分上、下行路线,使人车流沿着事先规划好的路线运动,彼此不交叉,避免人员异向群集而导致发生拥挤踩踏事件。还可以使人车流线相对分离,即人员入退场路线与车辆进出路线不得交叉、重复;人人流线相对分离,即工作人员流线与观众流线相对分离,实现现场人群流动控制,但这不得挤占消防通道或疏散通道。

（四）安全导向标识设置

安全导向标识是指由各种图形、文字或符号组成的，为参加大型活动的人员和车辆安全引导和紧急疏散撤离危险区域提供导向信息的静态或动态的标识。它有以下类型：识别性标识，如真假票检验处指示标识；引导性标识，如退场、疏散指示箭头和线条标识；方位性标识，如现场方位平面图；说明性标识，如布告栏；管制性标识，如入场安检禁带、限带物品标识。

（五）入场安检配备

入场安全检查利用安检门、X光机、手持金属探测器、防爆探测仪等安全检查设备对进入现场的人员和物品进行安全检查。根据相关文件规定，安检系统配备如下：

1. 人员、物品安全检查系统普检最小作业单元

（1）设备配备要求

配备微剂量X射线安全检查设备1台、通过式金属探测门2台、手持金属探测器4把，单个和多个最小作业单元应至少配备痕量炸药探测仪1台、危险液体检查仪1台、防爆毯1张、防爆球或防爆罐1个，配备数量应能完成检测和处置。

（2）人员配备要求

安全检查人员8人，其中指挥员1人、引导员1人、执机员1人、手检员5人，指挥员可兼任引导员。同时，应在安全检查现场设置或指定备查室。

（3）检查能力要求

针对参加活动人员的安全检查，冬季宜达到500人/h，夏季宜达到800人/h；对服务工作人员的安全检查，宜达到500人/h。

2. 车辆安全检查系统最小作业单元

（1）设备配备要求

配备车底成像安全检查系统1套或光学车底检查镜2把，单个和多个最小作业单元应至少配备痕量炸药探测仪1台、危险液体检查仪1台、防爆毯1张、防爆球或防爆罐1个，配备数量应能完成检测和处置。

（2）人员配备要求

配备不少于5人，其中指挥员1人、检查员4人。

三、人群控制的实施

（一）清场安检

活动区清场安检一般情况下至少提前24 h进行，首先关闭场所所有通道与出入口，清除安检人员以外其他任何在场人员。再通过人力观察、仪器设备探测与警犬嗅探等方式全方位现场检查，覆盖封闭区内每个部位，包括地表场地、设施设备、建筑物、悬挂物、水域和地下设施设备、管网、缆线、一定深度的地层，确保无盲区、无死角。场内安检结束后，要派专人看守,严防无关人员进入活动现场,直至活动开始。

(二)人员、车辆入场安检

对需要查验票证的,在出入口查验入场证件,控制入场对象,防止不符合规定条件的人,包括身份不符合和无票据、假票据持有者混入场内;车辆安检重点为检查发动机舱、驾驶舱、行李舱、车底及车棚有无禁带、限带物品;要控制场所周边环境,预防他人以翻越场所围墙、攀爬场所围墙外临近的树木等方式潜入场所。

在入场安检过程中,还应注意现场情况灵活开展人群控制措施。例如,在安检区域人群短时间高密度聚集时,要通过网络、现场电子屏、广播等方式宣传引导观众,并适时采取单向流动限行、增加安检通道、错时入场等措施疏导人群。

(三)严格入场人员的票证管理

所有工作人员一律凭票或凭证出入,在场地入口处要安排专人负责验票、验证。通过证件区分主席台工作人员、场地工作人员、看台工作人员、功能区工作人员、后台工作人员等,除持有全通工作证件的人员外,其他工作人员须在指定区域内开展工作,严禁跨区、带人等行为的发生。

(四)强化"大人流"疏导

活动开始人员入场时,通过分批放行或人为分割的方式,控制人流规模和行进速度,引导人流单向有序通行。通过护栏、警戒带等物理隔离方式,将控制区划分成若干区域,人流一旦进入一个区域就不能随意进出,一个区域被占满后,再开放下一个区域。通过广播、志愿者、指示牌诱导人群流向,提示注意事项,让观众及时找到座位。

活动结束人员离场时,至少提前 30 min 清理疏散通道中的杂物、撤除路障、入口安检设备,确保疏散通道安全畅通。出口处应设置专人专岗,负责离场人员疏散、离场车辆的交通指挥疏导。为防止人员聚集拥堵、车辆堵塞,可采取分流、多通道疏散等方法,严格落实人、车分流措施,确保疏散通道、消防通道畅通。

(五)加强重点部位区域管控

通过拉警戒线、设隔离带、安保站位等方式加强主席台、贵宾席、运动员休息室、演出后台等重点部位的警戒控制,将重点部分、人员与周边隔离而形成相对安全的隔离区域,防止无关人员靠近重点部位和目标。同时,加强流动巡查,发现可疑人、可疑事和其他不安全因素,并及时予以处置。

(六)及时处置一般险情

活动进展期间,维护好活动场地、看台区域秩序,预防和及时发现违纪行为,及时制止、打击现行违法犯罪。对现场人员起哄,安保人员要立即予以制止、教育、引导、警告,原则上不带离现场;对警告无效而不服从管理、有可能扩大影响的,要强行带离现场并送治安处理点审查处理。当现场出现侮辱性标语、条幅等物品时,以违反国家相关法律法规和现场安全管控为由,及时劝阻;对标语、条幅等实物予以收缴,同时上报现场指挥部,在不影响活动秩序的情况下,现场执勤人员应注意收集证据。当出现人员向场内投掷杂物时,现场管理人员以违反现场安全管控为由,立即劝阻、制止、警告;对行为人服从管理的,进行批评教育后,纳入重点关注对象,暂不带离现场;对拒不服从劝阻警告而继续扰乱活动现场秩序的,迅速带离现场至治安处理点审查处理。

> **知识链接**
>
> ××保安服务公司关于×××演唱会保安勤务实施方案
>
> 由××公司主办、××文化有限公司承办的×××演唱会,定于××××年×月×日×× :××在×××体育场举行,届时将有×万多名观众观看演出。为确保演出安全、顺利、有序进行,特制定本保安勤务实施方案。
>
> 一、组织领导
>
> 在市公安局×××演唱会安全保卫工作现场监督指挥部统一领导下,成立××保安服务公司保安勤务现场指挥部,由公司总经理×××任总指挥,副总经理×××任副总指挥,×××、×××、×××任指挥员,×××任联络员。
>
> 指挥部人员分工(略)。
>
> 二、活动基本情况
>
> (一)演出区
>
> 设在体育场草坪靠××方向,舞台后为演员休息室。
>
> (二)观众区
>
> 观众座位设置分为看台和内场两部分,按照公安机关核定的人数,总座位为×个,其中内场×个,看台×个。看台设置×—×区上、下,×—×区上、下,共×个小区;内场设置VIP 1~×区、普通×~×区,共有×个区。全场合计×个区。
>
> (三)入口及通道
>
> 正式演出现场总共设置三道防线。体育场外围金属隔离栏为第一道防线,观众入口×个,即×、×、×、×、×号入口,×支路为工作车辆出入通道。第二道防线为看台入口×个,即×、×、×、×号门及贵宾通道;内场入口×个,即×、×、×、×号入口。第三道防线为看区入口×个,即×区上、下,×区上、下(每个下区×个入口,每个上区×个入口);内场观众方阵×个,即VIP 1~×区、普通×~×区。
>
> (四)票证设置
>
> 工作类13种:组委会全场总指挥证、全场指挥证、看台工作证、内场工作证、外场工作证、看台服务证、内场施工证、内场舞美证、外场检票证、内场记者证、看台记者证、内场施工证、外场施工证。
>
> 安保类10种(需着制服):公安监督总指挥证、公安监督副总指挥证、公安监督指挥证、公安监督证、保安总指挥证、保安副总指挥证、保安指挥证(以上为全场)、内场执勤证、看台执勤证、外场执勤证。
>
> 证件采取照片、截角和芯片的方法管理,即除执勤证外,其他证件必须贴有本人照片,入场时(全场证除外)截角后此证不得再次使用。提前到岗的人员在发证时就截角。内场所有工作人员只能从工作证件专用通道进场(全场证除外)。

三、力量部署及主要任务

公司参加此次执勤任务的安保人员为×××人,具体分布及任务如下:

(一)外围

人数:××人。

总责任人:×××。

范围:环道、金属栏及各出入口。

(1)外围金属隔离栏:×××人,分六个责任段;负责人:×××。

(2)外围入口:××人;负责人:×××。

任务:隔离守护,秩序维护,票证的初验,对人员及携带物品进行安全检查。对违规物品应视情收缴,对携包者原则上要求寄存包裹,若需要开包检查,应请现场民警协助。禁止将管制刀具,易燃易爆、放射性、腐蚀性等危险物品,矿泉水、封口包装饮料、硬质棍棒等可掷物品及其他可能危及演出安全的物品带入场内。

(3)外围机动:××人;负责人:××。

任务:机动待命处置相应区域突发事件。

(二)内场

人数:×××人。

总责任人:×××。

范围:内场各出入口、观众方阵、舞台、防暴沟等。

(1)内场出入口:××人;负责人:×××。

任务:对进入人员进行证件查验,防止无证人员进入内场。

(2)舞台区域(演员休息区):××人;负责人:×××。

任务:对舞台四周封闭,禁止观众进入舞台区域。

(3)观众方阵:××人;负责人:×××。

任务:在观众入场时,引导观众对号入座,维护秩序,禁止观众窜区。

(4)中线隔离及一区下入口:××人;负责人:×××。

任务:防止观众翻越隔离栏,若发现通道有观众滞留,应马上清理。

(5)清理通道:××人;负责人:×××。

任务:负责对通道停留的观众进行清理(包括内场厕所外的秩序维护)。

(6)机动:××人;负责人:×××。

任务:机动待命处置内场区域突发事件。

(三)看台

人数:×××人。

总责任人:×××。

范围:各检票口、验票口、看区等。

(1)检票口:××人;负责人:×××。

任务:入口秩序维护,防止无票人员进入看台。

(2)验票口:××人;负责人:×××。

任务:负责验票口的秩序维护和协助验票。

(3)看台:××人;负责人:×××。

任务:负责各看台的秩序维护,禁止观众窜区。特别注意对×区上、下看台右侧及×区上、下看台左侧的警戒,防止观众翻越栏杆进入无人区;若有人员进入无人区,则要及时清理。

(4)残疾人通道:××人;负责人:×××。

任务:负责对×个残疾人旋转通道实施封闭管理,禁止任何人由此上行看台二层环道。

(5)专用疏散通道:××人;负责人:×××。

任务:负责所有专用疏散通道的警戒、管理,防止无关人员进入,并确保在演出结束前30 min全面开启。

(6)看台回廊机动:××人;负责人:×××。

任务:分别在相应区域机动待命处置看台区域突发事件。

四、工作措施

(一)动员布置

在正式演出前组织各层次骨干到现场进行安保布置,指定各区域部位负责人明确任务和要求,做到"三熟悉",即环境熟悉、方案熟悉、证件熟悉。

(二)即时对接

外围区域、观众区域、内场区域、机动安保人员到位后立即与相关单位对接。

(三)机动

外围机动安保人员(××人)配备头盔、丁字棍及防暴盾牌。

(四)定岗定责

各区域应责任到人,按要求落实各岗位职责。

五、工作要求

(一)集合时间及集合地点(略)

(二)上岗及清场时间(略)

(三)车辆停放

参勤车辆停放于××停车场。

(四)着装要求(略)

(五)纪律要求(略)

六、注意事项

(1)侧重对各区域的秩序维护。

(2)加强相邻看台间警戒,防止看台观众窜区。

(3)密切注意观众动态,防止内场后排观众在演出开始瞬间向前涌动。

(4)及时制止观众站立、起哄、阻塞通道等行为。

(5)开演前 30 min,加强×、×、×、×号通道隔离栏等候入场观众秩序维护,利用手持喇叭提示观众做好入场准备。

(6)内场执勤人员要严格控制无关人员进入和围观舞台。

七、附件

场地平面图和信息联络表(略)。

任务二　紧急疏散

任务导入

深圳赛格大厦紧急疏散

2021年5月18日12点31分,深圳市福田区赛格广场大厦出现有感振动现象,福田区政府和赛格集团第一时间启动应急预案,迅速开展先期处置,疏导人群,封闭大厦。至13点55分,大厦内15 000余人全部安全疏散,没有发生任何踩踏、拥挤和伤亡事件。另据资料,赛格广场大厦是目前世界最高的钢管混凝土结构大厦,总高度为355.8 m,总建筑面积达17万平方米。思考:全员紧急疏散的启动条件及实施程序是什么?

一、紧急疏散的含义和种类

紧急疏散是指发生重大突发事件,严重威胁现场及周围人民群众生命健康安全,在迫不得已的情况下,组织人员迅速有序撤离现场的活动。

紧急疏散是避免人员伤亡扩大的关键,也是最彻底的应急响应措施。紧急疏散从诱发原因来看,分为台风、地震等自然灾害事故现场紧急疏散,火灾、爆炸等事故现场紧急疏散,道路、工厂危险品泄漏等事故现场紧急疏散。从发生的场景来看,有高层建筑突发事件人员疏散应急处置、地铁车站突发事件人员疏散应急处置、校园突发事件人员疏散应急处置、大型群体性活动突发事件人员疏散应急处置、居民生活小区突发事件人员疏散应急处置、旅游景区突发事件人员疏散应急处置、劳动密集型企业突发事件人员疏散应急处置、养老院(社区)突发事件人员疏散应急处置等。

二、群集行为的认知

群集行为是指人员的成群聚集行为。当处于危险区的人数较多时,必须将注意力放在避免群集行为导致的人员踩踏伤亡现象。人员的疏散过程是一个移动的过程。人群密度越大,群体的行进速度越小,当人群密度达到一定极限时,就会由于拥挤过度而不能前进,速度接近于零。常见的群集现象有以下几种:

(一)成拱现象

成拱现象是指当人群从宽敞的空间拥向较狭窄的出入口或楼梯口时,除了正常的正向人流之外,处于危急之中的人由于逃避心理的作用,会从两侧挤入,群集密度增加而在出入口处形成拱形的人群,如图6-1所示,所有人挤在一起而无法通过。如果没有良好的疏散引导,出入口处会反复出现成拱或拱崩溃的现象,从而导致更多的人员伤亡。

(二)异向群集

异向群集是指来自不同方向的人群相遇并产生对抗时出现的群集现象,如图6-2所示。当移动的人群的行进路线发生交叉或冲突时,来自不同方向的人群相互冲突、相互拥挤,在阻塞严重时相对行进的两股人流狭路相逢,互不相让,形成对抗,很容易拥挤和践踏而造成大量伤亡。这种现象无论是在室内还是在室外都有可能发生,而且往往是由人群疏散的路线设计不当造成的。例如,陡峭的华山易发生群体性挤踏事件就是因为山路狭窄,上山与下山两个不同方向的人流相遇,极易产生异向群集现象。

(三)异质群集

人群中每个个体的行进速度和承受拥挤的能力并不相同,行进速度明显小于群体平均行进速度的人就成为群体中的"异质",如图6-3所示。在人群密度不太大的情况下,行进速度较慢的人的周围会由于停滞而形成一个旋涡,后面的人从两侧赶超绕行。随着人群密度的增大,走得慢的人就有可能被后面的人推倒或绊倒,进而产生连锁反应,造成严重后果。成为人群异质的多为老人、小孩和妇女,以及那些由于物品失落,停下来弯腰拾物的人。

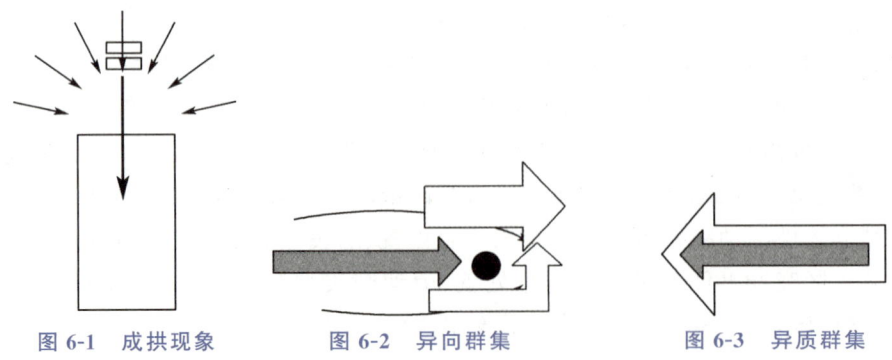

图6-1 成拱现象　　图6-2 异向群集　　图6-3 异质群集

三、人群疏散的基本方法

（一）隔离法

现场指挥在到达现场后，要进行必要的现场评估，划分警戒区（危险区），以便于现场处置和防止脱离危险的人再次进入危险区，采取警戒带、绳索隔离，必要时直接用人墙实施现场隔离。

（二）截流法

截流法又称为人数控制法。当现场某一区域的人数达到了容量极限，不利于疏导和疏散时，可以采用人群控制，防止不必要的拥堵、踩踏事故发生。

（三）多路疏散法

现场疏导如同水库开闸泄洪，应开通所有通向安全区域的道口，保证人群疏散需要。

（四）分区疏散法

当人群聚集在一起时，由于应急反应的慌乱和信息传递的不完全，现场很容易混乱，疏导无序。现场疏导人员要及时强制地分割人群，分成不同的区域，减少人群对冲、异动现场，以有利于疏散。

（五）人流引导法

紧急疏散要采用引导人员现场引导的方式进行。引导时要注意单向行进，防止交叉和逆行人流。

（六）强制疏散法

在必要时，现场疏导要实施强制疏导，尤其对于顾及财产而不愿离场的危险区的人员，适时采用人墙推进、抬、抱、拖，甚至驱散器的方式强制疏散。但要注意，根据现代应急处置理念，务必慎用警力和武力处置。

四、紧急疏散的准备

紧急疏散的准备集中体现在紧急疏散预案编制过程中，内容包括紧急疏散的应急组织与指挥、疏散路线、疏散方式、应急响应程序、应急保障等。具体而言，制定紧急疏散预案时应重点考虑以下几点：

（一）评估疏散情形

（1）设定需要疏散的紧急情况。如火灾、地震、危险物品泄漏、恐怖袭击警报等，以及确定预案启动的方式（条件触发式启动或决策命令式启动）。

（2）预计需要疏散区域的范围。根据不同危险划定危险区，并了解危险区的环境条件，包括地理条件、交通条件、疏散辅助设备情况（如疏散引导人员、人员车辆集结位置、疏散照明、疏散通信等），还要绘制平面图。

（3）预计需要疏散的人员数量（对于人员流动性较强的区域，应以最大人员数量为设定依据）。

（二）确定疏散时间

疏散时间取决于疏散能力与疏散用时两个要素的综合平衡。疏散能力取决于紧急疏散的交通工具及单位时间内的最大疏散量；疏散用时的预计应评估事件暴发时的烈度与发展蔓延速度。如国家体育场鸟巢经计算机模拟计算后确定在 8 min 内能疏散 9 万人。

（三）选择疏散路线、疏散集结点

以就近、安全作为疏散路线选择的首要要素，尽量避免对面人流和交叉人流，充分利用备用的疏散通道。以合理的安全距离和交通及生活的便利作为疏散集结点选择的首要要素，疏散集结点的安全距离应超过危险区辐射的最大半径。

（四）明确疏散任务分工

首先要明确现场指挥组，负责疏散实施过程中的指挥、协调，另外要设置现场警戒组、疏散引导组、秩序维护组和对外救援组，明确不同组别的应急任务和相互配合联系。

（五）设计特殊风险

应考虑需要特殊援助的群体，如学校、幼儿园、医院、养老院、监管所，以及残疾人等。必要时制订扩大疏散预案、返回程序与其他关联预案。

（六）做好疏散保障

安排现场应急电源、照明、通信及疏散所需车辆等，制作任务对应表、通信联络表，制作应急装备、设备（施）、物资一览表，绘制现场重大事故灾害影响范围预测图，制作重要防护目标一览表、分布图。

五、紧急疏散的实施

（一）启动紧急疏散预案

突发事件发生后，相关人员立即赶赴现场，对现场进行评估，将评估结果汇报给相关领导，由其决定是否启动紧急疏散预案。一般来说，紧急疏散主要针对重大突发事件发生后，严重影响群众生命健康安全、非疏散不可的紧急情况。在决定是否疏散人员时需考虑的因素如下：

(1) 是否可能对群众的生命和健康造成危害，特别要考虑是否存在潜在危险性。

(2) 灾难性事件的危害范围是否会扩大或者蔓延。

(3) 是否会对环境造成破坏性的影响。

（二）紧急疏散的组织与指挥

疏散现场指挥通常由人员聚集场所领导或者安保部门负责人担任，应急救援队伍到场时参与指挥。疏散组织应该设立疏散广播组、疏散照明组、内部疏散引导组、外部疏散引导组、现场警戒组、外部救护组和现场集结组。

（三）紧急疏散引导

实施疏散引导首先要确定引导员，一般是由安保人员或者是处于危险区内的部门负责人担任,在疏散过程中应佩戴明显的身份标识。其次,要明确疏散的区域与路线。依照疏散预案,引导员在快速巡查本危险区的遗留人员后,迅速组织人群向最近的出入口或逃生门有序转移,尤其要防止不同危险区域的人流交叉、拥堵和逆向人流现象发生。引导员在做好自身安全防护的基础上,要协助疏散人员做好安全防护。

(四)人员疏散的优先顺序

人员疏散与紧急救助均属于保护性的措施,只要有人员的疏散,特别是在需要全体撤离的情况下,就必须考虑人员疏散与返回的优先顺序。在全体撤离疏散的情况下,首先禁止无关人员进入即将疏散撤离的地区与场所。疏散优先顺序:居民与群众、工作人员中的非关键人员(包括媒体人员)、应急关键人员之外的所有人员、应急关键人员。

(五)紧急疏散中应注意的问题

1. 就近疏散

事件发生起初,疏散组织者应先通知出口附近或最不利区域内的人员就近向出口疏散,不要往人多的出口挤着疏散。

2. 向上风方向转移

明确专人引导和护送疏散人员到安全区,并在疏散或撤离的路线上设立哨位,指明方向。

3. 避免设置袋形走道

袋形走道的致命弱点是只有一个疏散路线或出口。火灾发生时,一旦这个出口被火封住,处在这部分的人员就会陷入"死胡同"而难以脱险。因此,高层建筑应尽量不设置袋形走道。

4. 清点人数

对救出人员要清点人数,看是否全部救出。

5. 在出口处设立警戒

在出口处设立警戒,防止已被疏散出的人员及寻找亲人的家属又进入危险区。

6. 疏散组织人员要做好个人防护

处置人员在进入有毒物质事故现场时,要佩戴个体防护用品,并采取相应的监护措施。条件允许时,还应考虑携带部分用于被困人员的安全防护装备,对中毒危险者进行必要的保护,以保证最大限度地营救生命。

> **知识链接**
>
> **重点场所突发事件人员疏散应急处置工作指引(节选)**
>
> 一、中小学校突发事件人员疏散应急处置工作指引
>
> 中小学校是组织严密的人员密集场所,中小学生具有接受能力强,但不具有完全行为能力的特点,中小学生在学校的安全问题牵动亿万家庭的心。中小学生的年龄和心理特征决定了其在校园安全管理方面的特殊性。学校一旦发生突发事件,学生极易陷入惊恐、混乱之中,有可能导致群死群伤的重大恶性事故,造成巨大损失。
>
> 为进一步规范中小学校应急处置突发事件发生后人员的疏散工作,明确处置流程,细化处置要求,提升处置效率,最大限度减少因突发事件产生的危害和损失,保护学生和教职员工的生命安全,维护社会秩序和学校的正常运行,制定本指引。

（一）突发事件发生后，应及时确认突发事件性质、发生的区域、影响范围及牵涉的学生数量等信息。评估应急疏散避险需求，明确疏散撤离范围、方式及具体的人群引导措施，尽快发布疏散指令。

（二）利用校园的电子显示屏、高音喇叭、应急广播等安全警示设施，及时传播应急疏散避险指令和其他警示信息，第一时间稳住校园内学生的情绪，引导学生应急疏散避险。

（三）在教学楼的每层楼梯、拐弯处、楼门口等位置安排值守引导，负责对通道情况进行监控，指挥、引导学生按就近路线撤离。

（四）错开时间，分片，分楼层疏散，分年级、分班级逐次下楼；学生撤离教室时可以从前、后门同时出，不整队，但一定保持顺次有序；在楼梯上要快速行走，尽量靠右，保持左侧空出，避免拥挤。

（五）在校园出入口处增加警戒人员，阻止外部人员随意进入，开启校园内相关的出入通道用于临时疏散撤离。

（六）保持良好的安全疏导秩序，要求学生听从指挥，保持冷静，按规定的线路有组织、有秩序地撤离危险区域，防止疏散过程中发生拥挤、踩踏、摔倒等次生事故。

（七）在疏散线路的拐角、岔道处要有警戒人员引导，避免学生误入危险区域；及时制止疏散过程中学生逆向跑、窜、推撞或其他破坏疏散秩序、容易诱发公共安全危险的行为。

（八）对学生疏散撤离过程进行持续跟踪监测，并及时向有关部门和单位更新报告疏散撤离情况。

（九）视情况，必要时应及时调整疏散方式及线路，或暂时中止疏散。

（十）将被疏散学生引导至安全区域，并按划定的区域安置学生；要以班为单位清点人数，查看学生有无受伤，并根据情况做出及时处置。

二、旅游景区突发事件人员疏散应急处置工作指引

旅游景区是提供旅游设施与旅游服务的独立管理区，旅游的季节性与旅游时间的集中性在旅游景区表现得极为突出。尤其在节假日、"黄金周"等特殊时期，在许多景区，旅游人数急剧膨胀，人群密度快速攀升，受景区的道路交通、设施设备、服务能力和管理水平的限制，景区容量常常处于超饱和的状态。景区内一旦发生突发事件，极易导致群死群伤的重大恶性事故后果。

为进一步规范旅游景区管理单位应急处置突发事件发生后人员疏散工作，明确处置流程，细化处置要求，提升处置效率，最大限度减少因突发事件产生的危害和损失，保护游客的生命和财产安全，维护社会秩序和城市公共安全，制定本指引。

（一）突发事件发生后，应及时确认突发事件性质、发生的区域、影响范围及牵涉的人员数量等信息。评估应急疏散避险需求，明确疏散撤离范围、方式及具体的人群引导措施，尽快发布疏散指令。

（二）利用现场电子显示屏、高音喇叭、应急广播等安全警示设施，及时传播应急

疏散避险指令和其他警示信息,引导景区内的游客有序地疏散避险。在第一时间稳住游客的情绪,防止恐慌引起人群惊跑,相互碰撞、挤压甚至踩踏。

(三)在景区入口处增派警戒人员,阻止景区外部人员随意进入。开启景区内的相关出入口,分别引导疏散,均衡疏散时间和疏散压力,避免疏散通道及出口拥挤。

(四)在事发现场的人流流入、流出、汇流点、转弯点、交叉点等处应设置警戒,实施人工引导分流。对不同方向的人流应分隔开来,合理引导分流,避免密集的反向人流引起冲撞、拥挤、滞留。

(五)保持良好的安全疏导秩序,要求游客听从指挥,保持冷静,按规定的线路有组织、有秩序地撤离危险区域,防止疏散过程中发生拥挤、踩踏、摔倒等次生事故。

(六)及时制止应急疏散过程中发生的逆行、抢行或其他破坏疏散秩序、容易诱发危险的行为。

(七)在紧急疏散过程中,要不断地使用清晰有效的广播系统,把疏散的相关信息及时传递给游客,并开展心理安抚工作。

(八)对人员疏散撤离过程进行持续跟踪监测,并及时向有关部门和单位更新报告疏散撤离情况。

(九)视情况,必要时应及时调整疏散方式及线路,或暂时中止疏散。

(十)将游客疏散至安全区域,清点总人数,查看游客有无遗漏或受伤,根据情况及时做出处置。

项目实训

实训案例:

根据省教育厅安排,某演艺公司来某高校举办"高雅艺术进校园——唱响青春"晚会,时间定于5月第一周的周五晚上,地点在高校体育馆。本次晚会演艺人员中有当地人气歌星两名,观众免费观看,但须凭票入场。学校所属行业主管部门、兄弟院校的领导及本校部分师生共约1 000人参加。

实训内容:

请为此次晚会现场设计一份现场人群管控安保方案。通过现场勘查、调查、资料收集、文本编制、图表设计等活动,掌握人群管控安保方案编制方法。可以以本校体育场馆/大型会议室为模拟场景,采用角色扮演和小组讨论法,实施组长负责制,召集小组成员讨论、分配任务、掌控进度。

实训实施:

(1)以小组为单位,每组设组长一名,负责方案编制的全盘管理,下设资料收集与分析员、现场勘查员、图表制作员、文案制作员若干名。

(2)组长带领现场勘查员和图表制作员到现场实地考察,确定考察的任务和重点。注意对关键数据的记载和现场草图的绘制。

(3)组长指派资料收集与分析员完成方案所需资料的收集和分析。
(4)组长带领文案制作员完成方案的制作,并上交小组集体作业。
(5)小组开展方案讲评和互动讨论活动。
(6)对方案及讲评情况打分,确定小组基准分(评分规则包含方案制定过程、规范性、操作性、团队协作等因素)。
(7)个人撰写实训报告并上交,教师批阅并在小组基准分的基础上确定个人最终成绩。

思考练习

(1)人群控制中活动场地如何布局?
(2)人群控制中人车流线如何设置?
(3)非常态下人群控制的措施有哪些?
(4)简述群集行为的种类及特点。
(5)人群疏散的基本方法有哪些?
(6)人员疏散的优先顺序是如何安排的?

项目七 证人寻找与访问

学习目标

(1) 了解现场访问的含义和特点。
(2) 掌握现场访问对象确认和访问的方法。
(3) 掌握现场访问笔录的基础知识、制作方法及要求。

素养提升

通过对现场访问对象的确认、访问等知识的学习，掌握依法勤务、因人施策的科学工作方法。

任务一　现场访问

任务导入

民警在突发事件现场的机智调查

某日上午9时58分，某市公安局指挥中心接到群众报警，称在本市东城某在建小区内有人坠楼身亡。指挥中心随即指派巡逻民警六人前往案发地点进行先期处置。到达案发现场后，民警发现并无伤亡人员及现场痕迹，起初民警以为是有人报假警，但经过对现场人员问话，民警们发现所有人的态度都很奇怪，说话支支吾吾。根据这一情况分析，民警认为事情并不简单，立即将现场封闭并控制住所有人员。经过对现场人员说教后，终于有人说出了事情的真相。目击者称坠楼者是此工地的一名女工，她在四楼作业时被对面一台因操作失控的塔吊机触碰坠楼死亡，事后工地的管理人员怕承担责任将现场破坏。民警在了解这一情况后立即将操作塔吊机的肇事者及破坏现场人员控制起来，并向指挥中心反馈信息。现场调查中对受访对象的观察和分析是发现线索的主要途径。

从应急处置的环节来看，突发事件现场调查是现场后期处置过程中必不可少的内容。而现场访问是突发事件现场调查的主要手段之一，它是指在突发事件应急处置过程中，为了了解事件起因、过程或损失等情况，而对现场有关人员进行当面问询的谈话活动。现场访问在事故灾难现场、公共卫生事故现场和社会安全事件现场经常采用，如在刑事案件现场、火灾事故现场中对现场目击者的访问，在集体食物中毒事故现场中对食物来源的调查等。由于突发刑事案件现场访问使用的经常性和操作的复杂性，本项目仅以刑事案件现场访问为例说明现场访问的基本知识和技能。

一、现场访问的含义和特点

犯罪现场访问是指现场处置人员在现场处置过程中，对现场的目击人、报案人或被害人进行正面查询的一项调查活动。现场访问是发现、收集犯罪线索和证据的重要途径。现场的犯罪线索不仅存在于特定的痕迹物品中，还存在于了解犯罪情况的人员印象中。它以了解情况的人为对象，通过查访、询问等手段发现、收集储存在人们记忆中的与犯罪有关的信息。归纳起来，现场访问的特点如下：

（一）独立性

从应急处置整体来说，现场访问和现场保护、现场勘查、现场分析共同组成了刑事案件现场处置的全部内容，是现场调查的重要组成部分。这些环节相互支持但彼此相对独立。而从处置技能来说，现场访问的访谈技巧又与其他技能大相径庭，所以那些认为现场访问是现场保护的组成部分的观点是不恰当的。

（二）迅速性

迅速性不仅是现场访问的工作要求，还是访问活动的要求。刑事案件要求快侦快破，被访问者记忆容易消失，这都要求现场访问工作做到迅速、及时。据科学测验，人的遗忘规律是先快后慢，而且最短的时间内遗忘的事物最多。如果访问者不在离事发最短的时间内访问目击者，那么大部分记忆的事实将在最短时间内以最快的速度遗忘，这是侦查工作所不允许的。

（三）灵活性

对于一般的调查询问，可以拟订一个访问提纲，还可以组建一个访问团队，做到有备无患，心中有数，但现场访问不行，访问者面对突发的案情、不确定的访问对象，要灵活地采用访问策略，适时地调整访问方案。一名合格的现场访问者不仅要具备相关的专业知识和技能，还要有超强的现场应变能力。

二、现场访问的对象

（一）现场访问对象的种类

根据我国相关法律的规定，一切与案件有关或者了解案情的公民，都有向公安机关提供情况的义务。在实践中,现场访问的对象包括:现场发现人、报案人;事主、被害人;被害人的亲属;直接或间接了解案件情况的人;现场周围的群众。以上对象可以归纳为两类:被害人和证人。被害人作为犯罪行为直接侵害者,对犯罪情况的了解一般比较清楚和具体,及时对被害人进行访问可以获得一些对侦破工作有价值的情况。因此,被害人是现场访问的重点对象。证人是指除当事人以外的,直接或间接了解犯罪情况的人。作证既是公民的权利,也是公民的义务。证人有义务接受公安机关的询问,故意隐匿罪证或者做伪证,要负法律责任。法律规定以下几种人不能充当证人:生理上、精神上有缺陷或者年幼不能辨别是非,不能正确表达的人;法人代表(如果需要其充当证人,其应当以个人名义提供证言);承办本案的侦查人员、鉴定人员、辩护人和翻译人员等。

(二)现场访问对象的寻找和确定

1. 他人指引法

访问人员到达现场后,可由现场保护人员、警戒人员、事发单位领导、治保人员、知情人等第一批到达现场的人员带领、指认那些掌握第一手资料的人。

2. 格局分析法

访问人员依据现场的地理方位、周边环境和人员流动情况,推测某些人员应该知晓现场情况,然后有目的地寻找。例如,发生在居民楼内搏斗场面激烈的室内凶杀现场,隔壁邻居一般会听到一些动静。又如,发生在道路旁边的案件,附近全日固定营业的水果摊位的营业员理应看到一些情况。

3. 关系分析法

访问人员根据被害人的关系人,如被害人的同学、同事、亲友、邻居等的情况,不仅可以了解到被害人的一些情况,还可以寻找到直接知道与案件有关情况的访问对象,获得更有价值的材料。根据现场反映出的犯罪分子与被害人的关系、犯罪分子的作案特点、现场遗留的物品及赃物情况进行分析判断,确定访问对象可能居住、生活、工作的范围,从中发现访问对象。

4. 借助媒体法

首批到达案发现场的人员,不仅有现场的紧急处置人员,还常有新闻记者。由于观察的角度不同及被采访者心态的差异,新闻记者往往能寻找到某些知晓案情的关键人员。访问人员及时与新闻记者联络,通过回放镜头或访谈,能在他们的材料中找到一些访问对象。

5. 察言观色法

察言观色法是较实用、有效的方法,尤其对于那些现场无人主动汇报案情而一时无法判断谁是知情人的情况。访问人员要注意观察围观群众的神情,那些欲言又止、想接近访问人员的往往是案件的知情人。这类人有的是不敢说,有的是不便当场说,有的是不愿说,因此在处置的方式上要区别对待,充分考虑他们的实际情况,不可强行询问,必要时可以留下他们的联系方式,以便在场外询问。

(三)现场访问顺序的选择和确定

对于确定的诸多访问对象,应根据案件性质、需要查明问题的轻重缓急和访问对象对案件的知情情况,确定访问顺序。访问的一般顺序是报案人、现场发现人、事主、被害人及其亲属和其他知道案件情况的人。

三、现场访问的内容

（一）现场访问的主要内容

由于现场访问的及时性和复杂性,访问人员必须明确访问的大体框架和访问重点。访问初学者可借鉴新闻采访的"六要素"(谁、何时、何地、何事、为何、过程如何)去现场访问。一般来说,现场访问主要围绕以下几点开展：

(1)案件发生、发现的情况。

(2)犯罪分子的情况。如犯罪分子的人数和体貌特征及在现场的活动情况。

(3)被害人的情况。如被害人的基本情况、生活习惯、受害经过及社会关系。

(4)现场遗留物的情况。在查明现场遗留物是犯罪分子所留的基础上,向周围群众和有关专业人员查清物品的相关信息。

(5)被侵犯财物的情况。如被侵犯财物的占有、使用和保管情况及知情范围,被侵犯财物的一般特征和个别特征,犯罪分子对财物的选择情况。

(6)案发前后的疑人疑事。

（二）不同访问对象的访问重点

(1)针对现场发现人、报案人,主要询问发现案件的时间、地点及经过,发现时现场的原始状态,发现后是否接触现场物品、尸体等,接触的详细部位、原因等,报案时间及报案细节等。

(2)针对事主、被害人,主要询问案件发生、发现的时间、地点、详细经过,案发前现场的原始状态,案发后现场的物品变动、损失和破坏情况,作案人的情况和作案过程,家庭成员及接触关系,对案件的看法及其他线索。

(3)针对被害人亲属,主要询问被害人的个人、家庭情况及社会关系,案发前被害人的活动情况及生活规律,被害人携带物品及损失情况,对案件的看法,最近是否有可疑现象等。

(4)针对知情人,主要询问事主、被害人的情况,作案人的情况,案件发生的经过,案件是否有内情,内情是什么,本人与案件的关系等。

(5)针对现场周围群众,主要询问案发前后听到、看到的可疑情况及可疑人员,有关事主、被害人及其家庭、单位的情况和常接触人群,与案件有关的人、事、物情况,对案件的看法,对当地敌情、社情的反映等。

四、现场访问的准备

（一）保持自身的镇定

访问的前提是镇定。尽管访问人员可能会有些紧张,但仍然需要保持平静,不要将自己的紧张情绪表现出来,不要使自己的注意力从事先的计划中转移。切记一次成功访问的最大障碍不在访问对象,而在于访问人员本身。

(二)事先实地查看现场

访问人员巡视现场后形成初步的现场印象,这样不但有助于熟悉与访问对象访谈中提出的问题,而且不至于使少数不愿配合的访问对象有机会误导访问人员的思维。

(三)选择合适的访问地点

现场访问地点的选择应根据案件性质、犯罪危害后果、现场所处环境和访问对象的人数及心理特点,以方便对方陈述、有利于查明犯罪事实为原则,以不影响现场勘查工作正常进行、不变动现场、不影响访问对象情绪和便于联络、保密为前提。

1. 访问地点与现场的距离要适当

现场访问的地点一般在现场附近。若离现场太远,则不便于访问人员与现场指挥人员进行联络,不便于及时汇集访问获得的信息;若离现场太近,则易引起访问对象触景生情而情绪激动,同时也影响现场勘验工作的正常进行。

2. 访问地点有利于保守秘密

现场访问时,访问内容和访问对象的身份都要保密,以免影响侦查工作进程和访问对象人身安全。因此访问地点要选择环境静谧、不易被他人听到或看到的场所,避开公共场所,尽量减轻访问对象的心理压力和精神负担。但一般不宜选择办公室、会议室或餐厅作为访问地点,因为这些地方容易给人造成居高临下的胁迫感,又容易受到干扰。

3. 注意整理、布置访问居所

在访问之前,应对房间内一些容易转移注意力的物品、设备进行转移,如清理掉案头的物品,拿走安全宣传画、照片及办公用品等可能会影响访问的东西。需要注意的是转移这些物品一定要在访问之前,如果试图在谈话中拿走这些物品,将会产生负面效果。另外,拔掉电话,在门口挂上"请勿打扰"的指示牌,别让任何事情影响与访问对象的交谈。

(四)在访问前列出访问条目

要想从访问对象处了解到有用的信息,就一定要防止其思维被其他因素干扰。尽管事件发生后尽快安排访问非常重要,但绝不能为此而疏忽访问前的精心准备工作。花些时间深入事件现场,与现场安保人员和其他人员进行一些交流,列出要向每个访问对象提出的所有问题等,这些事先的准备工作实际上节省了访问时间。

(五)在访问前尝试让对方写下所看到的东西

为了降低访问对象思维被"污染"的可能性,可以制造机会让他把自己曾经看到的东西记下来。当第一次在现场见到访问对象时,可以给他一支笔和几张纸,让他把自己所能回想起来的事故细节都写出来,勾勒出当时的场景。要让他明白此时所做的并不是一个正式的证明,而只是他在以后正式面谈时的一个有助于回忆的概要。

(六)准备必要的提问及答案

与访问对象建立相互间融洽的信任关系非常重要。所以在与其面谈之前,最好尝试着了解一些有关他的背景资料。与访问对象所建立起来的某种程度的关系将会使他在访问时放松,这将有助于访问人员获得对事件细节的了解。同时应该估计一下访问对象可能提出的某些问题并给出相应的解答,以备不时之需,如"我或者我的同事会为此受到惩罚吗?""我向你提供情况后果会怎么样?"

五、现场访问的流程

现场访问流程如图 7-1 所示。

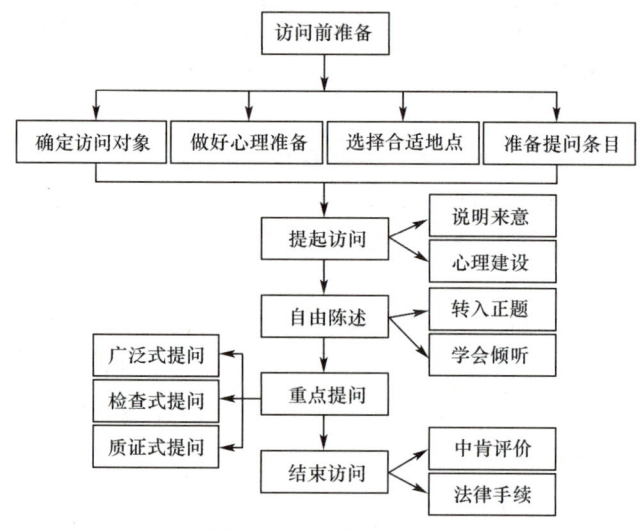

图 7-1 现场访问流程

(一)提起访问

提起访问阶段也称为导入阶段,是指访问人员利用各种语言技巧稳定访问对象的情绪,使其思想集中到对案件的陈述上来的阶段。访问人员针对访问对象刚刚遭遇犯罪分子的袭击而带来的紧张、愤怒、悲伤、恐惧、担忧等各种情绪,要抱着同情、关心的心态,耐心细致地做好其思想工作,消除其愤怒、恐惧和担忧等思想顾虑,将其注意力转移到为侦查机关提供线索、尽快抓获犯罪分子这方面来。访问人员在表明自己身份的同时,也要巧妙地说明访问工作的意图和目的。

(二)自由陈述

自由陈述阶段是指访问对象按照其感知的事实形成过程,自然地陈述有关案件的情况。访问人员让访问对象按照访问内容的要求,先陈述具体的时间、地点、人物及其身份,再陈述事情的经过、结果,把自己所知道的情况自由、充分地陈述出来。在访问对象自由陈述的过程中,一般情况下访问人员不要随意中途打断对方的陈述。访问时,访问人员首先以开放式的提问把所要询问的内容提出一个整体梗概,要求对方在自己知道的范围内如实进行陈述,然后静静地听对方讲述。此外,还应该通过肢体语言向访问对象表示你在认真地倾听他的每句话。在倾听中,身体倾向访问对象的方向、微微点头等动作都会被对方认为是肯定和尊重。

（三）重点提问

重点提问阶段是指访问人员在访问对象的自由陈述后，就案件主要事实、关键细节及陈述的矛盾要求对方核查、补充陈述的过程。这一阶段是了解案情真相、达到访问目的的主要环节。访问人员听完对方的自由陈述后，要明白陈述中有哪些矛盾，哪些应该访问的情节没有陈述，哪些情节虽然点到但没有深入，然后有针对性地去提问。重点提问常用的方法如下：

(1) 广泛式提问：适用于访问人员要求对方更大范围、更深层次陈述案情的情况。

(2) 检查式提问：适用于访问人员对访问对象某些陈述情节进行追根求源的询问的情况。

(3) 质证式提问：适用于访问人员要求访问对象巩固陈述内容的情况。

在重点提问阶段应注意，许多答案本身已经存在于访问对象开始的谈话中了，所以没有必要再把每个罗列的问题都提一遍，不要逐字逐句地读你的问题，不要兜着圈子问对方他已经回答过的问题。访问中一定要在访问对象先回答了案件如何发生、什么时候发生、什么地点发生、发生了什么及涉及的人员等问题之后，访问即将结束之前再询问案件为什么会发生，因为过早地问事件的原因，访问对象往往以为谈话马上就要结束了。

（四）结束访问

结束访问是指访问人员保持访问气氛和履行法律手续的阶段。在重点提问后，应当及时结束访问。访问人员在访问对象补充陈述完毕的情况下，先对其表现做出中肯的评价，然后让其核实陈述内容的真实性，并签署姓名。访问人员应自始至终控制与对方合作的访问气氛，说明继续访问的可能，考虑对方眼下的实际困难，并尽力予以解决，以此建立良好的心理接触，为再次访问奠定良好的心理基础。

六、现场访问的方法

（一）创造良好的气氛，讲究问话艺术

现场访问中，访问人员与访问对象是通过语言交流来完成各自行为的。要达到访问的最佳效果，就要求访问人员艺术地运用语言。

一般情况下，访问人员对妇女、儿童的用语要亲切和蔼，对长辈的用语要尊重，对工人、农民、服务人员的用语要通俗易懂，对故意歪曲事实、不予合作的访问对象的用语要威严。特别是严重暴力犯罪案件的访问对象，有的目睹了案发时的凶残情景，有的就是受害者，有的是受害者的亲属，在这种情况下，他们的精神受到刺激，悲伤、愤怒等多种情绪复杂地交织在一起。如果这时访问人员不采用一些富有同情性、安慰性的语言使他们的情绪稳定下来，就难以达到访问的目的。访问人员还要注意在访问中适时地、艺术地运用简短语言、模糊语言、肢体语言（无声语言）等。

（二）根据访问对象的心理特点，做好心理转化工作

1. 根据被害人的心理特点进行访问

被害人是犯罪行为的直接侵害对象，其心理特点主要表现：内心十分痛苦，情绪高度

激愤,怀有迅速破案、追回财物、严惩罪犯的强烈愿望,有的还会有恐惧感和羞辱感。当然,不同刑事案件中被害人的心理特点也有所不同,如强奸案中有的被害人怕影响自己的名誉,怕影响其工作、家庭等而不愿陈述其受害情况;盗窃案和诈骗案件的被害人往往要求迅速追回被盗或被骗的财物等。有的人可能隐瞒对自己不利的事实,有的人可能夸大某些事实,有的人可能在感知、回忆和叙述时出现错误和混乱等。

  访问人员对被害人的访问最好采用走访的方式,对一些被害人还可以征求其意见,选择访问的时间和地点。访问被害人时首先安定其情绪,做好心理疏导工作。对其不幸遭遇表示同情,对犯罪分子所造成的危害表示愤恨,并表示一定要严惩犯罪分子,从而使其悲愤、紧张的心情得到缓解。待其心情平静下来后,再进行访问。对于因遭受暴力侵害而不知所措、对事件的前后顺序记忆模糊或头脑中一片空白,甚至出现错觉或幻觉的对象,应首先缓解其高度紧张的情绪,用比较亲切的谈话方式问一些与案件有关但又不直接的边缘性问题,逐渐唤起其回忆。有的被害人受到犯罪行为的侵害后带有强烈的报复心理,应对其及时宣传有关法律政策,指出夸大事实、编造情节的危害和应负的法律责任,消除其报复心理,使其实事求是地陈述有关情况。有的被害人由于种种原因不愿说出被侵害的真实情况,访问人员应针对其心理障碍进行疏导,打消其顾虑。

  在访问被害人的过程中,访问人员的态度既要严肃认真,又要和蔼可亲,应表示对被害人遭遇的同情并对其情感反应表示理解;语言要诚恳,切不可使被害人产生被审问的感觉。在被害人陈述的过程中,访问人员不要随意打断其谈话,即使发现了陈述中没有讲清楚的问题或自相矛盾的问题,也要待其讲完后再进行提问。涉及个人隐私的问题,访问中以查明案情为限,同时要表明访问人员替其保密的态度。

2. 根据证人的心理特点进行访问

  证人是直接或间接知道案件情况的人,其心理特点比较复杂。与案件有利害关系的证人和与案件没有利害关系的证人的心理特点不一样。证人的一般心理特点主要表现有主动作证心理、被动作证心理、拒绝作证心理、作伪证心理或推翻前证心理。

  主动作证是指证人主动向访问人员提供证言。主动作证的证人有的是出于正义感和社会责任感,有的是因为与案件当事人有深厚的友谊,有的是出于个人的私利。证人主动作证的心理是积极主动,其陈述的案件情况有可能实事求是,也有可能夸大事实。访问人员在访问时要认真分析对方的心理特点。

  被动作证是指证人被动向访问人员提供证言,其情况比较复杂。被动作证的证人有的慑于法律的威力而作证,有的是被当事人再三请求才作证,有的是不愿多管闲事、怕被牵连而敷衍了事。

  拒绝作证的心理有以下几种情况:证人本身缺乏正义感、社会责任感;为了包庇他人或对他人表示同情;因为恐惧或怕被追究责任;被当事人收买等。

  作伪证的心理有以下几种情况:为了包庇他人;出于报复、陷害心理;被他人收买、威胁;为其他个人私利。

  推翻前证是指证人作证后又因种种原因而否定前面的陈述。

  访问人员在访问证人前,应当了解清楚访问对象是否与案件有利害关系。与案件无利害关系的证人一般能比较客观地陈述自己知道的情况。但是也有人对访问采取消极、被动甚至拒绝的态度。对于与案件无利害关系的证人,访问人员在访问时要帮助其消除内心的紧张感,应该尽量用自然的谈话方式引出所要访问的问题。在访问过程中,访问人员说话的态度要谦恭诚恳,努力获得对方的信任;要尽量让访问对象自由陈述有关情况,只有当谈话离题太远时才适当加以引导;要善于发现其思想顾虑,并通过耐心和具体的解释来消除它。与案件有利害关系的证人一般都倾向于对自己有利的一方。访问人员应当做好思想教育和法律教育工作,促使其如实提供证言。若被害人亲友作为证人,要注意了解被害人亲友与被害人的关系密切程度,掌握被害人亲友的不同心理活动特点。访问人员对与案件有利害关系的证人既要耐心细致地做好思想教育工作,又要表现出对他的理解、关心和尊重,以取得他的合作。

访问人员要积极设法保护证人,对证人的姓名、身份要保密,防止犯罪分子对证人打击报复。对证人因作证支出的费用,应予以补偿。

(三)访问特殊对象,要因人而异地采取对策

1. 对未成年人访问

一般来说,未成年人的判断能力、思维能力和语言表达能力较差,对语言的理解力和记忆能力也较差,因此他们的思维以形象思维为主;未成年人独立性较差,对长辈有较强的依赖性,他们容易接受别人的暗示,也容易产生幻想;但未成年人比较诚实,一般不会说谎。

访问人员在访问未成年证人、被害人时要注意:

(1)应尽量选择未成年人所熟悉的地点进行访问。访问时,访问人员不宜过多,可以让未成年人的家长、教师在场。

(2)访问时,访问人员应使用对方所熟悉的语言,以免其难以理解提问或对提问做出随意理解而答非所问或难以回答。

(3)尽量让未成年人自由地主动陈述,不能使用暗示性或诱导性的语言。

(4)访问人员态度要和蔼可亲,应尽量避免对同一问题进行追问。

(5)访问人员听对方陈述时,不要随意打断其陈述或插话,要注意观察其表情。

访问人员在记录对方陈述的内容时,应有儿童语言的特色,不可按自己的理解记录,对手势表情也应做记录。另外,访问人员应与未成年证人、被害人的家长、监护人或其他法定代理人进行思想上的沟通,让他们配合访问人员做好访问工作。

2. 对老年人访问

老年人社会经验丰富,社会阅历较深,理解问题透彻,但他们在生理上感知迟钝,记忆力减退,表达能力稍弱。自尊心强烈、顾虑重重是他们的典型心理特征。老年人精力有限,反应较慢,对节奏较快的访问会感到不适应。

在访问老年人时,访问人员应注意:

(1)要持尊重的态度,以晚辈或同辈的口气和态度,避免语言不当伤害其自尊心,以取得其合作。

(2)要放慢访问时问话的节奏,不要操之过急,让其有足够的时间去回忆和陈述。

(3)提问应简单明了,避免做过多的解释和说明,以减少老年人的顾虑。

(4)老年人陈述中出现错误或离题太远,访问人员可以提醒,但不要与之争论或打断其陈述,以免他不愿陈述下去。有些问题必须进行追问时,应当采取委婉的方式和平缓的语言进行。

(5)访问老年人的时间不宜太长,注意让对方休息。

访问人员在访问老年证人、被害人时,要自始至终做到对其尊重、热情、诚恳,作风要耐心、细致。

3. 对女性访问

访问女性时,访问人员要注意:

(1)提供良好的谈话环境,营造平和的谈话氛围,让对方感到安全、宁静、信赖。

(2)访问时,最好要有女访问人员参加。如果一时无女访问人员,可邀请女性干部或老年女性陪同,这是由于女性之间感情容易沟通,相互之间更容易建立信任关系。特别是访问女性被害人,谈话内容涉及个人隐私或其他难以启齿的问题时,有女性在场,可以在一定程度上消除她的顾虑,有助于访问的顺利进行。

(3)要站在女性的立场上设身处地地提出问题。对那些确知案件事实,但思想顾虑特别大、不愿公开自己作证行为的女性访问对象,在做好思想工作后,可离开当地,到适合的场所或地点进行访问,以便取得较好的效果。

4. 对生命垂危对象访问

对生命垂危的被害人或证人,在抢救的同时要紧急询问与案件有关的关键性问题。特别是暴力犯罪如杀人、抢劫犯罪等案件,要想方设法从生命垂危的人口中获取有关犯罪嫌疑人的线索。对于受伤的犯罪嫌疑人要设法抢救,留下活口,便于澄清案情和扩大线索,同时要严密监视,防止意外事件的发生。对于不能回答问题的人,则要对其衣着和随身用品进行必要的检查,以发现能够证明其身份的票证、信函。

七、现场访问的要求

(一)必须遵循的法定要求

现场访问根据其法律性可分为正式访问和非正式访问。正式访问是一项正规的侦查措施,必须严格按照我国《刑事诉讼法》和《公安机关办理刑事案件程序规定》等法律、法规的程序进行。

(1)正式的现场访问只能由侦查人员进行,参加访问的侦查人员不得少于两人。

(2)访问人员在进行访问时,必须首先向访问对象出示公安机关的证明文件和访问人员的工作票证。主要是为了证明访问人员的身份,防止滥用调查权,更好地保护公民的合法利益。

(3)现场访问应当个别进行。为了保证访问材料的真实性和可靠性,不允许把几个访问对象集中在一起进行访问,更不允许以开会讨论的方式进行访问。

(4)告知访问对象应当如实提供证据、证言,若有意做伪证或隐匿罪证,应当负法律责任。

(5)现场访问禁止暗示、引诱、侮辱人格、泄露案情或表示对案件的看法。

(6)访问中,对未成年证人、被害人可以通知其法定代理人到场。

(7)对每一个访问对象进行正式访问时要制作笔录。

(二)访问对象的权利和义务

1. 访问对象的权利

访问对象在接受访问人员的询问时,享有如下诉讼权利:

(1)访问对象有权用本民族的语言陈述。

(2)访问对象请求亲自书写证词时,访问人员应当为其提供书写的机会和条件。

(3)访问结束后,访问对象有权要求阅览访问笔录。访问对象如果认为笔录不够完全、明确,或者不同意访问人员的某些措辞,有权要求补充或修改笔录中的记载。对于访问对象的这种要求必须准许,以保证所取得的证言准确、可靠。

(4)访问对象对于访问人员侵犯或者限制其权利及对其人身侮辱的行为,有权提出控告;对于不管是来自何人、用何种方式提出的歪曲事实真相、弄虚作假的要求,访问人员有权拒绝并进行控告。

2. 访问对象的义务

任何访问对象在接受访问人员的询问时,都有下列义务:

(1)证人有如实提供证据、证言,据实陈述和准确回答访问人员提问的义务。

(2)对访问人员询问的情况和自己陈述的内容有保守秘密的义务。

(3)证人在接到公安机关的通知后,有按时到达指定地点接受询问的义务。

(三)访问人员应注意的问题

(1)访问人员要注意衣着整洁大方,遵守一般的社交礼仪,尊重访问对象,切不可以执法者自居,以免引起访问对象的反感而影响访问。

(2)访问人员在访问时,应注意用语要严肃、通俗、准确、讲究策略。访问人员要想取得访问的最佳效果,应当掌握一些谈话技巧,其中之一就是适当地控制谈话的气氛,最好是轻松又严肃,也就是说既要使访问对象感到没有拘束,又要使其意识到必须认真对待。在访问过程中,访问人员要善于根据对象的具体情况用自己的语言和表情来适当地调节谈话气氛。

(3)访问人员要善于帮助或推动访问对象回忆,同时还要注意防止谈话出现僵局。

(4)访问人员应当掌握访问时间。一般来说,每次访问所持续的时间不宜太长,以免造成访问对象的疲劳和反感。如果需要访问的内容较多,可以让访问对象在中途以某种方式休息一两次,也可以用放慢问话节奏和改变谈话气氛的方式来减轻访问对象的紧张感和疲劳感。

任务二　制作现场访问笔录

> **任务导入**
>
> **笔录中的用语不规范问题**
>
> （1）使用模糊性语言。对物品数量描述时使用"大约""大概""估计"等模糊词语；使用指代不明的语句描述，如"银行门前第二棵梧桐树下电动车被盗"。
>
> （2）使用简略语甚至写错别字。使用含义不清的词语，容易发生歧义的简略语，如"'三无'人员"等。错别字不但影响笔录的制作质量，而且容易产生不良后果，特别是被访问人的姓名要写对，这既是对被访问人的尊重，也可减少以后发生诉讼时的麻烦。
>
> （3）使用推定性质的结论性语言。如笔录中出现"你没有经过离房客人许可就给嫌疑人打开房门了？"这种结论性用语容易引起访问对象反感，造成其心理恐慌，不利于访问开展。笔录应只记载现场实况，不做评价和结论。

现场访问笔录是访问人员在进行现场访问时，依法制作的如实记载访问人员提问和访问对象陈述的文字记录。需要强调的是，执法人员制作的现场访问笔录，经调查核实后，不仅能成为调查案件的线索，还可以成为案件诉讼中证据的一部分。而现场其他工作人员对目击者、证人开展的谈话或访问，可以制作笔录，也可以不制作，所做的笔录属于工作记录性质，不能作为诉讼证据。本任务是按照前者来阐述的。

现场访问笔录的形式有两种：访问人员根据访问对象的陈述所制作的访问笔录；访问对象在叙述完案件的有关情况后，本人申请或访问人员要求访问对象书写的亲笔证词。

一、访问笔录的内容及格式

（一）访问笔录的内容

访问笔录包括首部、正文和尾部三部分。

1. 首部

首部包括文书的名称，即"访问笔录"，依次按规定写明访问开始和结束的具体时间（要具体到某时某分），访问地点，访问人员姓名，记录人员姓名，访问对象姓名、性别、年龄、民族、工作单位及职业、现住址。另外还要写明访问对象与案件所涉及的某些特定的人或事件的关系（如系本案犯罪嫌疑人或被害人的亲属、邻居、同事或某事件的见证人等）。

2. 正文

正文是访问笔录的核心。一般采用问答的形式，根据访问人员的访问和访问对象的回答，把访问的内容全面、准确、客观地记录下来。

3. 尾部

访问笔录经访问对象核对后,由访问对象写明对笔录的意见,并让其签名(盖章)、捺指印。如果访问对象拒绝签名(盖章)、捺指印,记录人员应在笔录中注明。

最后,访问人员、翻译人员也应当在笔录上签名或者盖章。

(二)访问笔录的格式

访问笔录

时间:＿＿＿年＿＿＿月＿＿＿日＿＿＿时＿＿＿分至＿＿＿年＿＿＿月＿＿＿日＿＿＿时＿＿＿分
地点:＿＿＿＿＿＿＿＿＿＿＿＿＿＿＿＿＿＿＿＿＿＿＿＿＿＿＿＿＿＿＿＿
访问人员:＿＿＿＿
记录人员:＿＿＿＿
访问对象:姓名:＿＿＿＿;性别:＿＿＿＿;年龄:＿＿＿＿;民族:＿＿＿＿
工作单位:＿＿＿＿＿＿＿＿＿＿＿＿＿＿＿＿＿＿＿＿＿＿＿＿＿＿＿＿
现住址:＿＿＿＿＿＿＿＿＿＿＿＿＿＿＿＿＿＿＿＿＿＿＿＿＿＿＿＿＿＿
联系电话:＿＿＿＿＿＿＿＿
问:＿＿＿＿＿＿＿＿＿＿＿＿＿＿＿＿＿＿＿＿＿＿＿＿＿＿＿＿＿＿＿＿
答:＿＿＿＿＿＿＿＿＿＿＿＿＿＿＿＿＿＿＿＿＿＿＿＿＿＿＿＿＿＿＿＿

二、亲笔证词的内容及格式

亲笔证词是在调查办案过程中,应访问人员的要求或证人的申请,由访问对象自行书写的有关案件情况的文字材料。访问对象的亲笔证词经过查证属实后,是认定案件事实的证据之一。因此,亲笔证词应当包含一定的内容,符合一定的要求。

(一)亲笔证词的内容

亲笔证词包括首部、正文和尾部三部分。

1. 首部

首部包括文书的名称,即"亲笔证词",另外还包括访问对象的基本情况,在何种情况下书写的,即写明是自行请求书写证词,还是应访问人员的要求书写证词。

2. 正文

正文是亲笔证词的主要部分。访问对象应如实地写清时间、地点、人物及其身份,事情的经过和结果,访问对象的感受、判断及其依据等。

3. 尾部

访问对象应当在亲笔证词末页紧接最后一行证词下面签名(盖章)、捺指印,并写明时间。

(二)亲笔证词的格式

亲笔证词

我叫×××,×族,×年×月×日出生,×省×市人,×文化程度,×公司职工,现住×

市×区×路×号。应访问人员要求(经我自行请求),我向公安机关提供如下情况(我的受害经过如下):

(时间、地点、人物及其身份,事情的经过、结果)

以上情况是我亲眼所见、亲耳所闻。/以上情况我是听××说的。××,男/女,现住×市×区×路×号,请公安机关查证。

证人(被害人):

×年×月×日

三、制作现场访问笔录的要求

(1)现场访问笔录一般要按问与答的形式来写,同时要反映出问与答的语气、态度,必要时可以把问与答双方的动作和表情也记入笔录。

(2)现场访问笔录记完后应当交给访问对象核对或向他宣读。如果访问对象提出补充或修改,应当准许他的要求,并让其捺指印。

(3)现场访问笔录经访问对象核对无误后,应当由访问对象在现场访问笔录上签名(盖章)、捺指印,并在其上写明"以上笔录经我看过(向我宣读过),和我说的相符";拒绝签名(盖章)、捺指印的应当在现场访问笔录上注明。访问人员、翻译人员应当在现场访问笔录上签名或者盖章。

(4)对访问对象陈述的每一个情况,都要记清楚人物、时间、地点、经过、结果及访问对象是如何得知上述情况的,还有没有人知道等。

(5)现场访问笔录要尽量做到准确、客观、全面,要真实地反映整个访问的情况,不能主观臆断,随意取舍。

(6)对访问对象陈述的情况,要写明是亲眼所见、亲耳所闻的,还是自己猜测或听别人说的。

(7)对访问对象提供的物证、书证等证据材料,在现场访问笔录中也要反映出来,并说明其来源和证明的问题。

(8)现场访问笔录不能用铅笔、圆珠笔书写,只能用钢笔、书写笔书写,字迹必须清晰、工整,凡有空的行、页处必须由记录人员画线填满。

> **拓展案例**
>
> **现场访问笔录实例**
> **访问笔录**
> 时间:202×年6月5日10时30分至202×年6月5日11时10分
> 地点:×市×公司会议室
> 访问人员:×××、×××,×市公安局刑警队
> 记录人员:×××,×市公安局刑警队
> 访问对象:姓名:×××;性别:男;年龄:×岁;民族:×;工作单位:×市×公司;现

住址：×市×区×路×号；联系电话：×

问：我们是×市公安局的民警，现在有几个情况想找你了解核实一下。根据《刑事诉讼法》的有关规定，你应当如实提供证据、证言，如果有意作伪证或者隐匿罪证，要负法律责任。你明白吗？

答：我明白。

问：6月3日上午你在公司吗？

答：我在公司。

问：6月3日上午经理室发生的事你看到了吗？

答：我看到了一些。

问：你看到了什么？

答：6月3日9点30分左右，我拿着本月的报表去财务科。当我路过经理室时，听到里面有人在争吵，又听到一阵乱响。我刚要走过经理室，忽然经理室的门开了，从里面冲出一个男的，手里拿了一把刀，刀上还带着血。这人顺着走廊跑了出去。这时，附近几个办公室的同事都出来了，进了经理室，我也跟着进了经理室，看到张经理手捂着腹部躺在地上。公司的同事就报了警。

问：那个男的长什么样？

答：他从经理室出来的时候背对着我，然后就跑出去了，正面没有看到。从背后看，身高大约为一米七五，身材较瘦，留平头，上身穿灰色短袖衬衫，下身穿蓝色长裤，脚穿一双黑皮鞋。

问：他还有什么特征？

答：他跑得太快，别的我没有看清。

问：你以前见过这个人吗？

答：没见过。

问：你听见经理室内在争吵什么吗？

答：没有听清。

问：那个男的从经理室冲出来时，走廊里除了你以外，还有谁？

答：我看到当时在走廊距我十几米远的地方有×××、×××，其他的人没有看见。

问：还有什么要补充的吗？

答：没有了。

问：以上说的是否属实？

答：属实。

以上笔录我看过，和我说的相符。

×××（捺指印）

202×年6月5日

项目实训

实训案例：

选取一个突发事件的视频(有案件发生、发展的完整过程)。

实训内容：

通过角色扮演法，模拟访问人员和访问对象，开展现场访问模拟实训，学会分析证人、目击者受访心理，能灵活采用访问方法，掌握现场访问笔录的制作技巧。

实训实施：

(1)将学生分为两组：访问人组、受访人组。

(2)集体观看视频，访问人组了解案件情节，受访人组揣测视频中受访人心理。

(3)访问人组和受访人组的学生两两结合，开展现场访问训练。

(4)制作现场访问笔录并提交作业，教师点评作业(评分规则包括内容和格式、访问重点、文面整洁等因素)。

(5)集中观看后续真实访问视频，比对先期训练中的不足。

思考练习

(1)现场访问对象如何确定？

(2)开展现场访问的步骤和方法是什么？

(3)现场访问笔录的格式是如何规定的？

项目八 现场紧急救护

学习目标

(1) 了解现场急救的目的和原则。
(2) 掌握现场急救的步骤。
(3) 掌握使用制式急救用品和就便器材包扎伤口、临时止血技术。
(4) 掌握固定骨折并搬运技术。
(5) 掌握实施胸外按压、人工呼吸技术。

素养提升

通过对急、危、重症的应急处置急救知识及技能的学习,从人文、科学、职业素养三个维度出发,将社会主义核心价值观、科学态度、奉献精神、职业道德等元素融入学习。

任务一　现场急救

任务导入

大巴车侧翻的交通事故造成重大人员伤亡

2023年11月15日在广西桂林兴安县溶江镇千家坪路口,发生了一起令人痛心的事故。这起事故是由一辆大巴车单方侧翻引起,共造成了2人死亡、6人受伤的后果。当时正下着雨,由于水塘附近地势较低,事故发生后,车辆一侧的乘客被困在车内,难以自行逃生。路人和过路车辆立即报警求助。救援人员赶到事故现场后,通过合理安排救援队伍和救援设备,成功将困在车内的乘客救出。伤者在救援人员的紧急抢救下,被送往医院进行进一步的治疗。医院立即启动应急预案,并调动了相关科室和医护人员全力救治伤者。当交通事故、生产事故、自然灾害、突发急症及社会突发事件等发生以后,现场有人员受伤,应该如何对伤员进行紧急处置呢?

一、现场急救的目的

现场急救是指在发生危重急症及意外伤害,短时间内对患者的生命造成严重危害而专业医务人员未赶到之前,利用现场条件,患者对自己或他人对患者采取及时、有效的初步自救或互救措施。现场急救主要的目的如下:

(一)挽救生命

通过及时有效的急救措施,如对心跳呼吸停止的患者进行心肺复苏,以挽救生命。

(二)稳定病情

在现场对患者进行对症的医疗支持及相应的特殊治疗与处置,以使病情稳定,为下一步的抢救打下基础。

(三)减少伤残

发生事故特别是重大或灾害事故时,不仅可能出现群体性中毒,往往还可能发生各类外伤,诱发潜在的疾病或使原来的某些疾病恶化,现场急救时正确地对患者进行止血、包扎、固定、搬运及其他相应处理可以大大降低伤残率。

(四)减轻痛苦

通过一般及特殊的救护安定伤员情绪,减轻伤员的痛苦。

二、现场急救的原则

现场急救是采取及时、有效的急救措施和技术,最大限度地减轻患者的痛苦,降低致残率和致死率,为医院抢救打好基础。经过现场急救能存活的患者优先抢救,这是总的原则。在现场,还必须遵守以下原则:

(一)先复苏,后固定

遇有心跳、呼吸骤停且伴有骨折者,应首先采取心肺复苏术,直到心跳、呼吸恢复后再进行骨折固定。

(二)先止血,后包扎

遇到大出血且有伤口者,首先立即用指压止血法、止血带止血法等方法进行止血,然后消毒伤口并进行包扎。

(三)先救重患者,后救轻患者

遇到危重和伤病较轻的患者时,优先抢救危重患者,后抢救伤病较轻患者。

(四)先急救,后转运

对患者,先送后救可能会错过最佳抢救时机,造成不应有的死亡或致残,应先救后送。在送患者到医院的途中,不要停止实施抢救,应继续观察病情变化,少颠簸,注意保暖,快速、平安地到达目的地。

（五）急救与呼救并重

凡遇到急危重症患者，必须急救与呼救同时进行。在遇到成批患者时，应较快地争取到大量急救外援。外援到达后，应在意外事故现场指挥部的统一领导下，有计划、有组织地进行抢救、分类、转送患者等工作。

（六）对患者的心理关怀

由于突发疾病或意外伤害，患者往往没有足够的心理准备，会出现紧张、恐惧、焦虑、忧郁等各种心理反应。此时急救者应保持镇静，因为紧张而有序的救护活动会使患者产生一种心理慰藉和信任。同时，应关怀、安慰患者，使其保持制镇静，以积极的心态配合急救者的救护工作。

三、现场急救的特点

（一）突发性

现场急救往往是针对突然发生的灾害性事件中的患者，患者有时是少数的，有时是成批的，有时是分散的，有时是集中的，往往让人措手不及。

（二）紧迫性

突发灾害性事件后，患者的情况比较复杂，同时有两个以上器官受损的人多，病情垂危的人多，不论是患者还是其亲属心情都十分紧迫。如果患者心跳、呼吸骤停 6 min，会出现大、小便失禁，昏迷，脑细胞发生不可逆转的损害。

（三）艰难性

有的突发灾害性事件发生后，虽然患者比较少，但患者身边无人，更无专业卫生人员，只能依靠那些具有基础生命支持技术的路人来提供帮助与急救。这种情况对受过或未受过急救训练的人们都是一个难题。

（四）灵活性

现场急救常是在缺医少药的情况下进行的，常无齐备的抢救器材、药品和转运工具。因此，要机动、灵活地在患者周围寻找代用品，修旧利废，就地取材获得冲洗消毒液、绷带、夹板、担架等；否则，就会丢掉抢救时机，给患者造成更大灾难和不可挽救的恶果。

（五）关键性

医学急救包括院外急救，客观要求医疗技术培训及急救医药器材装备，特别是有关急救专业设备齐全。医院急救应专业化，群众急救应普及化，社区急救组织应网络化，急救指挥系统应科学化。这些都是完成急救达标的关键性问题。

四、现场急救的步骤

现场急救的步骤如图 8-1 所示。

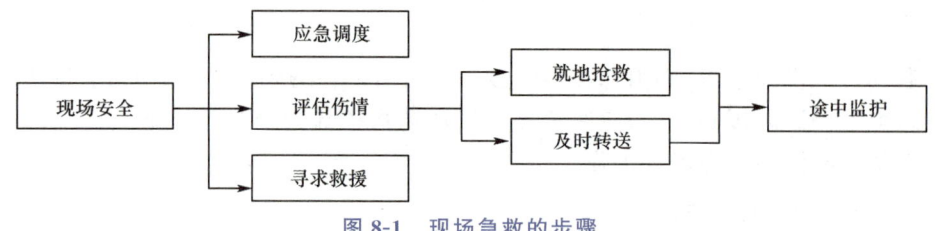

图 8-1 现场急救的步骤

（一）现场安全

确定事发现场及周围环境是否安全、是否会对急救者和患者构成威胁，是现场急救的首要原则和步骤。因此要小心、谨慎地接近患者，确保无危险因素存在或者安全脱离险境后，方可展开施救。常需警惕的现场危险因素包括电、火、煤气、交通车辆、爆炸物、毒性物、易燃物、后续灾害（余震、坍塌等）。为避免交叉感染，急救者应该佩戴手套；倘若存在疫病因素，应做好自我防护。

（二）应急调度

当发生群体性伤害或大型灾难事故时，现场急救重点就可能从平日的救治患者个体，转变为突发重大事件时整个社会力量参与的紧急救援。故必须听从政府有关部门的统一指挥，听从当地急救指挥中心的统一应急调度，从而协调组织、团结作战，以便将灾害区域的应急反应能力提高到最大限度。

（三）评估伤情

快速而简捷地进行初步检查，包括意识、气道、呼吸、脉搏等，重点是评估有无威胁生命的伤势或病情。首先应判断意识，开放气道，维持呼吸和循环，然后才进行详细检查及处置其他诸如出血、骨折等伤情。检伤分类常应用在发生大灾难群体伤害时，其目的是以有限的人力与资源，在最短的时间内，救治最多的患者。

（四）寻求救援

及时进行120电话呼救，启动急救医疗体系，以寻求当地急救网络机构的紧急医疗救援。

（五）就地抢救

对严重损伤和危急重症，尤其已经危及生命者，应实施就地初步抢救，不能盲目等待救援或者贸然搬动转运。但是如处在电击、火灾、煤气泄漏等特殊事故现场，则应先将患者安全转移，脱离险境后再予以抢救。

（六）及时转送

按重度患者优先、中度患者其次、轻度患者延期处理的救治顺序，现场及时安排转送医院，并接受急救中心的统一调度指挥，避免患者过度集中或过度分散在相关医疗机构。

（七）途中监护

经过现场有效的止血、包扎、固定等急救处置后，在转运患者至医院的途中，要继续给予患者生命体征等适时监护及基本救治，警惕随时可能发生的病情变化。

任务二　心肺复苏

> **任务导入**
>
> **用心肺复苏术急救一名运动员**
>
> 一名年轻的运动员在比赛中突然倒地，失去了意识并停止呼吸。比赛场地的医疗人员立即对他进行心肺复苏，并使用自动体外除颤器进行电击。经过数次电击和持续的心肺复苏，运动员恢复了自主呼吸和心跳，被紧急送往医院治疗。心搏骤停（CA）是指各种原因引起的、在未能预计的情况和时间内心脏突然停止搏动，从而导致有效心泵功能和有效循环突然中止，引起全身组织细胞严重缺血、缺氧和代谢障碍，如得不到及时的抢救复苏，4～6 min 后会造成患者脑和人体其他重要器官组织不可逆的损害。心搏骤停不同于任何慢性病终末期的心脏停搏，若及时采取正确、有效的复苏措施，患者有可能被挽回生命并得到康复。

一、心肺复苏术概述

心肺复苏术（CPR）是指患者在发生心搏骤停的现场，由第一目击者为心搏骤停患者实施的心肺复苏技术，由于在患者心搏、呼吸骤停的现场通常没有专业设备，故又称为徒手心肺复苏术。简单来说，就是通过胸外心脏按压和口对口吹气使患者恢复心搏和呼吸。在日常生活或紧急救护中，没有比抢救心搏、呼吸停止的患者更为紧迫的了。心肺复苏术就是针对骤停的心搏、呼吸所采取的"救命技术"。

二、心肺复苏术的实施步骤

心肺复苏术主要包括人工循环、畅通呼吸道、人工呼吸三个环节。具体有如下实施步骤：

（一）确保环境安全

在确认院外不明原因倒地患者是否为心脏搏动停止之前，要确认周围环境是否安全。由于现场救援的第一原则就是保证自己的安全（尤其是对非专业人员而言），因此在施救前判别救助地点是否安全是非常重要的。一般来说，如果不明倒地事件发生在普通的路边或是家庭中，与灾害性事件无关，其周围环境通常还是较为安全的；若发生车祸等事件，需要注意周围经过的车辆是否会对患者和急救者造成伤害，若有必要，需要转移患者以保证急救者的安全。若发生灾害性事件，如地震、海啸等，急救者则需依靠实地感受、眼睛观察、耳朵听声、鼻子闻味等对异常情况做出判断，以避免在救援过程中遭受某些继发事件的威胁，受到不必要的伤害。

（二）判断患者意识

判断患者意识即确定患者有无反应。急救者到达患者身旁后，应尽快确定患者有无受伤和有无意识丧失。急救者应轻轻拍打或轻轻摇动患者的双肩，分别在患者的两侧耳边高声呼喊："喂！你怎么了？"或直接呼叫患者的姓名，以能否应答确定他是否存在意识。同时注意患者有无外伤，如果患者头部或颈部有创伤或怀疑有创伤，急救者只有在绝对需要时才可搬动患者。不正确的移动手法将有可能使颈部受伤的患者病情加重，有造成瘫痪的危险。

（三）呼救

急救者高声呼唤"快来救人！这里有人晕倒了！"以求援助，并由第一目击者或旁人立即打通地区急救电话，准确提供必要的资料给急救中心，包括急救地点（如果可能，要告知所在街道的名称、门牌号、有无明显标志物等）、发生的事件（如心脏病发作或触电等）、患者的情况、已对患者进行了什么救护，以及其他急救中心需要的情况等。

（四）复苏体位

急救者迅速将患者采用仰卧位放置于坚固的平面上，双上肢放于躯干两侧，头、颈、胸保持直线，无扭曲，头后仰，颏抬起。如果现场只有一名急救者且患者呈面朝下卧位，急救者应用一只手扶于患者头颈位，另一只手放置于患者腋下，将患者的头、肩、躯干沿其躯体纵轴整体同时翻转而不要将其扭曲，注意患者的头和颈部应该保持和躯干同一平面，并且全身作为一个整体移动。如果现场有两名以上急救者，可两人处于患者同侧，其中一人用双手专门负责保护患者的头、颈部，另一人用一只手扶于患者肩部，另一只手扶于患者胯部，两人合作，同时把患者头、肩、躯干沿其躯体纵轴整体翻转并摆正体位。

（五）循环支持

1. 判定有无脉搏

心搏骤停的指征是患者意识丧失，大动脉搏动消失。判定脉搏的操作方法如下：

（1）触摸颈动脉法

青少年（不小于8岁）及成人检查颈动脉搏动，用一手扶患者额部使其后仰，另一手的食指、中指找准喉结向侧下方滑动2～3 cm至气管和胸锁乳突肌间的凹陷处，触及颈动脉。触摸颈动脉压力不宜过大，禁止同时触摸两侧颈动脉，以防影响血液循环。触摸颈动脉时，不能压迫气管，以防造成呼吸道阻塞。若颈动脉处有创伤或者颈肌肥厚，可改为触摸肱动脉或股动脉。

（2）触摸肱动脉法

在肘窝上，于肱二头肌腱上内侧可摸到肱动脉的搏动，此处也是测量血压时的听诊部位。对婴儿多采用此法。

（3）触摸股动脉法

在腹股沟韧带稍内侧的下方，能摸到股动脉搏动。

（4）触摸桡动脉法

桡动脉在腕部桡骨头的外侧、腕横纹的外上侧，能摸到桡动脉搏动。若无搏动，即可判定心脏停搏，应马上开始胸外按压。

(5)直接听心跳

如果无法听清或听不到心音,则说明心跳停止,应立即实施心肺复苏术。

2. 胸外按压

胸外按压是现场心肺复苏中首选最快速、简便、有效的人工维持心脏排血的方法。通过按压胸部,增加胸腔内压,挤压心脏维持血液循环。按压同时进行正规的人工呼吸,可经按压将血液循环至肺部,从而获得足够的氧以维持生命。由按压而产生的血流能给心脏和脑输送少量但极为重要的氧气和养分。

(1)操作体位

按压时,患者必须保持平卧位,头部位置低于心脏,这是因为即使进行正规的胸外按压,流至脑部的血液也是很少的,如果头部位置高于心脏,血液流至脑部会进一步减少甚至达不到。应把患者放置于地面或硬板床上进行胸外按压。如果患者靠在软床上,应将一块木板放置在患者背下,最好与床同宽,以保证按压时有效。急救者应紧靠患者一侧,并根据急救者个人身高及患者位置高低,分别采取跪、站等姿势,以保证按压力垂直并有效地作用于患者胸骨。

(2)胸外按压操作方法

①对于青少年(不小于8岁)及成人患者,一般按压部位定于胸骨中线中下三分之一处,如图8-2所示。先找到肋弓下缘,用一只手的食指和中指沿肋骨下缘向上摸至两侧肋缘于胸骨连接处的切迹,以食指和中指放于该切迹上,将另一只手的掌根部放于横指旁,再将第一只手叠放在另一只手的手背上,两手手指交叉扣起,手指离开胸壁。为方便急救者复苏定位,推荐按压定位于两乳头连线中点的胸骨下段。对于儿童(1~7岁)患者,用单手或双手于乳头连线水平按压胸骨。对于婴儿(0~11个月)患者,用两手指于紧贴乳头连线下方水平按压胸骨。

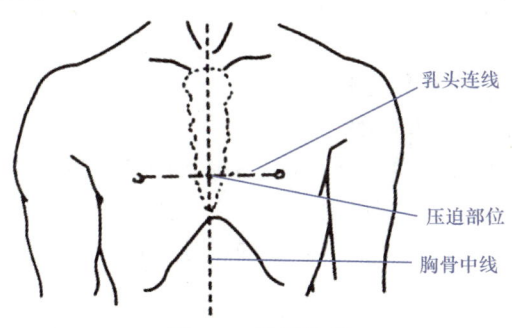

图 8-2 按压位置

②手臂要伸直,肘关节要着力,急救者双肩位于双手的直上方,确保按压力量垂直作用于胸骨上,垂直向下用力按压。若作用力不垂直,会使患者产生摇动,致部分压力无效,影响按压效果。对正常成人,胸外按压的幅度应达到 5~6 cm,如图8-3所示。

③为保证每次按压后使胸廓充分回弹,急救者胸外按压后手放松应充分,双手应离开患者胸壁,以利于胸廓位置恢复正常状态,外周血液流入胸腔和心脏。让胸廓完全恢复,允许静脉回流对有效的 CPR 十分必要。特别在急救者疲劳后胸廓恢复不完全很常见,这会使患者出现胸腔内压增高、冠脉灌注减少、脑灌注压降低等情况。

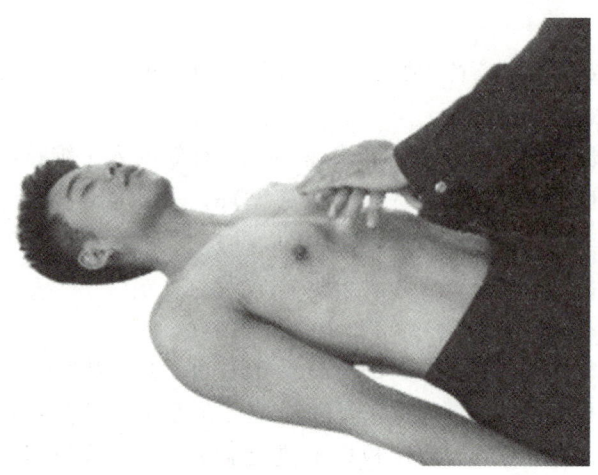

图 8-3 按压方法

④胸外按压的频率为 100～120 次/min。

⑤按压、松弛的时间比一般为 1∶1,主要是为了便于操作。为保证每次按压后使胸廓充分回弹,急救者在按压间隙,双手应离开患者胸壁。

⑥所有青少年及成人的单人或双人复苏按压-通气比统一推荐为 30∶2。

⑦胸外按压注意事项:尽可能缩短中断胸外按压的时间,中断按压和冠脉灌流压下降有关,中断或延时按压越频繁,平均冠脉灌注压就越低,与自主循环恢复率降低、存活率下降、复苏后心肌梗死相关。建议所有急救者都应该在按压过程中尽量减少检查脉搏、分析心律等操作,这些操作都会延长中断按压的时间。

急救者疲劳可能导致按压频率不足或按压深度不充分,因此,当有一名以上急救者在现场 CPR 时,每隔 2 min 或 5 个按压-通气比为 30∶2 的周期应相互轮换按压。如果有两名急救者在现场,其中一个应在 2 min 时做好准备,等待正在进行按压的急救者停下,并且应在 5 s 以内完成按压轮换。

胸外按压用力应平稳、有规律地进行,不能过大、过猛,尤其在为老人、儿童或婴儿进行复苏时,以免发生肋骨骨折、气胸等。

按压部位要准确,特别是不要过低,否则易损伤肝、脾、胃等脏器。

体形过于肥胖、重度肺气肿、胸廓畸形、血容量过低等均影响按压效果。对于心搏骤停的成年患者,最好的 CPR 方法是人工呼吸加胸外按压。

(六)开放气道

1. 仰头抬颏法

如果患者口鼻内有呕吐物、泥沙、血块、义齿等异物,急救者可用纱布包住食指伸入患者口腔进行清除。松开患者的衣领、裤带、内衣等,再应用仰头抬颏法畅通气道。患者无意识时,由于肌肉张力不足,舌和会厌会下垂阻塞咽喉。此时,将患者的下颌前移可将舌上抬,离开喉的背面而使气道开放。

具体操作:用一只手紧压在患者的前额处,用手掌之力推头后仰,同时另一只手食指和中指置于接近颏部的下颌骨部之下,将颏向上前方抬起,使患者的下颌尖至耳垂连线与水平面呈垂直状态,牙齿几乎咬合,从而支持下颌并有助于头部向后仰。注意:手指不要用力压迫颌下组织,以免阻塞气道。不要使口完全闭合(除非对特殊的患者施行口对鼻人工呼吸技术)。仰头抬颏法可使口对口易于紧密结合。

2. 双手提颌法

急救者双肘放于患者仰卧的平面上,用双手分别紧握患者左、右两侧下颌角并将下颌骨前推,使下颌骨前移从而带动舌体前移使气道开放。如果患者嘴唇已闭合,急救者用双手拇指推开病人嘴唇。注意:应当小心固定患者的头部,不要将头后仰或向两侧转动。如果怀疑患者有颈部损伤,应用双手提颌法较为安全地将气道开通,而不需要伸展颈部。

(七) 人工呼吸

1. 判定有无自主呼吸

急救者可将自己的耳朵贴近患者的口鼻,或侧头注视患者的胸腹部,从以下方面判定呼吸是否存在:看患者胸部或上腹部是否有呼吸起伏;听患者口鼻有无出气声,感受有无气体吹拂感。如果患者胸部无起伏而且无气体呼出,则表明患者无自主呼吸。判断有无呼吸的整个过程要求在 10 s 内完成。若判断患者有呼吸,则保持呼吸道通畅,并置患者于昏迷体位;若判断患者无呼吸,则需保持患者处于仰卧位,并进行胸外按压和人工呼吸。

2. 开始人工呼吸

在确定患者呼吸停止后,应立即开始呼吸支持。现在,急救者一般采用口对口呼吸支持技术,该技术能快速、简单、方便、有效地给患者提供足够的氧气需求,是现场复苏中首选的呼吸支持方法。在一般情况下,人呼出的气中含氧的体积分数为 15.5%,足以维持生命所需。

口对口人工呼吸操作方法:用仰头抬颏法开放气道,急救者用拇指和食指捏住患者鼻前庭(急救者的手放在患者的额部),防止气体从患者鼻中逸出,用正常呼吸时的吸气量(不是深呼吸),用嘴唇封紧患者的口,使之不漏气,先向患者吹两次气,每次送气 1 s 以上,应送入足够的气量以使患者的胸廓起伏。对大多数成年人来说,CPR 时潮气量为 500~600 mL(6~7 mL/kg),应该足够。吹气后,急救者松开手捏鼻孔的手,让患者胸廓和肺依靠其弹性自主回缩呼气。对婴儿及年幼儿童复苏,可将婴儿的头部稍后仰,用嘴唇封住患者的嘴和鼻子,轻微吹气入患者肺部。若患者面部受伤妨碍进行口对口人工呼吸,可进行口对鼻通气。单人(图 8-4)或双人(图 8-5)进行 CPR 时,进行胸外按压 30 次后进行人工呼吸 2 次。

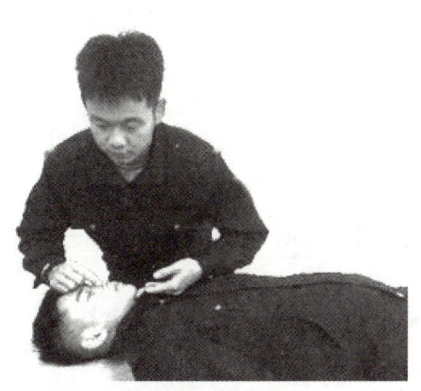

图 8-4 单人心肺复苏

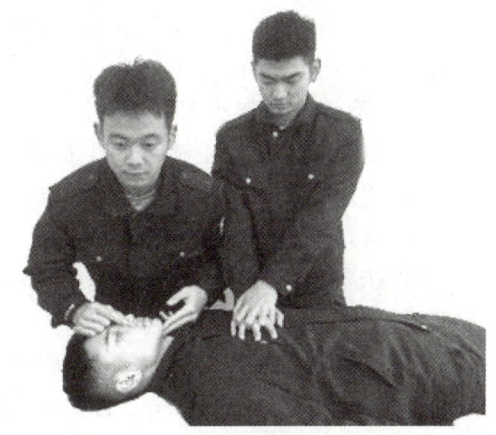

图 8-5 双人心肺复苏

通气有效指征:观察到有胸廓起伏;在呼气时能听到和感受到气体流动。通气过程中,发生通气困难最常见的原因是不能正确开放气道,因此在第一次吹气后,如果患者的胸廓没有抬起,应再应用仰头抬颏法,然后吹第二次气。

注意事项:

(1)吹气时用正常呼吸而非深吸气,可防止急救者因过度吹气而头晕眼花及给患者以过大的通气量。

(2)避免过大的通气量和过大的通气速度。如果吹气压力超过食管下段括约肌的压力,食道会开放,气体进入胃内,引致胃扩张、横膈升高、肺容量减少,并使胃内容物反流和误吸入肺。

(3)在急救最初的几分钟内,人工呼吸的重要性不及胸外按压,因为心脏刚停止跳动的几分钟内体内的血氧水平仍较高。心肌及脑的氧供减少主要是因为血流减少而不是血氧含量的下降。急救者应首先确保有效的胸外按压并减少中断按压。

(4)如果不愿或不能进行口对口人工呼吸,则立即开始持续胸外按压。

三、心脏除颤

(一)胸外心脏叩击法

当确认患者脉搏停止,心跳已不能闻及,陷入心室纤颤、心脏停搏状态时,急救者应毫不犹豫地用胸外心脏叩击法除颤。从机制上讲,每一次心前区锤击的机械能可转化为微弱的电能,这种电能对于心肌刚刚发生的心律失常有一种消除作用,从而达到使心脏恢复跳动的作用。叩击方法:急救者握一个空心拳头,在患者胸骨中段和下段交界处距胸壁 25 cm 左右的高度向下叩击两次。然后检查患者颈总动脉的搏动情况。如果颈总动脉搏动未恢复,则按照上述方法重复叩击两次。如果仍无效,则应放弃叩击,立即改用胸外心脏按压。

(二)电击除颤

电击除颤是终止心室颤动最有效的方法,应早期除颤。有研究表明,绝大部分心搏骤停由心室颤动所致,75%发生在院外,20%的人没有任何先兆,而除颤每延迟 1 min,抢救成功的可能性就下降 7%~10%。

电击除颤的操作步骤如下:

(1)电极板涂以导电糊或垫上盐水纱布。

(2)接通电源,确定非同步相放电,室颤不需麻醉。

(3)选择能量水平并充电。

(4)按要求正确放置电极板,一块放在胸骨右缘第 2~3 肋间(心底部),另一块放在左腋前线第 5~6 肋间(心尖部)。

(5)经再次核对监测心律,明确所有人员均未接触患者或病床后,按放电按钮。

(6)电击后立即进行心跳监测与记录。

目前已出现语音提示指导操作的自动体外除颤器(AED),大大方便了非专业急救医务人员的操作,为抢救争取了宝贵的时间。AED使复苏成功率提高了2~3倍,非专业救护者30 min就可学会。AED适用于无反应、无呼吸和无循环体征的患者,是一种便携式、易于操作、稍加培训即能熟练使用的专为现场急救设计的急救设备,可在患者出现心室颤动或心室扑动、无脉性室性心动过速或者脉搏停止时使用。AED会自动判读心电图,然后决定是否需要电击。全自动机型甚至只需要急救者替患者贴上电击贴片,它即可判断并产生电击。半自动机型则会出现语音及文字提醒急救者按下电击按钮。AED通常配置在有大量人群聚集的地方,如购物中心、机场、车站、饭店、体育馆、学校等处及紧急医疗服务点。公众启动除颤要求受过训练的急救人员(警察、消防员等),在5 min内使用AED对心搏骤停患者实施电击除颤,可使院前急救生存率明显提高。

四、心肺复苏成功的标准

一般做5个循环后检查患者心跳和呼吸是否恢复,如果没有恢复,要继续坚持做,非专业急救者应持续CPR直至获得AED和被应急医疗服务体系人员接替,或患者开始有活动,不应为了检查循环或检查反应有无恢复而随意中止CPR。应遵循下述心肺复苏有效指标和终止抢救的标准。

(一)心肺复苏有效指标

(1)按压有效时,每按压一次可触摸到颈动脉一次搏动。若中止按压搏动即消失,则应继续进行胸外按压。如果停止按压后脉搏仍然存在,说明患者心搏已恢复。

(2)心肺复苏有效时,患者面色(口唇)由发绀转为红润。若变为灰白,则说明心肺复苏无效。

(3)心肺复苏有效时,患者出现自主呼吸,或瞳孔由大变小并有对光反射,甚至有眼球活动及四肢抽动。

(二)终止抢救的标准

现场CPR应坚持不间断地进行,不可轻易做出停止复苏的决定。若符合下列条件,急救者方可考虑终止复苏:

(1)患者呼吸和循环已有效恢复。

(2)无心搏和自主呼吸,CPR在常温下持续30 min以上,应急医疗服务体系人员到场确定患者已死亡。

(3)有应急医疗服务体系人员接手承担复苏或抢救。

> **知识链接**
>
> **我国对于急救的规定文件**
>
> 《中国红十字总会、公安部、交通部关于深入开展救护培训工作的通知》(红总字〔2006〕50号)规定,救护培训的对象为公安民警、机动车驾驶人、客运乘务人员。《道路交通安全法》第七十条规定,在道路上发生交通事故,造成人身伤亡的,车辆驾驶人应当立即抢救受伤人员;第七十二条规定,公安机关交通管理部门接到交通事故报警后,应当立即派交通警察赶赴现场,先组织抢救受伤人员。

任务三　止　血

任务导入

止血的重要性

有一男子在路上不小心被广告牌划破了左臂中间的位置,血当场就流了出来,他按住这个伤口止血,但血仍哗哗往外流。路人发现他受伤了,为他拨打急救电话120,但是现场的人没有人懂得如何正确为伤口止血。当时的交通状况比较糟糕,急救车开得很慢。当救护车来到现场的时候,男子已经倒在血泊中,不省人事。

受伤出血是生活中经常会遇到的事情,小到划破、擦伤,大到撞伤、刀伤,如果不及时加以处理,很有可能会引起严重的后果。人体内的总血量占自身体重的8%左右。当一个人因外伤或其他原因,出血量达到全身总血量的20%时可发生休克,达到40%时可迅速危及生命。因此,对于大出血的患者,采取及时、有效的止血措施是最重要的环节。止血的目的是控制出血,保持有效的血容量,防止休克,挽救生命,为成功救治赢得时间。

一、出血种类

判定出血种类是正确实施止血的首要工作,方法是根据出血的特征加以判断。如果是动脉出血,则颜色鲜红,呈喷射状,有搏动,出血速度快且量多;如果是静脉出血,则颜色暗红,呈涌出状或徐徐外流,出血量较多,速度不如动脉出血快;如果是毛细血管出血,则血色鲜红,从伤口向外渗出,出血点不容易判明。处理原则:有效止血,保护创面和防止感染。静脉出血和毛细血管出血一般用纱布、绷带包扎好伤口后就可以止血,较大的静脉出血通常用加压包扎的方法也可以止血,动脉出血的止血方法较多。

二、止血方法

止血是一种医疗技术,有许多简便的方法,运用起来却十分奏效。

(一)加压包扎止血法

加压包扎是在伤病急性期中减少组织出血的有效方法。静脉、毛细血管或小动脉出血时,先将敷料盖在伤口上,然后用三角巾或绷带用力包扎,如图8-6所示。加压包扎止血法适用范围广,多用于出血面积小、出血慢、出血量少的创口。加压包扎时,应将受伤的肢体抬高超过心脏高度。

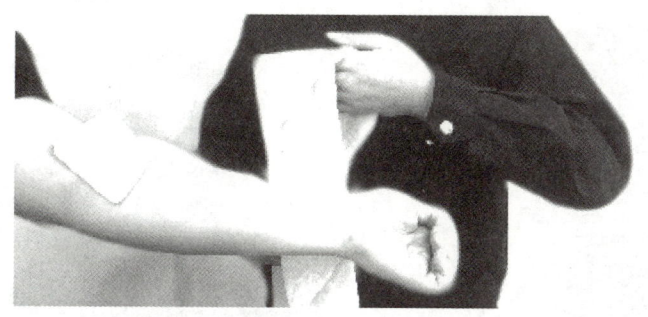

图 8-6　加压包扎止血法

(二)指压止血法

指压止血法是在较大的动脉出血时,临时用手指或手掌压迫伤口近心端的动脉,将动脉压向深部骨头上,阻断血液流通,达到临时止血目的的方法。指压止血法适用于中等以上的动脉出血。操作时要准确掌握动脉压迫点,压迫力度要适中,以伤口不出血为准,压迫 10~15 min。

1. 头顶部出血

一侧头顶部出血,可用食指或拇指压迫同侧耳前方(颞浅动脉)搏动点,如图 8-7 所示。

2. 颜面部出血

一侧颜面部出血,可用食指或拇指压迫同侧下颌骨下缘、下颌角前方约 3 cm 处的凹陷处,能感到明显的搏动(面动脉),压迫此点可止血,如图 8-8 所示。

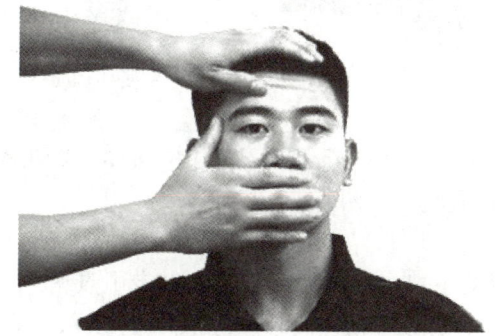
图 8-7　头顶部出血指压止血法

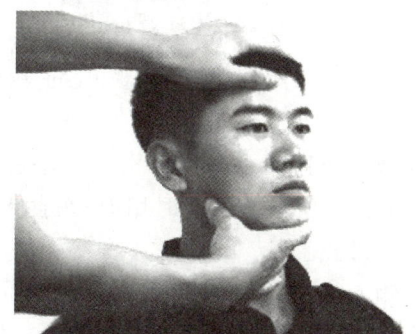
图 8-8　颜面部出血指压止血法

3. 头面部出血

一侧头部和面部同时大出血,可用拇指或其他四指压迫同侧气管外侧与胸锁乳突肌前缘中点之间,此处可摸到一个强烈的搏动(颈总动脉),将血管压向颈椎止血,如图 8-9 所示。

4. 肩腋部出血

可用拇指压迫同侧锁骨上窝中部的搏动点(锁骨下动脉),将动脉压向深处的肋骨止血,如图 8-10 所示。

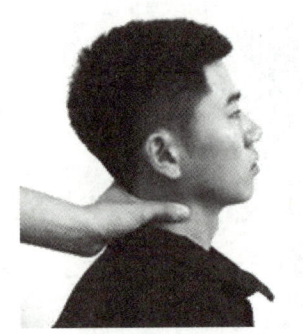　　

图 8-9　头面部出血指压止血法　　　图 8-10　肩腋部出血指压止血法

5. 前臂出血

可用拇指(图 8-11)或其他四指(图 8-12)压迫上臂内侧肱二头肌与肱骨之间的搏动点(肱动脉)止血。

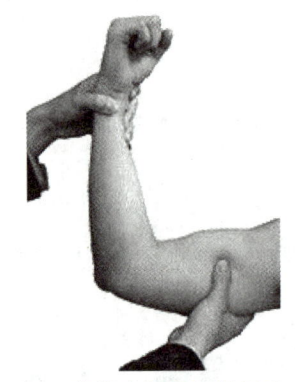　　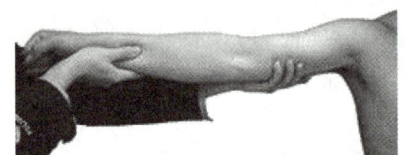

图 8-11　前臂出血拇指指压止血法　　　图 8-12　前臂出血四指指压止血法

6. 手部出血

互救时可用两手拇指分别压迫手腕横纹稍上处内、外侧搏动点(尺动脉、桡动脉)止血,如图 8-13 所示。自救时用拇指、食指分别压迫上述两点。

7. 下肢出血

一侧下肢(大腿、小腿或足部)大出血时,用两手拇指重叠放在腹股沟韧带中点稍下方、大腿根部搏动处用力垂直向下压迫,同时注意应让患者处于坐位或卧位,如图 8-14 所示。

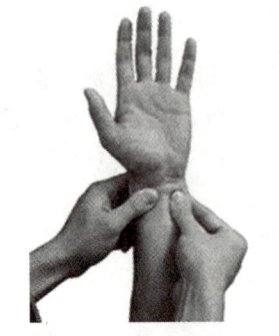　　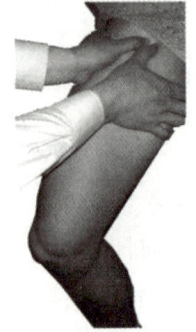

图 8-13　手部出血指压止血法　　　图 8-14　下肢出血指压止血法

8. 足部出血

可用两手食指或拇指分别压迫足背中部近脚腕处(胫前动脉)止血(图 8-15)和足跟内侧与内踝之间(胫后动脉)止血(图 8-16)。

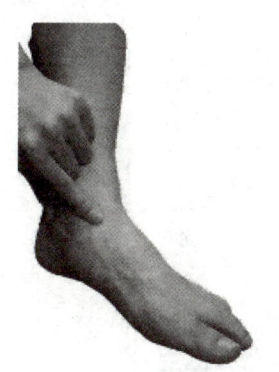
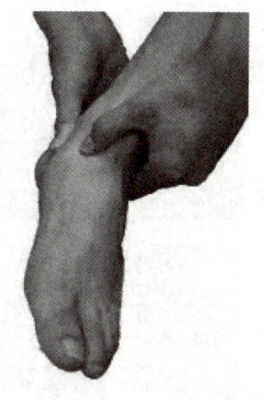

图 8-15 指压胫前动脉止血法　　图 8-16 指压胫后动脉止血法

(三) 止血带法

止血带法用于其他止血方法暂时不能控制的四肢动脉出血。常用的止血带有橡皮止血带、布条止血带两种。

1. 橡皮止血带止血法

在离止血带端约 10cm 处用左手拇指、食指和中指紧握,使手背向下放在扎止血带的部位,右手持止血带中段绕伤肢一圈半,然后把止血带塞入左手的食指与中指之间,左手的食指与中指紧紧夹住一段止血带向下牵拉,使之成为一个活结,外观呈"A"字形,在止血带的附近或皮肤上用笔标注上止血带的时间,如图 8-17 所示。

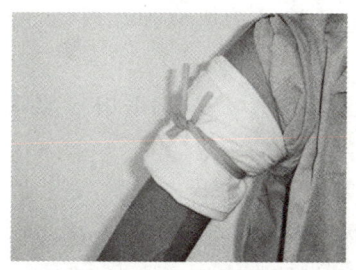
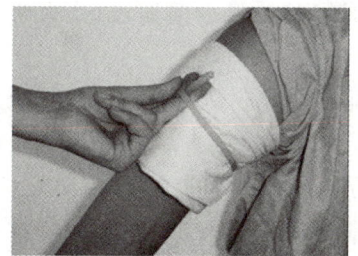
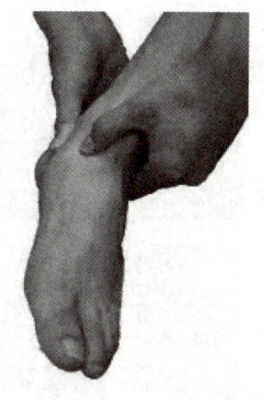
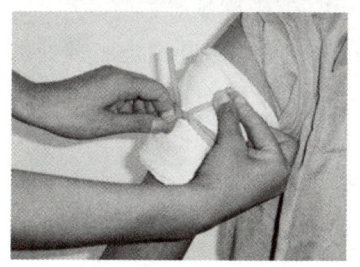
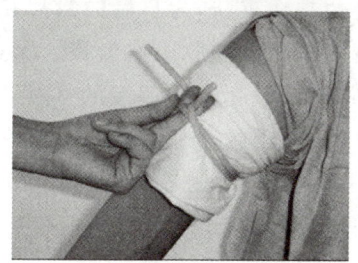
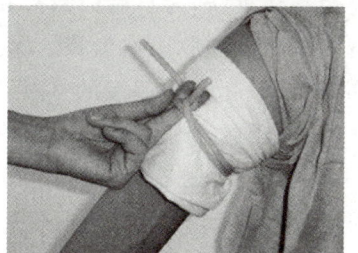

图 8-17 橡皮止血带止血法

2. 布条止血带止血法

将布条缠绕肢体一圈后打结,圈内插入一小木棍绞紧,边绞紧边看伤口出血情况,动脉出血刚刚止住即松紧适度。然后将小木棍用布条两端固定、打结。在止血带的附近或皮肤上用笔标注上止血带的时间,如图8-18所示。

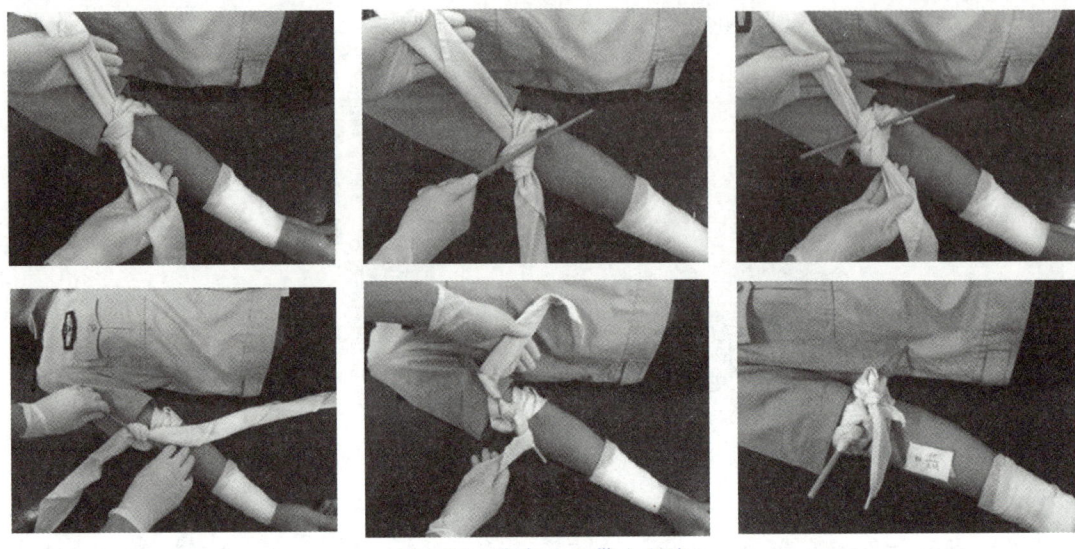

图 8-18 布条止血带止血法

3. 止血带的使用原则

止血带的使用方法比较简单,但使用原则较复杂。只有准确地掌握这些原则,使用得当,才能起到挽救生命和肢体的作用,否则将导致截肢致残。

（1）使用止血带前,应先将伤肢抬高,促使其中静脉血液流回体内,从而减少血液丢失。

（2）止血带的使用位置应在有效止血的前提下,尽量靠近出血部位。但在上臂中段禁止使用止血带,因为该处有桡神经从肱骨表面通过,止血带的压迫可造成桡神经损伤,进而使前臂以下的功能日后难以恢复。

（3）止血带不能直接绑在肢体上,准备上止血带的部位应先垫一层敷料、毛巾等柔软的布垫,用以保护皮肤。

（4）用毛巾、大手帕等现场制作的布性止血带时,应先将其叠成长条状,宽约5 cm,以便受力均匀。严禁使用电线、铁丝、细绳等过细而且无弹性物品充作止血带,因为这些物品不仅止血效果不理想而且还会损伤皮肤,为日后的治疗和康复带来麻烦。

（5）绑止血带时,其松紧度以刚压住动脉出血为宜。绑止血带过紧易造成止血带处的皮肤、神经、血管和肌肉的损伤,甚至引起肢体远端的坏死,不利于今后伤肢的功能恢复;绑止血带过松,只压住静脉而未压住动脉,则达不到止血目的反而加重出血。

（6）使用止血带的患者要有明显标识,并在止血带附近或皮肤上明确写上绑止血带的时间,为防止伤肢缺血坏死,每隔40～60 min放松止血带1～2 min。松带时动作要缓慢,同时需要指压伤口以减少出血。

(四) 填塞止血法

填塞止血法适用于中等动脉,大、中静脉损伤出血,或伤口较深、出血严重时,还可直接用于不能采用指压止血法或止血带止血法的出血部位。其方法:用无菌的棉垫、纱布等紧紧填塞在伤口内,再用绷带或三角巾等进行加压包扎,松紧以达到止血目的为宜。

(五)屈肢加垫止血法

当前臂或小腿出血时,可在肘窝、腘窝内放入纱布垫、棉花团或毛巾、衣服等物品,屈曲关节,用三角巾做"8"字形固定,如图 8-19 所示。但是,骨折或关节脱位者不能使用。

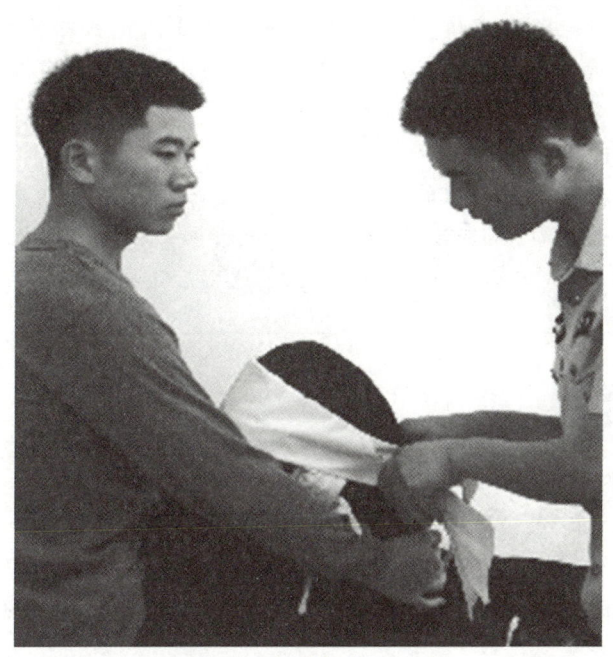

图 8-19　屈肢加垫止血法

三、止血操作注意事项

(1)尽可能戴上医用手套。如果急救现场无医用手套,可用敷料、干净布片、塑料袋、餐巾纸作为隔离层。

(2)如果需要用裸露的手去处理伤口,在处理完成后,要用肥皂水清洗手,然后用消毒剂消毒。

(3)要脱去或剪开患者的衣服,暴露伤口,检查出血部位。

(4)根据伤口出血的部位与出血量,采用不同的止血方法止血。在大血管损伤时,通常将多种方法结合使用。

(5)在万不得已的情况下才可使用止血带。

(6)肢体出血时,应将受伤处抬高至超过心脏的高度。

(7)不要去除被血液浸透的敷料,而应在其上另加敷料,并保持压力。

(8)不要对嵌有异物或骨折断端外露的伤口直接压迫止血。

任务四 包 扎

> **任务导入**
>
> **包扎的重要性**
>
> 一名女子在骑车途中不慎摔倒，不巧的是其右手上臂被路旁的铁钉挂破，出血量较大。路人迅速拨打急救电话，并在急救人员到达之前采取了简单止血措施。他们用干净的布覆盖伤口，并用力直接压迫止血点。急救人员到达后，使用绷带包扎伤口，随后将其送往医院进一步治疗。
>
> 包扎是外伤现场应急处理的重要措施之一。及时、正确的包扎可以达到压迫止血、减少感染、保护伤口、减轻疼痛，以及固定敷料和夹板等目的；相反，错误的包扎可导致出血量增加、加重感染、造成新的损害、遗留后遗症等不良后果。

一、包扎的方法

常用的包扎材料有绷带和三角巾。如果急救现场缺乏上述材料，可就地取材，用毛巾、衬布、手绢、衣服、床单、被罩等代替。

包扎时，要做到快、准、轻、牢。快，即动作敏捷迅速；准，即部位准确、严密；轻，即动作轻柔，不碰撞伤口；牢，即包扎牢靠，不可过紧，以免影响血液循环，也不能过松，以免纱布脱落。

（一）头面部伤的包扎

1. 帽式包扎

将三角巾底边折叠约两指（2～3 cm）宽，底边放于前额齐眉处，顶角拉至后脑，左、右两底角沿两耳上方往后，拉至后脑交叉，并压紧顶角然后再绕到前额打结。顶角拉紧，并向上反折，将顶角塞进两底角交叉处，如图8-20所示。

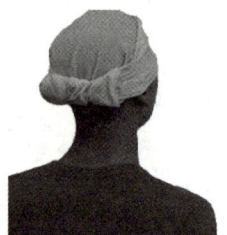

图8-20 帽式包扎法

2. 风帽式包扎

在三角巾顶角和底边中部各打一结,形成风帽,顶角结放在额前,底边结放于枕后,包住全头,两底角向下拉紧,底边向外反折成带状包绕下颌,拉到枕后打结固定,如图 8-21 所示。

图 8-21　风帽式包扎

3. 下颌包扎

将三角巾由顶角折至底边呈三、四横指宽,取三分之一放在下颌前方,长端经耳前拉到头顶部,绕到对侧耳前与另一端在颞部交叉,两端分别经额部与枕部,在另一侧颞部打结,如图 8-22 所示。

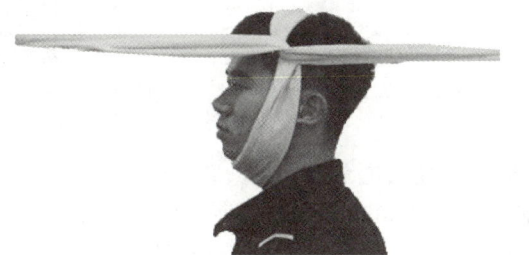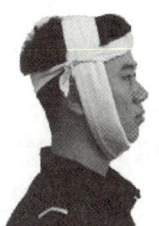

图 8-22　下颌包扎

4. 面部包扎

三角巾顶角打一结兜住下颌,盖住面部,然后拉紧两底角,在枕后交叉,绕至额前打结。包好后,在眼、口、鼻的地方剪洞,露出眼、口、鼻,如图 8-23 所示。

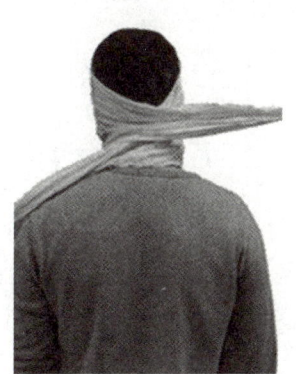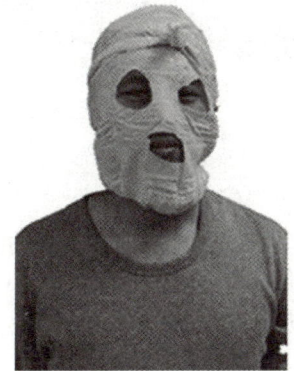

图 8-23　面部包扎

（二）四肢伤的包扎

1. 四肢伤的绷带包扎

（1）环形包扎

环形包扎适用于包扎肢体粗细均匀的部位，如额部、颈部及腕部。绷带在身体的某一部分环形缠绕数圈，每圈均应盖住前一圈，如图 8-24 所示。

（2）螺旋形包扎

螺旋形包扎用于包扎肢体粗细相近的部位，如上臂、手指或躯干等。使绷带呈螺旋状缠绕，每圈遮盖前圈的 1/3～2/3，如图 8-25 所示。

（3）折转形包扎

折转形包扎用于包扎前臂、大腿和小腿等粗细相差较大的部位。先做螺旋状缠绕，待到渐粗的地方就每圈把绷带反折一下，盖住前圈的 1/3～2/3，由下而上缠绕，如图 8-26 所示。

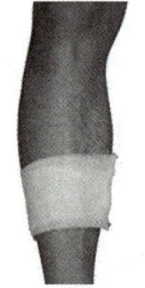 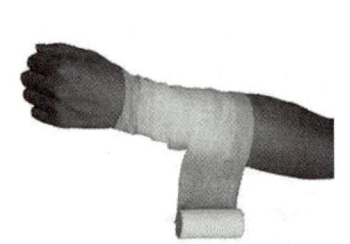 

图 8-24　环形包扎　　　　图 8-25　螺旋形包扎　　　　图 8-26　折转形包扎

（4）"8"字形包扎

"8"字形包扎用于包扎关节部位，如肘（图 8-27）、腕、膝、踝（图 8-28）等关节。在关节弯曲的上方、下方，先将绷带由下而上缠绕，再由上而下做"8"字形来回缠绕。

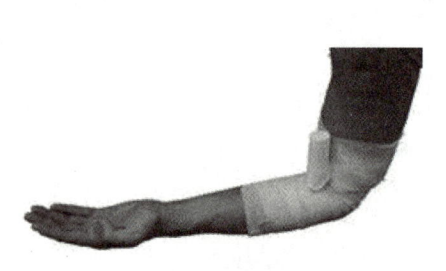 

图 8-27　肘部"8"字形包扎　　　　图 8-28　踝部"8"字形包扎

2. 四肢伤的三角巾包扎

（1）三角巾包扎上肢

将三角巾一底角打结后套在伤侧手上，结之余头留长些备用；另一底角沿手臂后侧拉至对侧肩上，顶角包裹伤肢，前臂屈至胸部，拉紧两底角打结，如图 8-29 所示。

图 8-29　三角巾包扎上肢

(2)三角巾包扎手(脚)

将手放在三角巾中央,手指指向顶角;拉顶角盖住手背,两底角左右交叉压住顶角绕手腕打结,完成包扎,如图 8-30 所示。包扎脚部与此法相同。

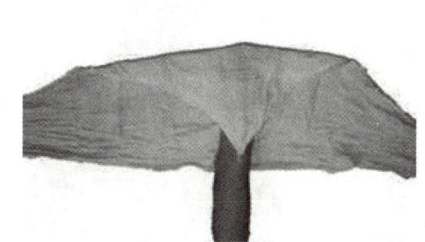

图 8-30　三角巾包扎手

(3)三角巾包扎小腿和脚

脚趾朝向三角巾底边,把脚放在近一底角底边的一侧,提起顶角与较长一侧的底角交叉包裹小腿打结,再将脚下底角折到脚背,绕脚腕与底边打结,如图 8-31 所示。

图 8-31　三角巾包扎小腿和脚

(4)三角巾包扎肘、膝

将三角巾折成适当宽度的带形,将带的中部斜放于伤部,如肘部(图 8-32)、膝部(图 8-33),取带两端分别压住上下两边,包绕肢体一周打结。

图 8-32　三角巾包扎肘　　　　　图 8-33　三角巾包扎膝

（三）胸（背）部伤的包扎

将三角巾的顶角放在伤侧胸部肩上，把左、右两底角拉到背后打结，然后和顶角打结，完成包扎，如图 8-34 所示。本方法也适用于背部包扎。

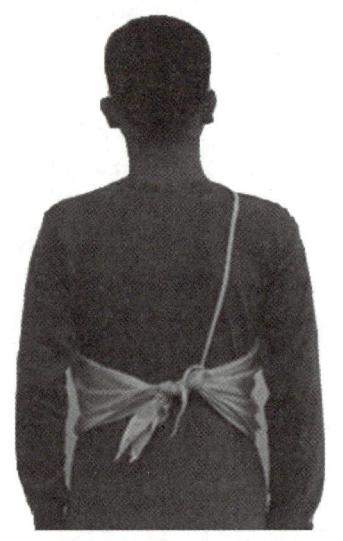

图 8-34　胸部伤的包扎

（四）腹部伤的包扎

把三角巾横放在腹部，将顶角朝下，底边置于脐部，拉紧底角至围绕到腰后打结，顶角经会阴拉至臀部上方，用底角余头打结，如图 8-35 所示。

图 8-35　腹部伤的包扎

(五)腹部内脏脱出的包扎

当患者腹部受到撞击、刺伤,腹腔内的内脏(如结肠、小肠)脱出体外时,不要将内脏压塞回腹腔而要采用特殊的方法进行包扎。先用大块的纱布覆盖在脱出的内脏上,再用纱布卷成保护圈,放在脱出的内脏周围,保护圈可用碗或皮带圈代替,再用三角巾包扎,如图8-36所示。患者取仰卧位或半卧位,下肢屈曲,尽量不要咳嗽,严禁饮水进食。

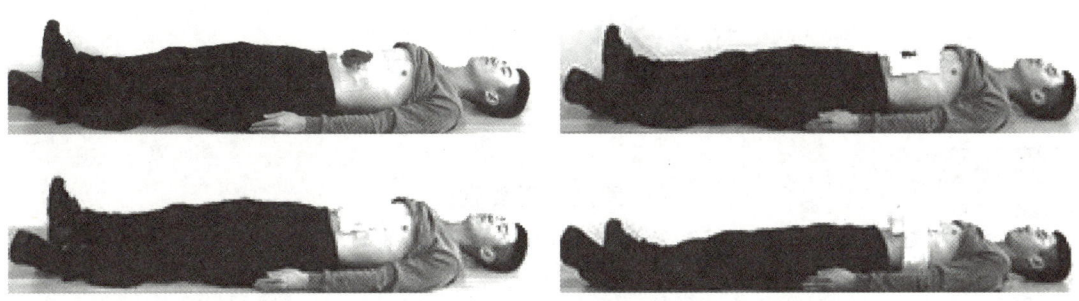

图 8-36 腹部内脏脱出的包扎

(六)异物刺入体内的包扎

异物包括刀子、匕首、钢筋、铁棍及其他因意外刺入人体的物体。异物刺入胸背部,易伤及心脏、肺、大血管;刺入腹部,易伤及肝、脾等器官;刺入头部,易伤及脑组织。异物刺入体内后,切忌拔出再包扎,因为这些异物可能刺中重要器官或血管,如果把异物拔出,会造成出血不止。

正确的包扎方法:先将两块棉垫或替代品安放在异物显露部分的周围,尽可能使其不摇动,然后用棉垫包扎固定,使刺入人体的异物不会脱落,如图 8-37 所示。还可制作环形垫,用于包扎有异物的伤口,避免压住伤口中的异物。搬运中绝对不许挤撞伤处。

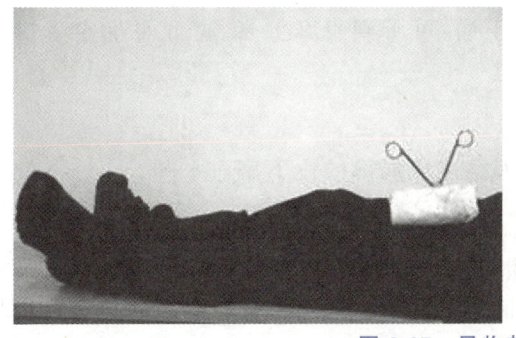 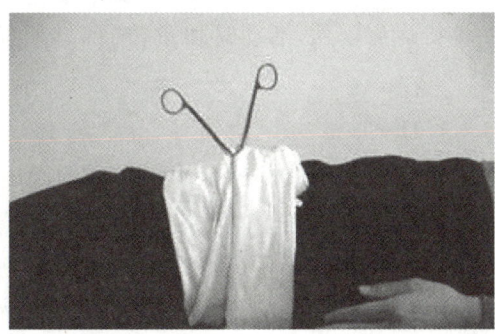

图 8-37 异物刺入体内的包扎

二、包扎操作注意事项

(1)迅速判断伤情,采取紧急措施。
(2)妥善处理伤口,有条件应注意消毒,防止再次污染。
(3)所用包扎材料应保持清洁,包扎伤口要全部覆盖。
(4)包扎的松紧度要适当,包扎过紧影响血液循环,过松易导致敷料松脱或移动。

（5）包扎打结或用别针固定的位置应在肢体的外侧或前面，避免在伤口处或坐卧受压的地方，即应避开伤口和不宜压迫的部位。

（6）包扎伤口时，动作要迅速、敏捷、谨慎，不要碰撞和污染伤口，以免引起疼痛、出血或污染。

任务五 固 定

任务导入

固定的重要性

骨折是指骨的连续性和完整性中断，是创伤中较为严重的伤害事故。例如，在参加足球比赛时，小腿被人猛踢一脚，而发生胫骨骨折；自高处摔下，手撑地而引起前臂骨折。骨折后，要就地固定。急救时的固定主要是对骨折的临时固定，其主要目的不是整复，而是防止骨折的断端活动刺伤血管、神经等周围组织造成继发性损伤，减轻疼痛，便于搬动。固定术还能对关节脱位、软组织挫裂伤起到固定、止痛的效果。

一、骨折的主要症状（骨折的判定）

（一）疼痛

骨折疼痛剧烈，活动时加重，局部有明显压痛，可听到骨摩擦音，据此可确定骨折的部位。

（二）肿胀

骨折端出血和局部软组织损伤后的渗出液会造成局部的皮下瘀血水肿。

（三）畸形

完全骨折和骨折端移位时会发生畸形，如肢体短缩、患肢成角或旋转等，多见于长骨骨折。畸形（出现假关节等症状）是骨折的确证之一，但是，不完全骨折和无移位的完全骨折没有此症状或此症状不明显。

（四）功能障碍

骨折后，原有的运动功能受到影响甚至完全丧失，如上肢骨折时不能拿、提，下肢骨折时不能行走、站立。

（五）大出血

当骨折端刺破大血管时，患者往往发生大出血，出现休克。大出血多见于骨盆骨折。

二、骨折的原因

(一)直接暴力

直接暴力是指由火器伤、打扑伤、挤压伤、机器绞轧伤、坠落、跌倒等造成患者骨折,此种骨折类型多为粉碎性、横断性、开放性骨折。

(二)间接暴力

间接暴力是指通过传导、杠杆或旋转等作用造成患者骨折,因此骨折不发生在暴力接触部位。

1. 传导作用

例如,患者自高处跌下,因足着地,足跟受到直接暴力,可发生跟骨骨折。同时,躯干因受重力作用急剧向前屈曲,可发生椎体压缩骨折。

2. 杠杆作用

例如,患者在走路时不慎滑倒,以手掌着地,暴力可沿其肢体轴线向上传导,致使上肢某些部位发生骨折,如桡骨远端骨折等。

3. 旋转作用

例如,患者的身体向某一方向旋转,可引起胫、腓骨骨干螺旋骨折。

(三)肌肉牵拉暴力

患者在对抗性的肌肉还没能协调的情况下,突然受到阻力,肌肉骤然收缩牵拉,可造成髌骨、尺骨鹰嘴等撕脱骨折。

(四)积累性暴力

例如,患者无明显外伤史,但因过多或不适应地远距离跑步或强行军,可造成第二跖骨或腓骨下端的疲劳性骨折。

三、骨折固定急救的目的

骨折固定是用最简单而有效的方法抢救生命,保护患肢,以使患者尽快得到妥善的处理和救治。骨折固定急救的目的:

(1)防止骨折部位移动,减轻患者痛苦。
(2)有效地防止因骨折断端的移动而损伤血管、神经等组织造成的严重并发症。
(3)便于运送。
(4)在搬运的过程中,减轻患者的痛苦,避免加重其伤情。

骨折可分为闭合性骨折、开放性骨折、复杂性骨折。闭合性骨折是指骨折处皮肤完整,骨折端不与外界相通;开放性骨折是指骨折端穿破皮肤,直接与外界相通,这种骨折容易感染,发生骨髓炎与败血症;复杂性骨折是指骨折后,骨的断端刺伤了重要的组织、器官,可发生严重的并发症。

四、骨折的急救处理原则

对有出血和伤口者,应先止血,保护伤口,防止感染;对伴有休克者,应先抗休克,再行固定。固定前不得随意移动伤肢,为暴露伤口可剪开衣服、鞋袜,不能脱。对大腿、小腿和脊柱骨折,应就地固定。露出伤口的骨片,不应放回伤口或去除。临时固定时,应采用有一定牢固性的夹板,夹板的长度必须超过骨折部的上、下两个关节;夹板与肢体接触处最好有垫衬物,空隙处要填紧,以免产生压迫性损伤;固定时用绷带或布条包缠,固定松紧应合适、牢靠,过紧会压迫神经、血管,使肢体血运不畅;固定后伤肢要保暖。

五、骨折的临时固定方法

(一)锁骨骨折固定

先在两腋下各放置一块棉垫,将三条三角巾折成宽带,用两条分别绕过患者肩前面,在前后做结,形成肩环,另一条在背部将两环拉紧打结,如图8-38所示。

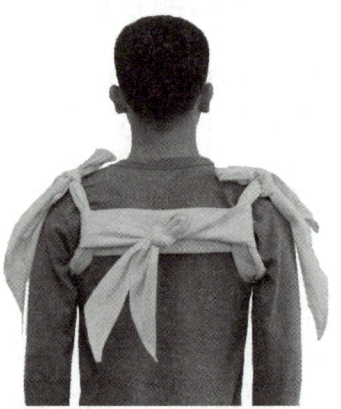

图8-38　锁骨骨折固定

(二)肱骨骨折固定

取一合适夹板,放于伤肢外侧,再用两条绷带固定骨折的上、下两端,然后用小悬臂带将前臂吊起,最后用三角巾把伤肢绑在躯干上加以固定,如图8-39所示。

(三)前臂骨折固定

在患者前臂的掌背侧各放一块夹板,用三角巾宽带绑扎固定后以大悬臂带悬挂胸前,如图8-40所示。

  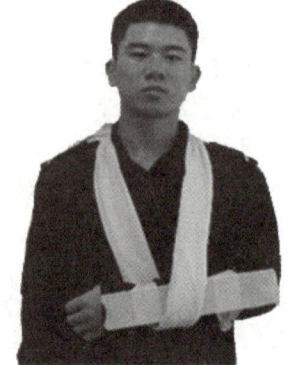

图8-39　肱骨骨折固定　　　　图8-40　前臂骨折固定

（四）小腿骨折固定

用夹板两块，一块在腿外侧（自大腿中部到脚跟），另一块在内侧（自腹股沟至脚跟），垫好后用布带分段固定，如图 8-41 所示。

图 8-41　小腿骨折固定

（五）髌骨骨折固定

患者半卧位，一人用双手托住伤肢大腿。急救者先缓缓将小腿伸直，在腿后放一夹板，夹板的长度自大腿至脚跟，用三条三角巾宽带，分别于膝上、膝下和踝部固定，如图 8-42 所示。

（六）足骨骨折固定

脱去鞋，在腿后面放一直角形夹板，然后用宽带固定膝下、踝上和足部，如图 8-43 所示。

图 8-42　髌骨骨折固定

图 8-43　足骨骨折固定

六、骨折临时固定的注意事项

（1）遵循先救命后治伤的原则。对于呼吸、心跳停止者，应立即进行心肺复苏；对于有开放性伤口的患者，应先止血、包扎，后固定骨折部位。

（2）怀疑患者的脊椎、大腿或小腿骨折时，应就地固定，切忌随便移动患者。

（3）固定应力求稳定牢固，固定材料的长度应超过固定两端的上、下两个关节。小腿固定时，固定材料长度应超过踝关节和膝关节；大腿固定时，固定材料长度应超过膝关节和髋关节；前臂固定时，固定材料长度应超过腕关节和肘关节；上臂固定时，固定材料长度应超过肘关节和肩关节。

（4）夹板和代替夹板的器材不要直接接触患者的皮肤，应先用棉花、碎布、毛巾等软物垫在夹板与皮肤之间，尤其在夹板两端、骨突处、空隙处及弯曲处等。间隙较大的地方，要适当加厚垫衬，避免患者产生压迫性损伤。

（5）四肢骨折固定时，要露出指（趾）端，以便观察患者体内的血液循环情况。若发现患者指（趾）端苍白、发麻、发凉、疼痛或呈青紫色，应马上松解夹板并重新固定。

(6)肢体固定时,上肢屈肘,下肢伸直,即上肢骨折用夹板固定后要用悬臂带将上肢挂于胸前,下肢骨折用夹板固定后可与健肢绑在一起再搬运。

(7)开放性骨折禁用水冲,不涂药物,保持伤口清洁。严禁将外露的断骨送回伤口,避免增加污染或者刺伤血管、神经。

(8)应该把关节固定在功能位置上。其原因在于就算患者以后不能活动,也可以最大限度地保留该关节的一些生理功能。对于上肢来说,最重要的是保证手的功能;对于下肢来说,主要是保证持重和步行的功能。因此,肘关节的功能位置是屈曲近90°,膝关节的功能位置是稍屈10°,手各指关节的功能位置是屈曲45°,踝关节的功能位置是90°～95°。

任务六 搬 运

> **任务导入**
>
> **搬运的重要性**
>
> 医疗救护运送是现场急救的重要内容,是患者安全到达医院而获得全面有效救治过程的一个重要环节。近些年来,搬运护送患者的方法及工具有了很大的改进。装备精良、性能良好的救护车、船及直升机等已构成医疗运输的重要内容。但是,无论怎样先进,患者从发病现场到被搬运到担架、救护车等过程,都要求急救者掌握正确的救护搬运知识和技能。搬运的目的:使患者脱离危险区,实施现场救护;尽快使患者获得专业治疗;防止损伤加重;最大限度地拯救生命,减轻伤残。

一、搬运的方法

(一)徒手搬运

在现场找不到任何搬运工具而患者伤情又不太重时,可徒手搬运。徒手搬运又分单人徒手搬运、双人徒手搬运和多人平托搬运。

1. 单人徒手搬运

(1)扶持法

扶持法适用于伤病较轻、不能行走的患者,如头部外伤、锁骨骨折、上肢骨折、胸部骨折、头昏等患者。扶持时,急救者站在患者一侧,将其臂放在自己肩、颈部。急救者一手拉其手腕,另一手扶住患者腰部行走。

(2)抱持法

抱持法适用于不能行走的患者,如有较重的头、胸、腹及下肢伤或昏迷的患者。急救者蹲于一侧,一手托患者背部,一手托其大腿,轻轻抱起患者,患者(神志清者)可用手扶住救护者的颈部，如图 8-44 所示。

图 8-44　抱持法

（3）背负法

急救者蹲在患者前面，呈同一方向，微弯背部，将患者背起，如图 8-45 所示。胸、腹受伤的患者不宜采用背负法。若患者卧于地上，不能站立，则救护者和患者同方向侧躺，一手反向紧握患者肩部，另一手抱腿用力翻身，慢慢站起来。

图 8-45　背负法

（4）拖拉法

拖拉法适用于在房屋垮塌、火灾现场或其他不便于直接抱、扶、背的急救现场，不论患者神志清醒与否均可使用。急救者站在患者背后，两手从其腋下伸到胸前，先将其双手交叉，再握紧其双手，使患者背部紧靠在急救者的胸前，慢慢向后退，走到安全的地方。

（5）爬行法

爬行法是指用皮带、围巾、绷带或三角巾将患者的双手腕绑扎紧，然后跨跪在患者身上，将头伸进患者的双腕下，将患者的双臂吊在急救者的肩上，双手按地抬身，将患者的头肩部尽量吊离地面，然后四肢蹲伏爬行。

2. 双人徒手搬运

（1）椅托式

椅托式适用于意识不清的患者。两名急救者在患者两侧对立，各以右和左膝跪地，并以一手伸入患者大腿之下互相握紧,另一手交替扶住患者背部,抬起患者。

(2)轿杠式

轿杠式适用于意识清醒的患者。两名急救者面对面各自用右手握住自己的左手腕,再用左手握住对方右手腕,然后蹲下,让患者将两上肢分别放到两名急救者的颈后,再坐到相互握紧的手上。两名急救者同时站起,行走时同时迈出外侧的腿,保持步调一致。

(3)拉车式

拉车式适用于将意识不清的患者移至椅子、担架或在狭窄地方搬运时。两名急救者,一人站在患者的背后将两手从患者腋下插入,将其两前臂交叉于胸前,再抓住患者的手腕,把患者抱在怀里,另一人反身站在患者两腿中间将患者两腿抬起,两名急救者一前一后地行走,如图8-46所示。

图8-46 拉车式

(4)平托式

两名急救者站在患者同侧,一人用手臂抱住患者肩部、腰部,另一人用手抱住患者臀部,齐步平行走。

3.多人平托搬运

多人分别托住患者颈、胸、腰、臀和腿部,一起抬起,一起放下,如图8-47所示。这种方式适用于脊柱伤患者。

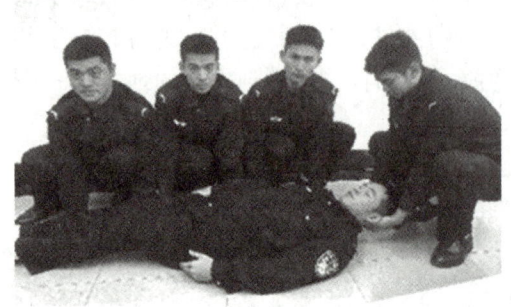

图8-47 多人平托搬运

（二）器材搬运

器材搬运是指用担架（包括软担架）等搬运器材，或者因陋就简，利用床单、被褥、靠背椅等作为搬运工具的搬运方法，如图8-48所示。器材搬运时要注意看护患者或扎好安全带，防止翻落，上、下楼梯时尽可能使患者体位接近水平，并使患者的头部略高位。

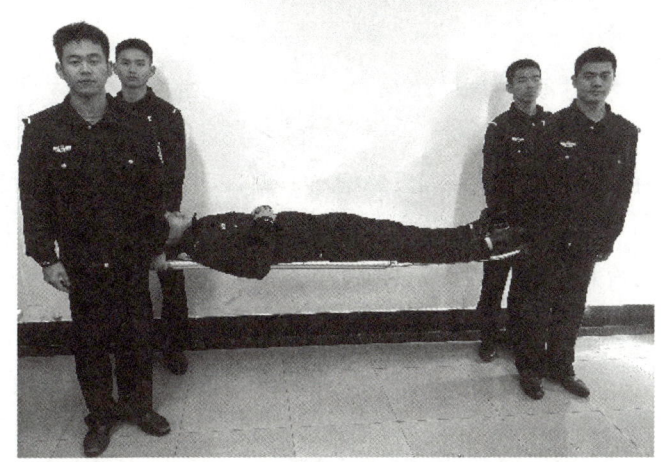

图8-48 担架搬运

搬运器材中，担架是运送患者最常用的工具。担架种类很多：

1. 担架器材

（1）折叠担架

折叠担架采用钢管材料和加厚帆布革担架面制成，具有质量小、体积小、携带方便、使用安全等优点，主要适用医院、体育场地、救护车及部队运送患者，也便于在狭窄的走廊、曲折的楼梯的搬运。

（2）折叠铲式担架

折叠铲式担架为医用专业担架，担架双侧均可打开，将患者铲入担架，常用于脊柱损伤患者的现场搬运。

（3）真空固定垫

真空固定垫可以自动（或打气）成形，并根据患者的身体外形将患者固定在垫中搬运。

（4）漂浮式吊篮担架

漂浮式吊篮担架用于海上救护，将患者固定于垂直的位置保证其头部完全露出水面。

（5）帆布担架

帆布担架适用于内科系列的患者，对怀疑脊柱损伤的患者禁用。

2. 自制担架

（1）木板担架

木板担架可用门板等制作。

（2）毛毯担架

毛毯担架在患者无骨折的情况下运用，毛毯也可用床单、被罩、雨衣等替代。

（3）简易担架

简易担架是指用椅子和梯子等当担架，在户外现场要慎重，尽可能用木板担架。对于无骨折的患者，在病情严重时急用可使用简易担架。

（4）绳索担架

绳索担架是指将坚实绳索交叉缠绕在两根木棒之间，端头打结。

二、搬运体位

（一）颅脑伤患者

使患者取侧卧位，若只能平卧位，头要偏向一侧，以防止呕吐物或舌根下坠阻塞气道。

（二）胸部伤患者

使患者取坐位，有利于患者呼吸。

（三）腹部伤患者

使患者取半卧位，双下肢屈曲，有利于放松腹部肌肉，减轻疼痛和防止腹部内脏脱出。

（四）脊柱伤患者

使患者一定要保持平卧位，多人平托搬运，同时抬起，同时放下。对于脊柱伤患者，一个人去抱，或者是两个人抬，一个人抬头，一个人抬脚，在抱或者抬的过程当中，会出现脊柱的过度屈曲，易造成脊柱的二次损伤，甚至造成脊髓的损伤。这是搬运脊柱伤患者的原则性禁忌。

三、搬运患者注意事项

（1）必须先做好止血、包扎、固定等急救措施，妥善处理后才能搬运。
（2）搬运时尽可能不摇动患者的身体。
（3）搬运时，患者头部朝后，以便随时观察其呼吸、神智、出血、面色变化等情况。
（4）在人员、器材未准备完善时，切忌随意搬运患者。
（5）搬运中，注意给患者保暖。

项目实训1

实训案例：

20岁的王某和家人在河边玩耍时，其手机不小心掉到了河里，王某想俯身去捞回手机没控制好自身重心掉到河里，由于王某不会游泳，在水中扑腾几下后就开始下沉。王某的家人也不会游泳，在河边焦急地呼救。两名路人听到呼救后赶来，跳到河中把王某救上岸，王某当时没有呼吸和脉搏，现场应如何应急处置？

实训内容：

（1）学生分组情景模拟，角色包括王某（心肺复苏用模拟人）、王某家人、两名救人者。
（2）学生在模拟人上操作单人心肺复苏术，包括使用AED（模拟机）。

实训实施：

(1)教师事先准备好心肺复苏用模拟人、AED(模拟机)，组织学生分组进行情景模拟。

(2)每组学生分别扮演王某、王某家人、两名救人者，按照实训案例进行实际操作。

(3)正确运用单人心肺复苏术，包括使用 AED，其余同学观摩，在操作结束时指出操作错误，教师点评。

(4)其他组重复(2)(3)程序进行情景模拟。

(5)选取完成较好的一组学生在教师的指导下正确操作一遍。

项目实训2

实训案例：

20岁的王某在去学校的路上一边玩手机一边走路，不小心撞到了路边的广告牌，头顶流血不止，正好被路人李某看到，李某应如何帮助王某？

实训内容：

(1)学生分组情景模拟，角色包括王某、李某。

(2)学生分组实际操作头顶三角巾帽式包扎术。

实训实施：

(1)教师事先准备好纱布、三角巾，组织学生分组进行情景模拟。

(2)每组学生分别扮演王某、李某，按照实训案例进行实际操作。

(3)正确操作头顶三角巾帽式包扎术，教师在学生操作结束时指出错误，进行点评。

(4)学生进行练习。

(5)选取完成较好的一组学生在教师的指导下正确操作一遍。

项目实训3

实训案例：

20岁的王某在和3名同学在运动场上踢足球时不小心发生碰撞，王某摔倒在地，感到小腿剧烈疼痛，当时观察小腿中下部出现畸形肿大，估计小腿骨折了。3名同学应如何帮助王某？

实训内容：

(1)学生分组情景模拟，角色包括王某、3名同学。

(2)学生分组实际操作小腿(胫腓骨)骨折现场外固定术。

实训实施：

(1)教师事先准备好夹板、三角巾，组织学生分组进行情景模拟。

(2)每组学生分别扮演王某、3名同学，按照实训案例进行实际操作。

(3)正确操作小腿(胫腓骨)骨折现场外固定术，教师在学生操作结束时指出错误，进行点评。

(4)学生进行练习。

(5)选取完成较好的一组学生在教师的指导下正确操作一遍。

项目实训4

实训案例：

20岁的王某前段时间不小心摔倒，小腿骨折去医院打了石膏，王某在学校读书时4名同学主动照顾他，王某也向学校借了担架方便同学搬运他。4名同学在帮助王某时可以用哪些搬运术？

实训内容：

(1) 学生分组情景模拟，角色包括王某、4名同学。

(2) 学生分组实际操作单人徒手搬运（扶持法、抱持法、背负法）、双人徒手搬运（椅托式、轿杠式、拉车式、平托式）、多人平托搬运、担架搬运。

实训实施：

(1) 教师事先准备好担架，组织学生分组进行情景模拟。

(2) 每组学生分别扮演王某、4名同学，按照实训案例进行实际操作。

(3) 正确操作单人徒手搬运（扶持法、抱持法、背负法）、双人徒手搬运（椅托式、轿杠式、拉车式、平托式）、多人平托搬运、担架搬运，教师在学生操作结束时指出错误，进行点评。

(4) 学生进行练习。

(5) 选取完成较好的一组学生在教师的指导下正确操作一遍。

思考练习

(1) 心肺复苏术如何操作？

(2) 止血术有哪几种方法？

(3) 三角巾用于四肢伤口包扎如何操作？

(4) 四肢闭合性骨折固定如何操作？

(5) 双人徒手搬运的方法有哪几种？

项目九 公共场所暴力袭击事件应急处置

学习目标

(1)了解涉爆事件应急处置的原则。
(2)掌握已爆现场、可疑爆炸物现场、匿名威胁爆炸现场处置的方法。
(3)了解暴力砍杀事件应急处置的原则。
(4)掌握暴力砍杀事件应急处置的程序和方法。

素养提升

通过对公共场所暴力袭击事件应急处置知识的学习,树立生命至上、科学严谨、依法处置等应急理念。

任务一 涉爆事件应急处置

任务导入

部分国家地铁涉爆突发事件案例

• 2010年3月29日,俄罗斯莫斯科地铁站自杀式人体炸弹恐怖袭击事件共造成41人死亡,88人受伤。

• 2005年7月7日,英国伦敦自杀式人体炸弹恐怖袭击事件共造成52人死亡,超过700人受伤。

• 2004年3月11日,西班牙马德里火车连环爆炸恐怖袭击事件共造成191人死亡,超过1 800人受伤。

• 1995年7月间,法国巴黎的铁路系统多次遭遇炸弹袭击,造成8人死亡,超过200人受伤。

世界并不太平,政府在加强社会秩序管控态势的同时,普通公众也要做好自身防护。

> 作为一种严重暴力刑事案件,涉爆事件危害极大,破坏性极强,造成人员伤亡众多,对公共安全构成了巨大的威胁。对于涉爆事件的应急处置,我国公安机关实行二级处置原则,即事发地警务人员的先期处置和专业排爆人员的专业处置。本任务以先期处置为重点进行阐述。

一、涉爆事件应急处置的原则

(一)生命至上原则

生命至上,减少伤亡是涉爆事件现场处置的首要原则。应切实保障现场周围人员生命健康安全。无论什么人发现了爆炸装置,一经报案,要立即封闭现场,设置警戒区,疏散围观人员至安全地带,除排爆人员外,一切人员不得进入。排爆人员进入现场应穿防护服,携带专业工具。

(二)减少损失原则

对于现场的易燃易爆、有毒物品及其他尖锐物件应尽快转移,切断现场的油、电、气及其他火源,严禁在现场附近使用无线电设备,有条件的要采取有效的屏蔽措施,以防止次生事故发生。转移爆炸物时要谨慎操作,使用专业工具和车辆,不要在同一辆车上同时运送爆炸装置和可疑物品,也不能将起爆装置和炸药混在一起装运。

(三)科学严谨原则

涉爆事件现场处置人员必须坚持科学的态度,谨慎操作。现场排爆必须由经过专业培训的排爆人员来操作。对于现场可疑爆炸物的确认要有根据、科学地分析,不可鲁莽行事,以免酿成大患。

二、涉爆事件应急处置的工作要求

(一)不触动可疑物

在情况不明的情况下,严禁现场人员触动可疑的爆炸装置。发现爆炸装置后要保持爆炸装置的原状,等待专业排爆人员进行处置。

(二)保守现场秘密

现场爆炸物是犯罪分子精心设计的犯罪工具,同时也能反映犯罪分子的作案手法、动机,通过现场处置尤其是现场排爆能获取犯罪的大量信息,为后期调查提供便利,因而现场人员不要把排爆装置的方法和案情告诉无关人员,以防泄密。

(三)保持现场安静

排爆现场附近高声喧哗不仅容易让排爆人员分散注意力而产生失误动作,而且会干扰排爆人员的听觉甚至造成误听,因为在排爆过程中,排爆人员要借助耳朵或其他工具聆听爆炸装置内部的声音来判断爆炸物的状态及危险性。因此,无论什么人在什么位置都应该保持现场的绝对安静,直到排爆人员安全排除爆炸装置为止。

三、已爆事件现场的紧急处置

已爆事件现场的处置坚持"先搜爆、排爆,再勘查现场"的原则,以防止二次爆炸的发生,造成不必要的损伤。对已爆事件现场的处置应以专业人员为主,先期赶到现场的人员应尽可能做好以下应急处置工作:

(一)划定范围,封锁现场

设置警戒标识或障碍物,必要时安排人墙,封锁交通。封锁现场的范围包括中心现场和控制区。中心现场应从爆炸中心点向外延伸到爆炸物飞散的最远距离为止;控制区的范围应结合现场格局、爆炸烈度来考虑。爆炸发生在建筑物、院落或其他露天场所时,控制的范围应是围墙和院落以内或某一建筑物以内,或某个场所、街巷及村镇的边缘以内。

(二)现场灭火,保护现场

如果爆炸酿成火灾,要立即按预订方案配合消防人员扑救,并迅速查明现场上有无存放易燃易爆、剧毒物品和贵重物品,采取有效对策防止火势蔓延、危险品燃烧爆炸、毒物外泄,同时紧急疏散现场及周围的群众。要注意将灭火对现场的影响降至最低,水量过多易把爆炸残留物冲走,过多的灭火剂易将爆炸残留物覆盖污染,难以取样并影响化验分析的准确性。要提醒消防和抢救财物的人员注意保护现场痕迹物证。

(三)紧急救护,登记放行

对于伤亡人数较多的爆炸现场,按预订方案组织救护,将伤员立即送往附近医院抢救。将未受伤人员转移到指定的地点,逐个检查,确认与爆炸无关人员,将其姓名、性别、年龄、住址、工作单位、职业等情况登记后才能放行,以便事后调查访问。对于死者原则上不要移离原位,以便分析死者与爆炸点之间的关系和判定案情。如果必须移离原位,要拍照固定并详细记录。

(四)发现异物,专家处置

对爆炸核心区域和重点部位要有针对性地进行防爆安全检查,以防再次发生爆炸,应消除危险隐患,为后期处置工作全面展开创造必要条件,这是紧急处置阶段的关键环节。先期处置人员封锁现场后,在采取灭火、救护等紧急措施的同时应立即配合排爆人员,对现场及周围通过直接观察、仪器搜索、搜爆人配合等方法展开搜索,寻找未爆或犯罪分子蓄意放置的二次爆炸物。一旦发现爆炸物或可疑物,要立即由排爆人员予以鉴别和排除。

> **知识链接**
>
> **爆炸案件现场的自我处置**
>
> (1)卧倒:迅速背朝爆炸冲击波传来方向卧倒,脸部朝下,头放低,在有水沟地方最好侧卧在水沟里边。如果在室内遭遇爆炸,可就近躲避在结实的桌椅下。
>
> (2)张口:避免爆炸所产生强大冲击波击穿耳膜,引起永久性耳聋。
>
> (3)防烟防毒:爆炸瞬间屏住呼吸,逃生时以低姿势为好。不乱跑乱窜,大呼大叫。

用毛巾或衣服捂住口鼻。

(4)电话呼救:立即拨打120、110、119等急救电话。

(5)伤员救助:检查伤者受伤情况,迅速清除伤者气管内的尘土、沙石,防止窒息。如果呼吸停止,应立即进行人工呼吸和心肺复苏。就地取材,对伤者进行止血、包扎和固定。

四、可疑爆炸物现场的处置

对发现的可疑爆炸物,无论是先期赶到现场的人员,还是后期赶到的排爆人员,都不要轻易触动,应尽快采取应急处置措施,否则可能酿成严重的爆炸事件。可疑爆炸物现场处置的首要任务是确认可疑爆炸物,然后根据情况采取进一步应急措施。

(一)划定警戒范围

疏散人群,禁止无关人员进入。消防、救护人员在现场外围集结待命,做好救援准备。

(二)清除现场隐患

切断现场电源,关掉煤气、水源,移除现场易爆易燃物品等,等待排爆人员到来。

(三)询问证实情况

向目击者询问可疑物发现的时间、地点、外观、有无触动等情况并记录详细,同时用照相、录像方式将可疑物及周围环境拍摄下来,固定现场原始情况。

(四)对可疑物进行检查鉴别

首先放置频率干扰仪,屏蔽现场,防止遥控炸弹袭击。频率干扰仪应放置在距爆炸物10 m内,处置人员一般应穿排爆服放置频率干扰仪。放置完毕后,处置人员要马上远离爆炸物,撤回到警戒区外。然后使用便携式X射线检查系统对可疑物进行检查鉴别。

(五)迅速采取应急处置措施

经过检查鉴别,如果确认不是爆炸物,现场人员可解除警戒,无须通知排爆人员。如果确认是爆炸物或无法准确判断,则须立即通知排爆人员前来进行专业处置。

但在特殊情况下,先期处置也要采取进行必要紧急处置措施。常用的措施如下:

(1)防爆毯覆盖法

现场人员在爆炸物周围围上防爆围栏,并将防爆毯覆盖在爆炸物上,以减弱爆炸冲击波并可吸附爆炸弹片。

(2)绳钩线远距离移动法

现场人员用绳钩工具将爆炸物移至空旷地带等待排爆人员处置。

(3)液氮冷冻法

现场人员将爆炸物放置在装有液氮的容器中,使定时、遥控、感应等电子控制起爆装置的工作系统失效,能够延缓、推迟爆炸的发生。

（4）投入防爆罐法

防爆罐是临时存储爆炸物的专门器材,钢制外壳,能阻挡炸弹产生的破片,减轻对外界的杀伤作用。

（5）减弱爆炸威力法

当现场没有专业应急处置器材时,可将爆炸物周围的钢铁硬物、玻璃、家具等物品搬走,防止爆炸产生更多碎片对周围人或物造成杀伤或毁坏。如果在室内发现爆炸物,应尽量打开所有门窗,移走周围的阻拦物,以利于爆炸冲击波的泄散。

> **知识链接**
>
> **可疑爆炸物的现场处置**
>
> 如何识别可疑爆炸物？在不触动可疑爆炸物的前提下：
>
> （1）看。由表及里、由近及远、由上到下无一遗漏地观察,识别、判断可疑物品或可疑部位有无暗藏的爆炸装置。
>
> （2）听。在寂静的环境中用耳倾听是否有异常声响。
>
> （3）嗅。如黑火药含有硫黄,会发出臭鸡蛋（硫化氢）味；自制硝铵炸药的硝酸铵会分解出明显的氨水味等。
>
> 发现可疑爆炸物怎么办？
>
> （1）不要触动。
>
> （2）及时报警。
>
> （3）迅速撤离。疏散时,有序撤离,不要拥挤,以免发生踩踏造成伤亡。
>
> （4）协助警方的调查。

五、匿名威胁爆炸现场处置

对于匿名威胁爆炸现场,首先在思想认识上要高度重视,"宁可信其有,不可信其无"是处置匿名威胁爆炸现场的一贯原则。其次要采取具体应急措施：

（一）快速调集人员，控制现场

接到匿名威胁爆炸信息后要在统一指挥下,本着"既不将事态盲目扩大,又要考虑发生爆炸时能够控制局势"的工作思路,迅速调集警力赶到现场,先期处置,设置警戒,范围应包括整个威胁爆炸区域。根据威胁信息的时间、场所、威胁程度等情况,由现场指挥员决定是否疏散群众。确定疏散群众的,应明确疏散范围,及时疏散群众。

（二）细致检查现场受威胁的目标

对受威胁的目标进行检查,主要有以下步骤：

（1）遵照"以自查为主"的原则,积极组织受威胁目标内的工作人员迅速对自己所在岗位的物品进行检查。

（2）遵照"重点场所重点检查"的原则,积极组织受威胁目标的处置人员（如安保人员）对重点部位进行检查。

(3)遵照"适时开展专业检查"的原则,对经自检和重点检查后仍不能排除的可疑物品或部位,根据现场情况,选择适当时机,由专业力量利用专业器材进行检查,以确保安全。

(三)果断做出检查结果决定

在对受威胁目标细致检查确认没有炸弹以后,现场指挥要根据检查结果做出决断,除在受威胁目标内留有少量处置人员(如派出所民警、安保人员等)对目标进行一段时间监控外,应将主要力量撤出现场。

> **知识链接**
>
> **遭受爆炸恐吓威胁的处置**
>
> 如果收到关于爆炸的恐吓信息,如恐吓电话,首先要"宁可信其有,不可信其无",不能心存侥幸心理。同时还要做到:
> (1)努力从恐吓方得到更多的信息,用纸笔记录对方所说的话。
> (2)注意电话的背景声音,如特殊的音乐、机器声响、对方的声音特质等。
> (3)如果是在工作地点,要及时向同事预警。
> (4)接到爆炸威胁后,千万不要触碰特殊的包裹。把特殊包裹附近的东西清理干净,尽快通知警察。
> (5)如果是在室内,要远离玻璃等易碎物品。
> (6)如果发现炸弹,不要试图移动,要立刻报警,请专业人员处理。

任务二 暴力砍杀事件应急处置

> **任务导入**
>
> **美国赌城发生持刀袭击事件**
>
> 2022年10月6日,美国拉斯维加斯一赌场外发生一起持刀袭击事件,造成2人死亡,6人受伤。据报道,遇难者中包括当地居民和游客。当地警方表示,在现场发现了一把用于袭击的"有长刀刃的大刀"。袭击者最初在人行道上刺伤2人,随后向南出发刺伤了5人,在第三个地点袭击了第八个人后逃跑。面对公共场所的暴力砍杀事件,普通公众应如何防护呢?

根据《反恐怖主义法》,恐怖主义是指通过暴力、破坏、恐吓等手段,制造社会恐慌、危害公共安全、侵犯人身财产,或者胁迫国家机关、国际组织,以实现其政治、意识形态等目的的主张和行为。当前我国的反恐怖形势平稳,社会持续安全稳定,但受国际社会整体安全形势影响,我国仍面临着诸多恐怖主义的现实威胁,如公共场所纵火爆炸、汽车冲撞和暴力砍杀事件。本任务以暴力砍杀事件应急处置为例,介绍涉恐事件防范与处置方法。

公共场所砍杀事件是指犯罪分子利用刀斧等工具,在公共场所滥杀无辜,造成严重大量伤亡的极端暴力事件。这类事件具有行为随机性强、人员不固定、作案工具简单、作案场所相对封闭、处置难度大等特点。

一、暴力砍杀事件应急处置的原则

(一)快速反应

暴力砍杀事件多发生在白天的公共场所,歹徒所持刀斧通常为市面常见的菜刀、尖刀、砍刀等,发生时间短,容易造成人群恐慌。这就要求巡逻警察和事发周边安保人员面对危情要快速反应,疏散人群,制止犯罪,在保证自身安全的前提下尽可能减少现场人群的伤亡与损失,并且呼叫救援。

(二)协同配合

暴力砍杀事件应急处置强调警情联动,战术配合。驻地警员和事发周边安保人员作为第一响应人员,应采取紧急报警、人群疏散、控制事态等先期处置措施,后续增援警力接令后迅速集结,携带警械、武器快速赶赴现场。根据暴力砍杀事件现场空间不大、多近距离对抗的特点,处置人员之间应协同配合,灵活调整攻、守战术,多采用盾牌、长棍及抓捕器等器械实施近距离攻防战术。

(三)依法处置

针对公共场所持刀斧暴力砍杀等极端暴力行为,警察在现场处置时,必须依法使用警械与武器。

二、暴力砍杀事件应急处置的程序和方法

(一)现场评估和紧急报警

准确的现场评估对快速、准确、有效地处置起着至关重要的作用。暴力砍杀事件一旦发生,离事发现场最近的警察或安保人员要对现场情况进行情势评估,做好进场处置准备。要通过现场观察或询问从中心现场逃出的群众等方式,快速了解歹徒的体貌特征、人数、使用工具、袭击对象及可能出现的后果等情况。与此同时要快速报警和报告上级情况,请求支援,也可用对讲机呼喊附近警力或安保人员过来增援,尽早到达处置人数、装备上的优势。

(二)快速安全进入中心现场

暴力砍杀事件发生突然,处置时间紧迫,要求处置人员快速进入中心现场,进入越快,伤亡的群众会越少。暴力砍杀事件中心现场往往已经发生暴力袭击,出现伤亡情况,现场群众大量向外冲跑,现场非常嘈杂,情况十分危急。而处置人员由外向内进入中心现场,

与外逃人群会形成对冲,前进极易受阻,所以先期处置人员应尽量避免与外逃主流人群形成正面对撞,走人群两侧或沿墙(柱)体方式进入现场。事发区域安保人员要发挥熟悉环境的优势,带领警察选择便捷入口进入中心现场。

在进入中心现场之前,警察要快速检查自己随身携带的武器装备,安保人员要检查携带橡胶棍、盾牌和钢叉等。如果没有携带武器装备或现有装备不足以处置此类事件,要立即就地取材,在附近区域寻找棍棒、灭火器或其他钝器等工具,万不可赤手空拳进场处置。

(三)剥离、疏散群众和果断处置歹徒

先期处置的警察进入中心现场后一般会正面对接歹徒,这时首先要剥离现场群众,防止在使用武器、警械时造成误伤。安保人员利用现场环境熟悉的优势,迅速带领或引导人群逃离现场。对正在施暴的歹徒时要果断处置,根据现场地形找好掩体,利用人数和地形优势展开控制措施。注意,警察在处置中要谨慎使用武器,因为在人群密集场所一旦出现流弹、跳弹误伤群众,后果十分严重。群众完全剥离后,在中心现场只有处置警察和歹徒的情况下,利用小组处置战术和技能,在法律允许的情况下,大胆使用武器控制。

(四)抢救伤员和后期处置

歹徒一旦控制后,要立即抢救现场受伤人员,采取紧急的止血包扎、固定等急救技术实施现场救护,给予受伤人员必要的心理安抚,同时通知医疗机构到达现场。在现场急救的同时要注意对现场证据,如歹徒在施暴过程中散落的衣物、鞋子和犯罪工具的固定和保护,非必要不要随意踩踏现场,为刑侦专业人员现场勘查保护好原始现场。领导或专业处置人员到达现场后,先期处置人员要主动对接,并汇报现场处置情况。

知识链接

歹徒持砍刀攻击的防范

普通公民在公共场所遇到暴力恐怖袭击时,要坚持"一跑,二躲,三反击"的防御策略。对于持械袭击,在跑不掉、躲不开时要选择勇敢反击。持械攻击路线通常为上下劈砍或斜下方劈砍。以右手持刀为例,运行路线为右上至左下,防范重点是躲至左前方向下位置、向后退、近身/俯身抱腿(趁其重心不稳推倒)。

技巧一:可用衣物在体前做左右迅速挥动,干扰袭击,尽量往凶器上缠绕,争取把刀棍弹落。

技巧二:伺机反击时可用拳击打对方咽部、鼻部,或用手戳其眼部,用硬质物品(如矿泉水或者手包)击打效果更好。

技巧三:砍刀将要落下,又无处躲避时,可以屈臂护头,迎面主动迅速贴近袭击者(越贴近袭击者,越能避开刀锋),设法与其缠抱在一起,用肩部顶住歹徒腋下,使其不能发力,也可下潜(越低越好)抱住歹徒双腿用力回拉,出其不意将其摔倒。无法贴近歹徒时,可略向后退一步,等袭击落空,尚未发起第二次袭击时,迅速屈臂护头,迎面贴近歹徒,纠缠得越紧,越有可能化解危机。

项目实训

实训案例：

一日，某商场接到恐吓电话，来电人声称在该商场内某处安放一炸弹，若商场不在 2 h 内向指定账户汇入 20 万元，将引爆炸弹。这时物业部经理称，保洁员在三楼消防通道防滑指示牌下发现一黑色塑料袋。

实训内容：

以此案例为蓝本编写相应的匿名威胁爆炸现场先期处置方案，并采用角色扮演法分组进行模拟演练，重点掌握威胁爆炸现场先期处置流程和方法。

实训实施：

(1) 学生 5～6 人为一组，分别担任商场经理（接匿名威胁电话）、保卫科长、保洁员、消防员、保安员等角色（根据不同类型的恐怖袭击事件，视情而定）。

(2) 根据本任务所学内容，编写涉爆事件的应急处置方案。

(3) 每组学生按照所编写的应急处置方案反复进行演练，逐步完善演练效果。

(4) 每组学生依据最终确定的演练方案，进行汇报演练。

(5) 教师对各小组的汇报演练进行评估，指出演练中存在的问题，并加以讨论（评估规则包括编写思路、内容完整度、方案操作性和汇报质量）。

思考练习

(1) 涉爆事件应急处置的原则是什么？

(2) 已爆现场、可疑爆炸物现场、匿名威胁爆炸现场处置的方法各是什么？

(3) 暴力砍杀事件应急处置的程序和方法是什么？

项目十 群体性事件应急处置

学习目标

(1) 了解群体性上访事件的类型和特点。
(2) 掌握群体性上访事件的应急准备和处置。
(3) 了解网络群体性事件的类型和特点。
(4) 掌握网络群体性事件的应急处置。

素养提升

通过案例讨论、视频观摩等方式学习群体性事件应急处置知识和技能,坚守群体性事件应急处置坚持党委领导、依法处置的原则。

任务一 群体性上访事件处置

任务导入

旅游上访投诉案

某日,某市市场监督管理局接到旅游局办公室电话通知,一批游客在市政府集体上访投诉,要求派员处理。接到电话后,该局立即启动突发事件应急预案,相关人员火速赶赴现场。与此同时,市相关领导、旅游局分管领导等也相继赶到现场。经现场初步了解,近两百名游客因住宿等问题与某旅行社多次交涉未果,于是集体到市政府上访投诉。市领导当即决定:尽快疏散人员;确保安排好当晚的住宿和吃饭问题;旅游局的领导跟踪指导解决此事;当事旅行社要查明原因,写出报告报旅游局。随后,旅游局局长亲自与游客代表进行协商,并达成按约定标准更换酒店的协议。游客得到明确的答复后非常高兴,马上离开了市政府。次日,市场监督管理局领导对游客进行了走访和质量跟踪。游客对旅行社的后续安排比较满意,还高度评价了市场监督管理局的办事效率、工作作风。事件平息后,经过深入调查,根据相关法律法规,市场监督管理局对不守诚信、违反相关规定的旅行社给予了停业整顿三个月的处理。

> 群体性上访事件是指某些利益一致的群体或团体,在其利益受损或得不到满足时,为实现其共同利益,有组织地到政府部门上访的行为。群体性上访事件是在社会变革、体制转型、利益冲突、观念碰撞的背景下,产生、蔓延和发展变化的一种社会现象,是社会矛盾的一种集中反映。

一、群体性上访事件的类型

从发生动因来看,群体性上访事件可分为以下类型:

(一)土地征用、拆迁纠纷类群体性上访事件

因土地征用、拆迁问题而引发的群体性上访事件是影响当前社会稳定的一个突出问题,在部分地区此类上访事件位列各类群体性上访事件的首位。随着城市化进程的推进,农村土地特别是城郊农业用地被大量征用为建设用地,部分土地征用补偿、征地后劳动力就业及安置等问题的相关政策不配套、不透明,影响被征地者的切身利益,从而引发群体性上访事件。

(二)企业转制改制纠纷类群体性上访事件

随着国有企业改革的深入,在提高劳动生产率和精减人员的同时,企业富余人员增加,使得下岗失业人员逐年增多。一些破产、转制、改制的国有企业对职工安置问题缺乏有效的措施,从而损害了职工的切身利益,引发群体性上访事件。

(三)劳资纠纷类群体性上访事件

在社会转型过程中,随着公民权利意识的觉醒,由欠薪、低薪及其他劳动权益纠纷引起的矛盾和冲突已成为当前不容忽视的一种人民内部矛盾。如因企业拖欠职工工资,被辞退的残疾职工要求解决救助问题,离厂职工要求解决其在厂劳动期间的养老金等问题引发群体性上访事件。

(四)农村基层组织民主管理问题类群体性上访事件

在一些农村地区,村委会换届选举不规范,村级财务管理不透明,个别基层组织的管理者文化水平低,在依法行政和民主决策上往往有失水准,又缺少必要的政策指导,从而引发群体性上访事件。

(五)环境污染纠纷类群体性上访事件

近年来,随着我国经济的快速发展,环境问题日益突出,饮用水源污染、大气烟尘污染、噪声超标等严重危害人民群众身心健康和日常生活,因环境污染引发群体性上访事件。

(六)建设施工纠纷类群体性上访事件

当前,随着社会文明程度的提高及公民对生活质量的追求,公民的法制意识越来越强,因工程施工给周围居民生活、生产和居住房屋带来影响而引发的群体性上访越来越

多,这是一种值得重视的新类型事件。

(七)决策变动类群体性上访事件

政府某些政策变动缺乏民主参与和充分论证,或在推行前缺乏充分的说明,使得某些公民不知情、不理解,或使其自身利益受损,产生不满情绪和抵触情绪,引发群体性上访事件。

(八)涉法涉诉类群体性上访事件

司法程序被群众认为是解决问题的最后一道关口。当前,随着法治建设的全面推进,社会转型、经济发展等引起利益格局变化,导致一些涉及多方利益的复杂社会矛盾迅速地向司法信访领域传导,尤其在涉及非法吸收公众存款及拆迁安置等领域,容易出现群体性上访事件,给法院、检察机关带来相当大的工作压力。

(九)其他类群体性上访事件

交通事故和意外事件造成人员伤亡导致的赔偿纠纷酿成的群体性上访事件在一些地方时有发生。还有历史遗留问题导致的部分社会特殊群体陷入生活困境而引发的群体性上访事件也值得关注。

二、群体性上访事件的特点

近年来,群体性上访事件在总量急剧增加的同时,单次规模也在不断扩大,持续时间越来越长,程度越来越激烈。动辄百人以上的群体性上访事件时有发生。除此以外,群体性上访事件还有以下特点:

(一)参与主体的多元性和附和性

当前利益主体成分日益复杂化,牵涉面越来越广,各个群体都具有不同的利益要求和群体意识,参与主体具有阶层多、层次多、成分多的特点。从参与主体的构成来看,参与主体包括农民、工人、居民、下岗失业人员、企业退休人员等,其中尤以农民群体性上访事件突出。同时反映的问题往往涉及多人的利益,很容易引起一些群众的支持和参与,容易形成少数人组织、多数人追从的情况。

(二)组织的明确性和隐蔽性

多数集体上访人群都有组织者,有明确的上访目的和分工,如有的联络上访人,有的搜集被控告、被举报人的问题和罪证,有的筹集上访专用资金等。同时,这些人行动秘密,在背后进行策划、领导和操纵,他们不动声色,暗地出主意、提要求,掌控事态进程。

(三)情绪的互动性和行为的偏激性

群体性上访人员多因共同的利益而聚集在一起,他们提出的要求多数是合情合理的,在上访过程中,他们内心怀着对社会现实或某一事件的不满情绪,当这一情绪受到外界某些因素影响或当其意愿和要求得不到满足时,情绪极易产生偏激,出现围堵、谩骂、殴打处置人员的情况,有时甚至会出现打、砸、抢、烧、冲重要目标及破坏公共设施等暴力事件。

(四)上访形态的越级性和重复性

这个特点尤以农村群体性上访事件为突出。由于农村信访牵涉各方利益,一些基层政府官员面对问题相互扯皮,农民问题在基层得不到解决,势必产生越级上访现象。当然,有的也是因一些农民文化程度较低,对政府工作程序不了解,对基层干部误解多,易产生越级上访。由于农村存在的腐败、作风粗暴等有关问题,农民自身利益受到一定的损害,或某种愿望、某种要求得不到解决和满足,重复上访的现象呈上升趋势。

(五)问题解决的复杂性

群体性上访事件反映的内容往往广泛,时间跨度也很长,加之一些集体上访问题明显带有自发组织性或群体利益倾向性,所以给调查处理带来很大的困难,很难由一个部门、一个单位研究解决,往往需要主要领导出面,协调多个部门联合解决,而且短时间内很难完成。

三、群体性上访事件的应急准备

(一)信息情报搜集和分析

信息情报工作是群体性事件处置工作的前提和基础。从一定意义上讲,群体性事件的处置过程就是信息转换的过程,即信息不断地被搜集、传递、加工、处理和使用的过程。

1. 群体性上访事件信息范围

(1)社情民意、社会动态,特别是某些重大决策、政策出台,重大事件的社会反映,社会各阶层的意见等。

(2)可能引发重大事件、酝酿成风潮的苗头性、倾向性问题,如抢购商品、挤兑现款、股市涨落、大型企业裁员等。

(3)社会热点问题,如市场物价、社会治安、腐败现象等。

(4)境内外敌对势力渗透破坏的活动动态。

(5)重大事故和严重自然灾害及可能由此引发的群众性事件等。

总之,群体性上访事件信息范围包括社会生活的各个方面,特别是对一些重大的改革举措,应急部门一定要认真研究,做到提前预判,提高处置能力。

2. 群体性上访事件信息搜集的方法与渠道

根据群体性上访事件的特点,信息情报的搜集可采用以下方法:通过党政部门设立的公开的举报、监督热线、网络进行搜集;通过社会治安信息搜集处理系统进行搜集,如110报警系统;通过社会调查进行搜集;依靠基层组织如派出所、治保组织、居委会进行搜集;通过秘密力量进行搜集;通过与社会有关部门的横向联系与交流进行搜集。

3. 群体性上访事件信息的处理

信息情报的处理就是对有关信息进行选择、分类、比较、合成、分析和加工管理,使之成为信息成品,供领导决策使用。对群体性上访事件的信息情报处理的要求:准确、及时、系统、适用;提高信息的密集度,降低多余度和模糊度;规范化。信息的处理程序:受理情况报告后,先核实主要情节,对主要情节一时弄不清的,要一边报告一边核实,并及时续报核实情况;对信息情报进行筛选、分类处理;对重要的信息情报,判明性质随时上报,对一般信息,迅速通报有关部门处理。

(二)应急预案编制和完善

1. 工作原则

制定工作预案,首先必须明确工作处置原则。群体性上访事件处置应坚持"以人为本,预防为主;统一领导,分级负责;条块结合、资源整合;快速反应,注重实效;慎用警力、依法处置"的原则。这是参与处置的党政部门、处置人员都必须遵循的行为准则,直接关系到处置工作的成败。

2. 组织指挥及职责

群体性上访事件应急工作组织由处置群体性上访事件应急指挥部(上访工作领导小组)统一领导,指挥部下设若干工作组。

(1)应急指挥部及职责

在党委、政府领导下,设立应急指挥部,统一领导处置群体性上访事件。负责研究决定应急处置方案;统一组织、指挥、调度和协调相关单位的人员、资金等重大事项;传达贯彻主要领导对处置工作的指示;根据现场情况,研究处置对策并组织实施;协调涉访单位工作组到现场做工作;开展现场协调、秩序维护、接访对话、劝阻劝返和后勤保障等工作。

(2)综合协调组及职责

应急指挥部下设办公室,为综合协调机构,设在党政办,由党政办主任兼任办公室主任。负责收集、整理、上报信息;提出召开协调会办会建议;制订处置工作的初步方案;传达领导小组指令,通知相关单位工作组到现场做工作;与相关人员保持联系,协助现场处置工作;处理领导小组交办的其他事项。

(3)现场协调和秩序维护组及职责

由当地政法委、公安、武警、交警、消防等相关单位组成。负责现场工作的协调、秩序维护、人员调配、道路交通疏导管制、情报信息掌握、法治宣传教育等工作。

(4)接访对话组

由当地信访局和市直有关部门的主要负责人及各部门分管股(室)负责人组成。负责根据上访规模和处置难度等确定接谈对话规格。根据有关政策解答上访人的问题,与上访代表对话,耐心疏导,稳定情绪。

(5)劝阻劝返组

由当地信访、交通、公安、法院、检察院及其他相关部门组成。负责对上访人员的劝阻、劝返,在汽车站、火车站及主要交通路口等设立劝阻站,防止上访人进京赴省到市上访滋事。

(6)后勤保障组

由当地信访、财政、卫生、维稳办组成。负责联系接访场地和交通车辆,为上访人提供必要的食物、饮水、医疗救助等服务。

3. 分级响应

根据危害程度和事态发展趋势,群体性上访事件分为一般(Ⅳ级)、较大(Ⅲ级)、重大(Ⅱ级)、特别重大(Ⅰ级)四级。初判发生群体性上访事件,由相应事件等级应急指挥部指挥长启动应急预案,相应责任单位(部门)负责开展应急处置工作,同时做好信息报送工作。

> **知识链接**
>
> **某机关群体性上访事件应急处置预案中的分级标准**
>
> 1.一般(Ⅳ级)
>
> 符合下列条件之一:
>
> (1)一次性参加人数为6~19人,静坐、打地铺、拉横幅、堵门、堵电梯,影响办公秩序,扰乱正常生活。
>
> (2)采取穿"状衣"、跪拜等个人极端行为。
>
> 2.较大(Ⅲ级)
>
> 符合下列条件之一:
>
> (1)一次性参加人数为20~49人,静坐、打地铺、拉横幅、堵门、堵电梯,影响办公秩序,扰乱正常生活。
>
> (2)与工作人员发生肢体冲突,造成人员受伤。
>
> (3)未经批准擅自进行游行、集会、绝食等行为,影响办公秩序和扰乱正常生活。
>
> 3.重大(Ⅱ级)
>
> 符合下列条件之一:
>
> (1)一次性参加人数为50~99人,静坐、打地铺、拉横幅、堵门、堵电梯,影响办公秩序,扰乱正常生活。
>
> (2)与工作人员发生肢体冲突,造成3人以上、10人以下受伤,可能造成人员死亡的群体性上访事件。
>
> (3)冲击、围攻机关或信访接待处,干扰机关食堂正常经营,发生打、砸、抢、烧事件。
>
> 4.特别重大(Ⅰ级)
>
> 符合下列条件之一:
>
> (1)一次性参加人数为100人以上,静坐、打地铺、拉横幅、堵门、堵电梯,严重影响办公秩序,严重扰乱正常生活。
>
> (2)与工作人员发生肢体冲突,造成人员死亡或10人以上受伤。
>
> (3)冲击、围攻机关或信访接待处,干扰机关食堂正常经营,发生打、砸、抢、烧事件,严重影响机关办公秩序,严重扰乱正常生活。

4.应急处置措施和方法

群体性上访事件现场应急处置工作要谨慎对待、科学应对。应针对不同性质、不同类型的事件及其发展不同阶段情况确定相应的具体处置措施,并且规定采用各种措施的程序和范围。

5.纪律要求

应急预案要就参加处置工作的所有单位和人员的纪律作风做出严格的规定,做到工作要求具体,纪律作风严明。严禁擅离职守和违反政策纪律的现象发生。

在应急预案制定之后,要编制更细致,更有针对性、实战性的方案并加强演练,使之真正在处置工作中发挥作用。

(三)加强涉访法律法规学习

1.《信访工作条例》的内容

第十八条规定,各级机关、单位应当向社会公布网络信访渠道、通信地址、咨询投诉电话、信访接待的时间和地点、查询信访事项处理进展以及结果的方式等相关事项,在其信访接待场所或者网站公布与信访工作有关的党内法规和法律、法规、规章,信访事项的处理程序,以及其他为信访人提供便利的相关事项。各级机关、单位领导干部应当阅办群众来信和网上信访、定期接待群众来访、定期下访,包案化解群众反映强烈的突出问题。市、县级党委和政府应当建立和完善联合接访工作机制,根据工作需要组织有关机关、单位联合接待,一站式解决信访问题。任何组织和个人不得打击报复信访人。

第二十八条规定,各级机关、单位及其工作人员办理信访事项,应当恪尽职守、秉公办事,查明事实、分清责任,加强教育疏导,及时妥善处理,不得推诿、敷衍、拖延。

第四十七条规定,信访人违反本条例第二十条、第二十六条规定的,有关机关、单位工作人员应当对其进行劝阻、批评或者教育。信访人滋事扰序、缠访闹访情节严重,构成违反治安管理行为的,或者违反集会游行示威相关法律法规的,由公安机关依法采取必要的现场处置措施,给予治安管理处罚;构成犯罪的,依法追究刑事责任。信访人捏造歪曲事实、诬告陷害他人,构成违反治安管理行为的,依法给予治安管理处罚;构成犯罪的,依法追究刑事责任。

第二十六条规定,信访人在信访过程中应当遵守法律、法规,不得损害国家、社会、集体的利益和其他公民的合法权利,自觉维护社会公共秩序和信访秩序,不得有下列行为:在机关、单位办公场所周围、公共场所非法聚集,围堵、冲击机关、单位,拦截公务车辆,或者堵塞、阻断交通;携带危险物品、管制器具;侮辱、殴打、威胁机关、单位工作人员,非法限制他人人身自由,或者毁坏财物;在信访接待场所滞留、滋事,或者将生活不能自理的人弃留在信访接待场所;煽动、串联、胁迫、以财物诱使、幕后操纵他人信访,或者以信访为名借机敛财;其他扰乱公共秩序、妨害国家和公共安全的行为。

2.《人民警察法》的内容

第十六条规定,人民武装警察部队参与处置动乱、暴乱、骚乱、非法聚集事件、群体性事件等突发事件,主要担负下列任务:保卫重要目标安全;封锁、控制有关场所和道路;实施隔离、疏导、带离、驱散行动,制止违法犯罪行为;营救和救护受困人员;武装巡逻,协助开展群众工作,恢复社会秩序。

第十九条规定,人民武装警察执行任务时,可以依法对聚众扰乱社会治安秩序、危及公民人身财产安全、危害公共安全或者执勤目标安全的,采取必要措施予以制止、带离、驱散。

第二十二条规定,人民武装警察执行执勤、处置突发社会安全事件、防范和处置恐怖活动任务使用警械和武器,依照人民警察使用警械和武器的规定以及其他有关法律、法规的规定执行。

3.《集会游行示威法》的内容

第二十八条规定,举行集会、游行、示威,有违反治安管理行为的,依照治安管理处罚条例有关规定予以处罚。举行集会、游行、示威,有下列情形之一的,公安机关可以对其负责人和直接责任人员处以警告或者十五日以下拘留:未依照本法规定申请或者申请未获许可的;未按照主管机关许可的目的、方式、标语、口号、起止时间、地点、路线进行,不听制止的。

4.《治安管理处罚法》的内容

第二十三条规定,有下列行为之一的,处警告或者二百元以下罚款;情节较重的,处五日以上十日以下拘留,可以并处五百元以下罚款:扰乱机关、团体、企业、事业单位秩序,致使工作、生产、营业、医疗、教学、科研不能正常进行,尚未造成严重损失的;扰乱车站、港口、码头、机场、商场、公园、展览馆或者其他公共场所秩序的……

第五十条规定,有下列行为之一的,处警告或者二百元以下罚款;情节严重的,处五日以上十日以下拘留,可以并处五百元以下罚款:拒不执行人民政府在紧急状态情况下依法发布的决定、命令的;阻碍国家机关工作人员依法执行职务的;阻碍执行紧急任务的消防车、救护车、工程抢险车、警车等车辆通行的;强行冲闯公安机关设置的警戒带、警戒区的。

5.《刑法》的内容

第二百九十条规定,聚众冲击国家机关,致使国家机关工作无法进行,造成严重损失的,对首要分子,处五年以上十年以下有期徒刑;对其他积极参加的,处五年以下有期徒刑、拘役、管制或者剥夺政治权利。多次扰乱国家机关工作秩序,经行政处罚后仍不改正,造成严重后果的,处三年以下有期徒刑、拘役或者管制。多次组织、资助他人非法聚集,扰乱社会秩序,情节严重的,依照前款的规定处罚。

第二百九十六条规定,举行集会、游行、示威,未依照法律规定申请或者申请未获许可,或者未按照主管机关许可的起止时间、地点、路线进行,又拒不服从解散命令,严重破坏社会秩序的,对集会、游行、示威的负责人和直接责任人员,处五年以下有期徒刑、拘役、管制或者剥夺政治权利。

第二百九十七条规定,违反法律规定,携带武器、管制刀具或者爆炸物参加集会、游行、示威的,处三年以下有期徒刑、拘役、管制或者剥夺政治权利。

四、群体性上访事件的应急处置

(一)现场处置程序

1. 预案启动

信访部门在接到群体性上访事件报告后,应详细了解上访情况,评估等级,上报应急指挥部,由应急指挥部决定是否启动应急预案。

2. 前期处置

大规模群体性上访事件发生后,信访、公安部门和政法委应立即派人赶到现场。由群体性上访事件应急指挥部设立现场指挥部,临时负责现场应急指挥工作。

3. 现场处置基本措施

现场指挥部成立后,根据情况立即制订现场处置具体方案并迅速采取处置行动。

(1)迅速划定警戒区域,对交通进行管制。

(2)迅速疏散围观群众,维护现场秩序。

(3)迅速调集消防、医疗救护车辆。

(4)对现场进行监控,防范和果断处置过激行为及意外事故。

(5)迅速提供饮水、食品及转移车辆。

(6)采取法律、法规、规章和本预案规定的其他措施。

4. 协同配合

在处置过程中,各相关应急部门要加强沟通和联系,听从指挥,密切配合,相互协调,形成合力,现场指挥部有权征用、调用社会资源。

5. 后期处理

(1)现场协调和秩序维护组、后勤保障组要组织人员进行现场清理。

(2)卫生部门要做好现场消毒,控制疫病传染、流行。

(3)有关县、市、区和责任单位工作组要备足车辆,安排工作力量,负责安全护送上访人员返回当地。

(4)有关县、市、区政府和责任单位要认真落实市里的处理要求,积极做好善后工作。

(二)应急处置策略

处理群体性上访事件,要因时而异,因势制宜,抓住关键,牢牢把握以下几点:

1. 坚持在地方党委、政府统一领导下协同处置

群体性上访事件是多种力量的协同行动,在处置过程中必须在地方党委和政府的统一领导下进行,要积极主动地与政府部门、公安机关及信访部门密切配合,共同完成处置任务,既要展示武警部队强大的军事威慑力,又要发挥公安机关和信访部门熟悉情况、群众联系密切的优势,相互协同配合,使事件得到妥善处理。

2. 正确区分两类不同性质矛盾,区别对待

由于群体性上访事件中群众的要求多数是合理的,因此在处置中应坚持"宜疏不宜堵、宜散不宜聚、宜顺不宜激、宜解不宜结"的原则,通常情况下由地方领导出面做好教育疏导工作,宣传、解释有关法律、法规和现行政策,坚持以疏导、教育、劝离为主,做到矛盾不激化、人员不滞留、事态不失控。武警部队可以集结待命,一般不参与,防止矛盾激化。但是,对打、砸、抢、烧、杀,冲击重要目标,堵塞交通或殴打政府工作员等恶性闹事事件,不管起因有无合理成分,都要旗帜鲜明地及时进行制止,依法果断处置。

3. 慎用兵力,慎用武器、警械

群体性上访事件属于人民内部矛盾,在处置过程当中,兵力的投入、武器警械的使用必须慎之又慎,能不正面参与的尽量不正面参与,能不使用武器、警械的尽量不使用,事态需要必须使用武器、警械的,要严格控制武器、警械使用的种类、数量、范围和程度,避免矛盾进一步激化,使闹事组织者抓不到进一步挑衅和扩大事态的任何把柄。

4. 尊重群众,力举"三面旗帜"

在处置群体性上访事件中要始终高举"维护法制、维护社会稳定、维护人民利益"的

"三面旗帜",并贯穿于处置行动的始终。在处置过程当中要充分尊重群众,文明处置,对待上访群众,一方面要在地方党委的统一领导下,积极做好宣传疏导工作;另一方面,要相信群众,尊重群众的民主权利,加强宣传,力所能及地为群众排忧解难,以实际行动感化上访群众,取得他们的理解和信任,避免态度蛮横,以势压人,授人以柄,激化矛盾。

任务二　网络群体性事件处置

任务导入

我国网民数量与网络群体性事件剧增

根据中国互联网络信息中心 2024 年 3 月发布的第 53 次《中国互联网络发展状况统计报告》,截至 2023 年 12 月,我国网民规模达 10.92 亿人,其中使用手机上网的比例为 99.9%。据《中国青年报》2021 年针对全国 2397 名高校大学生的调查显示,超过 7 成的受访者自认受到过网络暴力影响。网络暴力事件是网络群体性事件中一种极端表现形式。

随着互联网的发展,越来越多的人选择通过网络表达个人对社会热点事件的看法,网民的这些"话语"影响着社会热点事件的舆情走向。网络群体性事件是指由某些社会问题或社会矛盾引发,网民群体集中围绕某一主题,以网络聚集的方式制造社会舆论,触发社会行动,并对网内、网外社会秩序和社会稳定造成重大影响的事件。网络群体性事件属于群体性事件的一种新形态。网络群体性事件的负面影响危害大,小则对公民权益保障、社会秩序稳定,大到国家安全都有潜在或现实的危害。

一、网络群体性事件的类型

(一)现实与虚拟并存型网络群体性事件

这类事件先是现实社会生活中出现小规模群体性抗议,相关利益方把相关情况散布到互联网上,遂引起更多人关注,形成网上声援,助推事件在线下现实生活中向大规模、公共性方向发展,且两个事件互相"感染",增加了事件对抗性,如 2008 年重庆等地出租车罢运事件。

(二)现实诱发型网络群体性事件

这类事件往往是现实中偶发的单一性事件,引发网民持续热议,纷纷表达愤慨,谴责事件后果严重性、当事人的恶劣性,要求政府相关部门出面制止,但现实社会并没有发生群体性对抗,而仅仅是网民在网上形成了强大的"表达对抗",如 2022 年 6 月唐山烧烤店打人事件。

（三）现实诱发网内、网外变异型群体性事件

这类事件是由现实生活中的事件引发网络广泛关注，继而引发大规模网络群体性事件，并出现"人肉搜索"事态，进而出现网民线下聚集，到事件中的当事人住处或单位抗议，最终引发现实群体性事件或当事人自杀等严重后果，一般称为网暴事件。如 2023 年 6 月在武汉某小学交通事故中，遇难小学生母亲不堪部分网民攻击而选择跳楼自杀事件。

二、网络群体性事件的特点

（一）传播扩散性强

在网络上，一旦出现"刺激"网民神经的社会热点问题，就会短时间内通过等社交媒体迅速传播，不受地域和时间的限制。

（二）易出现群体极化现象

由于网络具有匿名性，网民不需要为自己在网络上的非理性行为承担责任，很多人的行为有明显的群体娱乐特征，加之人们普遍有从众倾向，在不知不觉中把原有的观点推向极端。当某一群体的合法权益受到威胁或损害时，利益相关群体会积极行动起来。这时候如果群体利益表达的合法渠道不畅或受到压制，行动者就会采取更加极端、非法甚至暴力的行为。

（三）现实的联动性强

网络关注来自现实社会，又影响社会事件发展。虽然网民行为发生在虚拟空间，但不可能超然于现实，网络行为是现实生活在网络中的投射，网民的许多言论、行为、状态都直接受现实人的影响，因此，一些网络群体性事件往往直接引发现实社会的群体性事件。

（四）意见领袖作用明显

意见领袖是在团队中构成信息和影响的重要来源，并能左右多数人态度倾向的少数人。在网络空间，意见领袖在网络舆情生成、发展历程中发挥着启动者、组织者和引导者的作用。在意见领袖未产生前，普通网民的浏览具有随意性，信息的扩散速度和范围相对较慢。一旦意见领袖产生，他在网络上发言的分量和效果很大，普通网民被所谓的权威和信任折服，盲从跟风意见领袖，进而采取实际行动。

（五）根源的现实性

现实中看似简单的事件引爆网民关注度，形成网络舆情的聚焦点，其根源是深刻的社会矛盾。在社会转型期，社会阶层和利益团体的重构，如政府公信力下降、贫富分化严重等社会问题激增，易引发网络矛盾。

（六）处置难度大

参与网络群体性事件的主体成分复杂，常来自不同地区，属于不同群体，这加大了网络群体性事件的监控难度和治理难度。同时与传统突发事件相比，网络群体性事件处置中，基层党组织"进不去"，思想政治工作"进不去"，公安等国家强制力"进不去"，且网络虚

拟空间没有属地划分,而各地公安网监部门又遵循属地管理原则,这些都无疑加大了监控和处置难度。

三、网络群体性事件的应急预防和准备

网络互联沟通性强,信息传播速度极快且信息量巨大,这就要求相关部门要加强网络舆情防范和准备工作。

(一)网络舆情监测

网络舆情监测主要包括网络舆情监测体系建立,网络舆情信息的搜集、研判和预警。

1. 网络舆情监测体系建立

网络舆情信息搜集是网络舆情监测的第一步。在搜集之前,相关部门应建立网络舆情监测体系,厘清网络舆情监测的重要因子和临界值。应该说,直接或间接关乎民生和社会公平和正义的信息都是监测重点,如公众对现有公共政策的满意度,与个人收入、生活质量和社会保障等有关的利益诉求,反映群体心态的价值取向等指标体系。网络舆情监测体系是网络舆情信息搜集、研判和预警的基础,支撑网络舆情监测全过程。

2. 网络舆情信息的搜集

搜集网络舆情信息要充分利用现代网络技术,与传统搜集方法相比,大数据应用技术的便利性主要体现在从互联网的海量信息当中进行数据挖掘、收集、清洗和存储,从中获取有价值的舆情信息。例如,运用分布式的信息抓取和处理等方式,对舆情信息进行有效的处理。还可以加强网络巡查工作,及时发现有价值的舆情信息,重点关注主要的社交媒体平台和其中的意见领袖,如微博、贴吧及一些高浏览量的论坛等。

3. 网络舆情信息的研判

网络舆情信息的研判主要是对搜集到的信息进行归类处理和数据挖掘,提取出有效的关键词,形成需要的舆情信息。通过大数据技术和人脑分析,紧密结合热点难点和敏感问题,准确评价信息的关注程度、具体评价、传播范围和受众人群等因素、评判风险危害程度和事件发生概率。为此研判人员要加强业务技能训练,增强信息敏锐度和分析研判能力。

4. 网络舆情信息的预警

通过网络舆情信息的分析和研判,相关部门和人员应敏锐觉察出突发事件的征兆和苗头,确保各类事故隐患控制在视线之内,掌握在预料之中,化解在萌芽状态。它需要在准确预测发生群体性事件概率的基础上,快速回应公众诉求,向相关部门发出预警信号,及时向社会发布真实信息和准备启动应急预案。

(二)建立快速联动处置机制

1. 建立多部门预防联动机制

加强网络监管部门与公安机关之间的联动互助,实现实时、直接的信息通报,及时、有效回应网络群体性事件涉及的民众利益诉求,形成网格化、闭环式管理控制。

2. 成立事件处置联合指挥机构

组织召开形势分析会,及时修订和完善预案,做到组织指挥关系、警力调配、职责分

工、基本战术、处置措施和工作要求明确,以确保对网络群体性事件的快速反应。

四、网络群体性事件的应急处置

(一)网络舆情的引导

网络舆情的引导是网络群体性事件即将发生或已经发生时,相关部门和领导在全面掌控网络舆情的基础上,采取快速回应舆论焦点,发挥正面舆论导向功能,以达到延缓或平息事态目的的一种正面主动应对危机措施。开辟政府与网民的网络互动渠道,是信息时代政府及时了解和引导网络舆论的基础。网络舆情的引导可由党政宣传部门具体负责,应及时回应社会关切,迅速抢占网络舆论阵地制高点。网络舆情的引导要及时跟进,宜疏不宜堵,紧密结合网络舆情暴露出来的倾向性问题采取相应对策,通过建立新闻发言人制度、党政领导答记者问、适时澄清网络谣言、制止不良信息的传播等方法占领网络话语权的制高点。

(二)负面舆情管控措施

构建网络群体性事件防控体系,采取负面舆情临时管控措施是应对网络群体性事件的有效之举。通常运用信息过滤、强行屏蔽有害信息、暂时切断网络连接、删除有害信息、舆情引导、主动回应公众诉求、IP地址监测和跟踪等网络管理措施限制社会危害性较大的有害信息传播,如对专门从事网络舆论挑拨的境外敌对势力 IP 账号予以管制,对传播造成恶劣社会影响的网络谣言主体要求删帖并依法予以处理。

(三)依法严惩少数违法者

当部分网民肆意传播网络谣言并造成不良社会影响,或者实施网络暴力,如人肉搜索、网络诽谤、网络侮辱、泄露他人隐私等情况时,公安机关应立即跟进处理,收集相关证据,依法查办违法者,以维护公民个人合法权益不受侵害。

项目实训

实训案例:

选取一个群体性事件视频或案例。

实训内容:

采用角色扮演法,模拟群体性事件中闹事者和处置人身份,开展群体性事件现场处置方案制作并演练,掌握群体性事件应急处置的程序和策略。

实训实施:

(1)学生分组、分角色扮演群体性事件处置体系中的指挥、综合协调、现场协调、秩序维护、接访对话、劝阻劝返、后勤保障等职责的人员及闹事者。

(2)观看视频或学习案例,了解事件起因、发展。

(3)停止观看和学习,以案例为背景,小组为单位编制应急方案。

(4)按照所编写的应急方案反复进行演练,逐步完善演练效果。

(5)继续观看视频或学习案例后续处理措施,对本组方案进行修订。

(6)每组依据最终确定的演练方案,进行桌面汇报演练。

(7)教师对各小组的汇报演练进行评估,指出演练中存在的问题,并加以讨论(评估规则包括编写思路、内容完整度、方案操作性和汇报质量)。

思考练习

(1)群体性上访事件应急处置应遵循哪些原则?

(2)群体性上访事件应急处置的程序和策略是什么?

(3)网络群体性事件的应急处置的方法是什么?

项目十一 大型活动突发事件处置

学习目标

(1) 了解球迷闹事事件、拥挤踩踏事件的特点。
(2) 掌握球迷闹事事件、拥挤踩踏事件的应急准备和防范工作。
(3) 掌握球迷闹事事件、拥挤踩踏事件处置的策略和措施。

素养提升

通过案例讨论、预案制作等学习方式,领悟大型活动处置中生命优先的理念和老幼病残优先撤离的传统美德,懂得有备无患、区别对待的处置原则。

任务一 球迷闹事事件处置

任务导入

英意两国球迷的骚乱事件的管理失策

1985年5月29日,英国利物浦队和意大利尤文图斯队在比利时首都布鲁塞尔市海瑟尔体育场争夺欧洲足球协会俱乐部冠军杯赛的冠军。英国球迷闹事,酿成了一场41人死亡、400多人受伤的惨剧。当日,海瑟尔6万人体育场座无虚席。在开赛前约1h,坐在Y区的英国球迷挑起事端,隔着铁丝网向坐在Z区的意大利球迷投掷瓶子和石块,最后居然推倒了铁丝网,向意大利球迷发起进攻。意大利球迷开始退却,向看台一侧的隔墙后退,试图翻越隔墙躲避。但隔墙年久失修,被拥挤的球迷挤塌。顿时,砖块和水泥块向球迷砸去,人群大乱,很多人踩着别人的身体夺路而逃。短短的几分钟,多人被压死和踩死。而此时,比利时担负此次球赛安保任务的近千名警察被安排在场外,骚乱发生时,场内的警察束手无策。事后查明坐在Z区的意大利球迷是通过黑市门票进入Z区看台的,而比利时方面本来安排意大利球迷坐在正面看台,Z区看台是留给比利时球迷的。此案中,比利时警方在赛事安保安排上和应急上存在不足。
　　球迷闹事事件是指一些球迷或观众由于某种动因,在赛场内实施妨碍赛事的组织管理与正常进行比赛的行为并导致事态加剧、扩大,扰乱比赛的固有秩序,具有较大的政治、经济影响与社会危害性的群体性事件。

一、球迷闹事事件的形式和特点

(一)球迷闹事事件的形式

1. 围哄谩骂

部分球迷在球赛进行中或结束后聚集在球场门口等处,借人多势众,以侮辱性、不堪入耳的语言对球队、球员、教练、裁判、执勤人员进行谩骂、人身攻击。

2. 投掷物品

少数球迷避开检查,将饮料瓶等物品带入场内,遇有不满,即向球员、裁判、执勤人员投掷。

3. 球迷对峙

由于球赛尤其是足球比赛多采用主客场制,一些组队包车、包船、包机前往比赛地的球迷与当地球迷发生冲突。

4. 酿成火灾

少数球迷为泄愤或狂欢,在看台上燃放烟花或烧纸、塑料椅等,不仅殃及其他观众,也可能造成火灾。

5. 扰乱场内秩序

少数无票球迷在入场高峰时趁机起哄推挤,混入场内。个别球迷在比赛中翻越栏杆冲入赛场,造成比赛中断。还有的球迷在散场时蜂拥而出,造成通道堵塞或滞留看台,堵在门口处阻止运动员车辆进出,造成秩序混乱,易酿成挤压事故。

6. 实施暴力

少数挑头者在观众中起煽动、组织作用,欲将事态扩大化。受少数别有用心的人鼓动,一些球迷把哄闹的矛头指向警务人员,恶语挑衅,或投掷物品袭击警务人员,推砸警车,阻碍执行公务等。

(二)球迷闹事事件的特点

1. 心态复杂

从参与者在事件中的不同作用、不同心态,大致可分为三种。一是主动型。这部分人的个体素质差,言行举止不文明,以无事生非、打闹为乐。有的因受到公安机关处罚,借机发泄内心不满;有的人别有用心,喜欢煽风点火,推波助澜,力图促使事态扩大化。这部分人虽是极少数,但在闹事中起骨干作用。二是助动型。这部分人以"铁杆球迷"自诩,对赛事中出现的各种"问题"爱"打抱不平",以满足其表现欲望,遇有人挑头闹事,积极参与助威,有的缺乏自制力,也会做出种种出格之举。三是从众型。这部分人受好奇心等心态支配,在闹事过程中从众围观,附和喊叫。这部分人占绝大部分,使处置难度增大。

2. 诱因增多

诱发球迷闹事的直接原因往往是一些偶然性的因素,如裁判误判、错判,个别球迷失控冲入场内,球迷间发生对抗行为,个别球迷不服管理言行出格,关键性赛事失利球迷不满,以及主队取胜后的狂欢等。

3. 扩散迅速

球迷闹事由各种因素促成,但其事态发展转变过程往往呈一触即发、迅速扩散之势。一是现场扩散快,从叫喊哄闹转变为扰乱赛场秩序、危害公共安全的闹事事件,从局部的滋事转变到大规模的闹事,往往具有突发性。二是舆论扩散快,由于各种媒体对球赛采取现场实况转播,受众面很广,球迷闹事的信息会在第一时间迅速向全社会扩散。

4. 危害严重

球迷闹事不仅影响球市的健康发展,滋长不文明行为,与社会主义精神文明建设的要求严重相悖,同时对社会秩序、群众生命财产的安全和国家财产的安全都将带来极大损害,其事态的扩大或被别有用心的人插手,还将给社会稳定带来极大影响。

球迷闹事事件的以上特点加大了现场处置的难度。一是难以预测事态发展的规模、性质。球迷闹事扩散快、突发性强,如在思想上、措施上准备不足,易形成被动。二是难以实施现场处置。如制止看台上个别球迷的出格行为,若不能迅速解决,就可能引起更大的哄闹。三是难以形成优势力量,速战速决处置局部发生的哄闹。四是难以把握政策界限。参与闹事的人心态各异,作用不一,有的是有预谋的,有的是看热闹的,难以区分。五是难以取证定性。对现行扭获的个别故意扰乱治安秩序,有打砸抢烧等违法犯罪行为的,必须予以法律制裁,但时过境迁,人证、物证难以取得,影响审查定性。

二、球迷闹事事件的应急准备和防范工作

(一)赛场的安全检查

比赛前应对赛场进行仔细的安全检查与搜索,防止被放置爆炸物和其他危险品。

(二)人员的安全检查

对进入赛场的所有人员(包括观众、记者及工作人员等),除检查入场券或通行证外,还应使用爆炸物品探测器(门)、金属探测器(门)等检测设备检测,并将检测过程置于监控之下。严禁观众将酒、罐装和玻璃瓶装饮料、水果刀、石块、侮辱或挑衅性标语、旗杆及其他危险物品(如烟幕弹、烟火、鞭炮等)带入场内。

(三)确保场内看台的安全

认真核定看台容量,确保场内看台的安全。发售门票必须留有一定余地,不宜超过有效可视固定座位数的85%。为防止场内观众爆满,入口工作人员应随时同售票处联系,控制入场观众数量。大型球赛以售团体票为主,严格控制零散售票。团体票要按主、客队球迷划块(看台)出售,连同购票单位(如球迷协会)负责人姓名一并记录在册,而且客队与

主队球迷应从不同入口进场,并分配至不同看台,中间空出缓冲区。条件许可的,以铁丝网或钢架隔开,避免双方球迷发生冲突。

三、球迷闹事事件的现场处置措施

(一)及时宣传疏导,稳定观众情绪

赛场内一旦出现球迷群情激昂、哄闹现象,现场指挥员应及时掌握动向,可利用广播宣传法规,解释情况,直陈利害,规劝闹事者遵守国家法律、法规,使带头闹事者和别有用心制造事端的人受到孤立,从而为事件的顺利处置创造条件,并与有关部门、人员联系,及时发布通告,正确引导宣传导向,适时揭露带头闹事者,从而稳定观众情绪,将事件平息在萌芽状态。

(二)迅速采取措施,保护重点目标

1. 保护重要人员、外宾、运动员、裁判员等的安全

加强对主席台、赛场的警戒,组织引导、保护重要人员、外宾、运动员、裁判员等退场。对尾随、纠缠运动员、裁判员的人员,要及时疏导,视情况采取驱散措施。

2. 对赛场内的重要部位进行保护

对赛场内赛委会、新闻中心、供电系统、火炬台等部位实行 24 h 守护。

(三)调集安保力量,采取紧急措施

1. 调集力量,穿插隔离

发生球迷闹事后,应迅速调集安保力量配合警察穿插于现场之中,在观众的背面、侧面和中间布置足够强大的保卫力量。一方面,将闹事球迷与现场观众分隔开来,阻止其相互联系,避免因少数人的煽动、挑拨,使更多的观众受骗上当,盲目参与闹事活动;另一方面,对煽动闹事和一般违法行为的球迷进行分割包围。

2. 设置警戒线

设置警戒线,封锁现场,对观众只准出,不准进。禁止场外观众聚集围观、闹事,以求最大限度地降低消极互动影响,防止闹事主体扩大。随后,采用由外向内剥笋式地分化闹事球迷,削弱闹事主体的凝聚力,从而控制住事态,防止其蔓延、扩大。

3. 分类处置

对于赛场发生的球迷闹事,应及时予以制止。对于一般的观众,应采取教育劝导的办法,按照指定的路线和出口,将他们疏散出赛场,避免他们聚集在场内使事件规模与影响扩大。按照易散不易聚的原则,将堵塞出入安全门的闹事者由警察强制带离现场,确保出入通道的畅通。对比赛过程中跳入赛场、扰乱赛场秩序的球迷,现场执勤人员要立即将其带离场地,一般不得动用器械,避免引发其他球迷哄闹。对人数多、经宣传劝导不能疏散又难以短时间全部带离现场的闹事球迷,可运用非杀伤性武器予以驱离。

(四)做好善后处理工作

1. 保留适当警力观察巡逻

在事件平息后,要在现场内外及周围地区适当保留警力,进行警戒和巡逻,一旦发现

人群有重新纠合闹事的苗头,要立即上报并处置,防止被驱散的球迷重新纠合、闹事。

2. 做好舆情引导工作

利用新闻媒介等加以宣传,正面引导社会舆论。根据事件的发展情况,及时安排信息发布,讲明相关政策法规,主导社会舆论,同时加强网络信息平台的监控力度,压缩恶意炒作空间。

3. 分类依法处理

事件平息后,根据闹事主体的行为情节及在事件上所起的作用分别依法予以处理。对大多数观众进行教育感化,帮助他们进一步了解事件真相,认识赛场闹事的非法性及严重后果。对于一些不明真相、凭着好奇心与狂热而参与起哄闹事的球迷,着重进行批评教育、劝导说服,使其充分认识到自身的错误行为,根据其情节,有的可给予治安处罚或通过行政手段予以处分,从而达到打击少数、团结多数的目的。

> **知识链接**
>
> **球场闹事事件现场的自我保护**
>
> (1)发生球场闹事事件时,应避免在看台上来回跑动,要迅速、有序地向自己所在看台的安全出口移动。
>
> (2)周围人群处在混乱时,不要盲目跟随移动,应选择安全地点停留(如待在自己的座位上),以保证自己不被挤伤。
>
> (3)注意观察活动现场情况和识别警示标识,做到心中有数。要有意识地了解现场安全通道和出入口的位置,在发生危险时要尽快从最近的安全出口撤离。
>
> (4)远离栏杆,以免栏杆被挤折而伤及自身。
>
> (5)疏散时特别要注意礼让身边的老人、儿童、妇女等弱势群体,不要拥挤,并保证疏散有序。

任务二　拥挤踩踏事件处置

> **任务导入**
>
> **密云灯展踩踏事件的应急处置**
>
> 2004年2月5日19时45分,正在北京市密云县密虹公园举办的第二届迎春灯展中,一位游客在公园桥上跌倒后,引发身后人群拥挤,发生踩踏,造成37人死亡、37人受伤的特大恶性事故。
>
> 事故发生后,在场公安人员立即打开通道,控制现场,疏导人员。同时拨打急救电话,及时向密云县政府汇报。密云县政府接报后迅速启动了应急预案,主要领导紧急赶往事发现场和救治医院。并成立了事件处理总指挥部,下设医疗救助、善后处理、对外宣传、安全保卫、后勤保障、善后政策等6个工作组。密云县医院

3辆救护车、9名医护人员在8 min内到达出事现场,同时在5 min内集结了全院50名医护人员在急诊大厅准备抢救。另外北京市120急救中心、999急救中心和部分医院100名医护人员也紧急赶往密云县医院。截至当晚20点40分,医院接诊伤者52人。

此次事故受到国家领导人的高度关注,要求采取一切措施,尽最大努力抢救受伤人员。2月6日晚,北京市代市长王岐山发表电视讲话,及时向公众公开此次事故。2月7日,国务院派出了联合调查组。2月7日、2月8日,保险理赔和抚恤补偿工作全面展开。由此案可看出,及时高效的应急处置体系是突发事件处置的关键保障。

拥挤踩踏事件是指在公共场所,人群拥挤、秩序混乱、建筑物倒塌等造成的人员伤亡事故。这类事件发生的地点大都在影剧院、公园、车站、码头、体育馆(场)、集会场地等公共场所。

一、拥挤踩踏事件的特点

(一)成因复杂

在游园会、大型文艺演出、大型赛事、宗教活动等大型群众性活动现场,由于人员高度集中,人流构成复杂,流动性较大,流动无规律,空间相对狭小,场地存在安全隐患,人群在行进中极易出现成拱、异向群集和异质群集等现象,进而部分群体承受不住巨大压力而纷纷跌倒在地,相继扑压,造成人身伤亡。

(二)突发性

由于成因的复杂性,拥挤踩踏事件的发生难以预料,偶发性强。例如,在体育赛事中,一次裁判不公的吹罚,激起群众愤怒进而引发事端;一次明星的激情互动引发活动人群的冲动性行为;在人群听信一句未经证实的信息引发人群恐慌而骚乱。

(三)难以控制性

大型活动中参与的人群是来自不同阶层、不同社区和不同家庭的临时集合而成的松散群体。整个演出、比赛是在一定时间和空间内,但人群无序流动就会引发事件,随着人群的流动,事件进一步蔓延、加剧、扩大。事件的发生既可能是在一个固定的空间内,也可能是在多个场所或较大空间内。而且事件发生后处置起来难度大,大型活动一旦失控,人群骚动起来,正常秩序被打破,无序的人流很难控制。

(四)后果严重

拥挤踩踏事件极易造成群死群伤的后果,造成巨大的经济损失或人员伤亡,引起人们心理恐慌并危及治安秩序和社会的稳定。

二、拥挤踩踏事件处置的准备与防范工作

拥挤踩踏事件一旦爆发将很难控制。人群的规模、流动方向、行为模式、时空环境是影响该类突发事件发生的主要因素。因此,重点控制人群的数量规模,减少人群流动是防止拥挤踩踏事件发生的关键。

(一)控制总量,保障通畅

活动前期,安保部门要控制人数总量,对活动场所进行现场勘查,特别对人群集中地、疏散地、通道等地要重点检查,确保人群时空流动环境需要,保障出入口通畅。利用栅栏、路障等固定物对大面积的开阔地进行分区,分区后应对每个区域的人群数量进行严格控制,并保证各区有相对独立的行进路线,避免路线的交叉。事先设计人群的进出场路线和行进路线,控制人群的行进方向,尽量保证单向行进。增设紧急照明设备,保证场所的亮度。建立现场信息传播系统,加快正面信息引导,有效防止危害后果的蔓延扩大。

(二)做好突发事件预警工作

对于大型活动安保工作,安保部门要做到"早介入,早准备,早部署",指挥部门在活动前期就要搜集、掌握安全信息,做好动态预测,并善于对各类信息进行快速、高效的归纳总结,为指挥部正确决策及合理布置警力做好准备。

(三)科学制定应急预案

对公众聚集场所或大型活动可能存在的危险,管理者和组织者都应慎重对待。通过分析活动现场的环境条件,科学预测到场人员的最大数量,充分考虑各种可能的偶然因素和情况变化,制定科学的应急预案。应急预案的制定要结合具体情况,充分考虑可能出现的各种危险。应急预案不应仅仅写成文件,必须进行必要的演练,使有关人员充分熟悉预案的内容,并发现预案中可能存在的不足而加以改进。

三、拥挤踩踏事件现场处置的对策

(一)调整警力,快速集结

一旦发生人群的拥挤、碰撞,现场安保人员应迅速做出反应。反应速度快,争取了时间,就为处置事故提供了条件,掌握了处置的主动权。一旦发生事故,应以最快的速度在最短的时间内到达现场,并且及时了解发生事故的现场情况,从宏观上把握现场动态,从时间、地点、环境、对象等多方面进行分析,准确了解掌握形势,为正确决策打下基础。

(二)宣传疏导,稳定情绪

发生拥挤踩踏时,活动人群缺乏对周围环境情况的全面了解,本能的求生欲望驱使其采取措施迅速离开危险场所,随即出现群众慌乱、情绪激动、哄闹现象等状况,导致拥挤踩踏情况加剧。在人群中,一些未经证实的谣言被随意传播,还会加剧人群情绪的异动,少

数人的恐慌心理蔓延扩散,带来更大的骚乱。现场指挥人员应及时掌握动向,根据事态发展的不同情况,引导活动人群听从现场指挥的安排部署,有序疏散。

(三)控制现场,分离人群

现场安保人员要沉着冷静,特别是指挥人员既不要犹豫不决,又不能盲目行动。这就要求指挥人员准确判断事态,抓住战机,快速协调各种力量,采取果断措施,使事态尽可能控制在初始阶段。对已经形成一定规模的拥挤踩踏事件,要快速反应,启动人群分流引导预案,通过现场信息传播系统,下达各项应急处置指令。在发生踩踏区域,将拥挤踩踏的人群隔离在一定的范围内,减少人群盲目流动,防止拥挤踩踏范围进一步扩大。现场工作人员应迅速打开各个出口和安全通道,全力疏散人员,封控进入事发区域的出入口和通道,阻止不明情况的人群继续涌入,避免加剧事态严重程度。

(四)现场救援,组织疏散

1. 打开通道,有序疏散

现场安保力量应按照应急疏散方案和现场指挥部指令实施疏散工作。疏散过程中需加强对疏散路线、疏散速度、疏散顺序、疏散时间的管控,避免发生不必要的人员伤亡和财产损失。设置疏散警戒线,对拥挤人群进行分流疏导,防止出现交叉人流。合理确定疏散路线和疏散顺序,打开所有应急疏散通道和疏散口,按照老人、妇女、儿童和残疾人优先疏散的原则,组织现场人群有序疏散。

若出现拒绝疏散或不能自行疏散的情况,现场指挥部应及时采取措施,强行疏导。主要方法如下:

(1)"围三缺一,一线平推"。在事件现场的某一方向留一条疏散通道,执行任务的警队在现场一侧展开成整体队形,协调一致地向一个方向推进,迫使拥挤人群向指定的方向离散。

(2)"中间突破,两翼卷击"。集中警力在拥挤人群中打开缺口,后续警队从缺口鱼贯而入,在拥挤人群中央挤开一条通道,尔后向两侧分割挤压,分块疏散。

(3)"穿插楔入,首取要害"。穿插队形应"前硬后紧",形成锐不可当之势,通过广播警告、消防车高压水枪喷射、施放催泪弹等手段打开通道,强行插入,抓捕闹事头目和骨干分子,威慑瓦解闹事群体。

在组织疏散过程中,安保人员要告知人群保持冷静,消除面对危险时的恐惧心理,积极配合安保人员的要求,按指定路线有条不紊地安全疏散。对老幼弱者予以帮助,对突然停止疏散的人群进行保护和劝解,并隔断后续人流,防止出现次生拥挤踩踏事故。

2. 外围交通临时管控

疏散过程中,活动人群需尽可能疏散至安全位置,受限于人群的步行速度和道路状况等原因,公安机关根据大型活动现场及其周边的实际交通情况,采取有效的交通疏导措施,必要时实施临时交通管制措施,缓解疏散重要路段的交通负荷,缩短疏散时间,确保活动人群和车辆畅通、有序。在疏散过程中要把握"先人后车、先人后物、人车分流"的原则,待人员疏散完毕后,再组织车辆有序疏散,以保证整个活动及周边交通网络的正常运行。

(五)现场救助,制止违法

1. 协助救护受伤人员

在活动现场发生人群拥挤及踩踏危险时,首要的任务是进行有效的处置,组织营救和救治受伤人员,防止事态扩大。及时启动大型活动应急救援预案,有效开展人员疏散和救援工作,包括组织营救、伤员救治、疏散撤离和妥善安置受威胁的人员,及时上报人员伤亡和财产损失等情况。同时应组织群众开展自救互救,协助让开救援通道,在救护受伤人员的过程中,被抢救出的伤病人员应采取科学、正确的方法,先期处置,同时迅速交由医疗救护小组进行救治。

2. 制止违法,打击犯罪

对于可能出现的打架斗殴、聚众哄闹、冲击重点部位等事件,依法坚决打击,对于为首分子和骨干成员,在必要时可迅速带离现场审查,甚至使用非杀伤性武器当场制服,防止拥挤踩踏事件的进一步扩大和蔓延。对于一般人员应着重进行批评教育,劝导说服。

(六)及时善后,引导舆情

1. 抚慰受伤人员及家属

事件发生后,立即成立善后处置工作领导小组,做好伤残人员和死难家属的安抚工作,有关部门和领导要前往医院或家中探望,表示慰问。对于医疗费用、丧葬费用、误工补偿等实际问题,按照国家有关法律进行妥善解决,对于家属提出的一些不合理要求,也要给予答复和解释。

2. 做好舆情引导工作

事件发生后,大量的新闻媒体会涌至现场进行采访报道。首先,现场指挥部应对新闻媒体进行管理,不得让无关人员进入现场进行摄像、照相或进行采访报道,防止谣言产生,以免对社会稳定和人们的心理产生不良影响,也防止大量新闻采访人员、车辆及新闻器材涌入现场而干扰紧急救援工作。然后,通过新闻发布会、网络等方式及时、准确向社会发布人员伤亡、伤员救治、事件调查进展等拥挤踩踏事件的相关信息,及时消除人们心中的疑虑,还原事件真相。

3. 启动事件调查程序

拥挤事件处置一旦结束,就应启动事件调查程序。一般由多部门组成联合调查组,明确任务,科学分工,通过现场勘查、现场访问等手段获取一手资料和证据,进而对现场时间的起因、过程、后果进行全面客观的分析,最终形成对事件性质、责任的正确判断。在此基础上,对事件的制造者和责任人根据事件的性质、情节严重程度、危害程度,依照国家法律、法规和政策进行严肃处理。

> **知识链接**
>
> **密集人群中的自我处置**
>
> (1)镇静:在拥挤发生之初或者不幸身陷拥挤的人流之中,一定要时刻保持镇静,不要乱喊乱叫或推搡他人,防止造成混乱。
>
> (2)服从:听从现场指挥人员的指挥调度,配合指挥人员缓解拥挤,避免踩踏。
>
> (3)避让:如果发觉拥挤的人群潮水般涌来,应该马上避到一旁,千万不要加入和尾随。在拥挤的人群中,如果发现一旁有坚固物体应紧紧抱住,以等待时机脱险。

(4)防护:如果身不由己被挤入拥挤的人群,要伸出力量较大的那只手臂,用手掌轻触前面那个人的后背,用另一只手握住撑出的那只手的手腕,双臂用力为自己撑开胸前的空间,用小步、稳定重心地随人流移动,不要试图超越别人。

(5)保护:如果陷入极度的拥挤之中,为防止造成窒息,要尽力在胸前保持一定的空间。应做双臂交叉,双手握住上手臂平抬在胸前的自我保护动作,并尽量坚持,直到情况发生好转。

(6)迅速站起来:万一被挤倒或绊倒,一方面要大声呼喊寻求周围人员的救助,另一方面要尽快站起来。

(7)危急时刻的球状保护:如果摔倒后局面失去控制,没有办法站立起来,就应侧身蜷曲,双膝并拢贴于胸前,十指交叉双手扣颈,双臂护头。踩踏现场一旦摔倒,牢记自救"二十四字诀":紧急侧卧,双手扣颈;护住头部,蜷缩成团;并腿收拢,全身紧绷。

项目实训

实训案例:

根据省教育厅安排,某演艺公司来某高校举办"高雅艺术进校园——唱响青春"晚会,时间定于5月第一周的周五晚上,地点在高校体育馆。本次晚会演艺人员中有当地人气歌星两名,观众免费观看,但须凭票入场。学校行业主管部门、兄弟院校的领导及本校部分师生共约1 000人参加。

实训内容:

通过现场调查和资料收集等训练活动,请为此案例设计一份拥挤踩踏事故现场应急处置方案。掌握事故现场应急处置方案的编制流程和要求,掌握拥挤踩踏事故现场应急处置措施。

实训实施:

(1)以项目六项目实训小组为基础,组长带领下复习人群控制方案。

(2)组长带领组员到现场实地复勘,确定考察的任务和重点。注意对关键数据的记载和现场草图的绘制。

(3)在组长带领下完成方案制作,并上交小组集体作业,个人上交实验报告。

(4)小组开展方案讲评和互动讨论活动。

(5)对方案及讲评情况打分,确定小组基准分(评分规则包含方案研制过程、规范性、操作性、团队协作等因素)。

(6)个人撰写实训报告并上交,教师批阅并在小组基准分基础上确定个人最终成绩。

思考练习

(1)球迷闹事事件现场处置的措施有哪些?

(2)拥挤踩踏事件现场处置的对策有哪些?

项目十二 交通事故应急处置

学习目标

(1)掌握交通疏导的措施和方法。
(2)了解交通管制的适用情景。
(3)掌握当事人自行撤离现场和协商处理的交通事故的现场处置程序和方法。
(4)掌握当事人需要报警的交通事故的现场处置程序和方法。

素养提升

通过交通勤务管理学习中的案例讨论、模拟实训,领悟先救人、后救物的交通应急处置理念,科学严谨的实验态度,刻苦钻研的工匠精神,团结协作的团队意识。

任务一　交通疏导和管制

任务导入

杭州市公安局交通警察支队关于
杭州第 19 届亚运会赛时期间部分道路采取临时交通管理措施的通告

　　为保障杭州第 19 届亚运会各项赛事活动顺利进行和道路交通安全畅通,根据《中华人民共和国道路交通安全法》有关规定,对赛时期间部分道路采取临时交通管理措施。现将有关事项通告如下:

　　一、2023 年 9 月 20 日至 10 月 8 日期间,上城体育中心体育场、拱墅运河体育公园体育场(馆)、杭州体育馆、中国杭州电竞中心、黄龙体育中心场馆群、浙江大学(紫金港校区)体育馆、西湖国际高尔夫球场、浙江工业大学(屏峰校区)板球场、杭州奥体中心场馆群等竞赛场馆周边道路,将根据赛时道路交通流量分时、分段视情禁止机动车通行。

　　二、2023 年 9 月 28 日 18 时至 9 月 29 日 12 时,10 月 3 日 18 时至 10 月 4 日 12 时竞走比赛期间,闻涛路(生地街至望水路)、东冠路、潮涌路禁止机动车、非机动车通行。

三、2023年10月4日18时至10月5日12时马拉松比赛期间,闻涛路(东信大道至燕斗孙街)、生地街、冠山路、望水路禁止机动车、非机动车通行。赛时期间采取临时交通管理措施,将给市民朋友出行带来不便,请提前安排好出行时间和路线,驾车出行尽量绕行上述区域和道路。公安机关交通管理部门将通过导航、电台等及时发布路况信息,敬请理解和支持。

特此通告。

杭州市公安局交通警察支队
2023年9月19日

一、交通堵塞疏导

(一)交通堵塞的界定

交通堵塞是指在车辆在行驶过程中,某一段时间内、在一定的道路空间内异常集中,导致后续车队低速行驶或者处于停驶状态。交通堵塞与交通拥挤不同,在某种意义上说,交通拥挤只是车流量过大,但是车流还处于运动之中。

我国公安机关交通管理部门对交通堵塞有明确的界定:

(1)城市道路信号灯控制交叉路口,3次绿灯显示未通过路口的为阻塞,5次绿灯显示未通过路口的为严重阻塞。

(2)在城市道路无信号灯控制交叉路口(包括环形交叉路口,立交桥),交叉路口外的车行道上受阻车辆排队长度超过250 m的为阻塞,排队长度超过400 m的为严重阻塞。

(3)城市道路路段,车辆在行道上受阻,排队长度超过1 000 m的为阻塞,排队长度超过1 500 m的为严重阻塞。

(4)在公路交叉路口,车辆在交叉路口外车行道受阻排队长度超过500 m的为阻塞,排队长度超过800 m的为严重阻塞。

(5)在公路路段,车辆在车行道受阻排队长度超过2 000 m的为阻塞,排队长度超过3 000 m的为严重阻塞。

(二)交通堵塞的形成原因

(1)交通流量大,道路设计能力满足不了交通需求,造成经常性交通堵塞。

(2)占用道路堆物、施工,形成"瓶颈路",造成交通堵塞。

(3)发生车辆故障、交通事故,形成道路障碍,造成交通堵塞。

(4)雨、雪等恶劣天气,车辆通行缓慢,造成交通堵塞。

(5)群众上访堵路、突发事件、交通特勤保卫等,造成交通堵塞。

(6)交通信号出现故障,造成交通堵塞。

(7)其他原因如城市硬件设施设置不科学,公交车站点设置不合理等,造成交通堵塞。

(三)交通堵塞疏导的基本措施

交通堵塞疏导是指公安机关交通管理部门为解决某一区域或局部路口、路段交通拥堵,采取限制、引导等手段,缓解交通堵塞的具体措施。

1. 排除堵点

对道路施工、车辆故障、交通事故等原因造成的交通堵塞,交警到达现场后的首要任务是迅速清除障碍物。

2. 局部封闭道路

对于路面较窄、堵塞严重的路段,一时难以排除堵情,恢复交通,交警可采取必要措施,禁止车辆进入,并及时在路段出入口引导堵塞区域车辆依次驶离现场,以缓解交通压力,尽快恢复交通。

3. 借道分流

堵塞路段非机动车道较宽,具备机动车通行条件的,交警可指挥车辆借用非机动车道通行,引导非机动车借人行道通行。

4. 限行分流

在交通流量趋于饱和的路段,交警可视情况采取分流大型车辆或者某种车型车辆的措施,在一段时间内削减区域的交通总量,从而保证区域道路通畅。

5. 单向通行

因一侧道路受阻而造成的交通堵塞,交警可及时封闭该侧道路通行,引导车辆绕行其他道路,同时放行对向车辆,实行车辆单向通行的措施。

6. 交错放行

因一侧道路受阻一时难以通行的,交警可视情采取交错放行措施,疏导交通。

7. 交通诱导

交警应及时将道路交通堵塞情况向上级报告,上级相关部门通过交通诱导屏、广播、手机短信等多种渠道发布堵塞信息,引导车辆绕行。

(四)路口交通堵塞疏导方法

1. 排除障碍、净空路口

交警到达现场后,首先要禁止各个方向车进入路口,防止堵塞情况加剧,将堵塞在路口内的车辆疏通出去,并迅速排除路口堵塞障碍。

2. 交替放行堵塞车辆

根据各方向堵塞程度,依次交替放行被堵车辆,放行中以主干道路为主。注意不要一方放行时间过长,以避免下一个路口、路段的堵塞。

3. 交通信号灯指挥与交通手势指挥有机结合

交通信号灯变换周期通常是按照平常交通流量条件设定的,但无法满足特定状态如交通拥堵状态下的交通需求,这时可以发挥交通手势指挥的灵活性和机动性,引导车辆快速通行。

(五)路段交通堵塞疏导方法

交警到达交通堵塞现场后,要迅速查清交通堵塞的源头,查明交通堵塞的原因,区分不同情况,采取相应的处置程序。

1. 交通事故引起的交通堵塞

交警到达现场后,根据情况设置警戒区域,迅速救护伤员。区分上、下行线疏导堵塞车辆,并通知清障车辆到达现场。如果事故车辆将道路堵死,应迅速派人在外两侧指挥车辆,按次序依次停靠,等待现场消杀清理后通行。

2. 车辆发生故障引起的交通堵塞

若车辆发生故障引起交通堵塞,交警应组织人员把车辆移至路边或其不妨碍车辆通行的地方,指挥车辆有序通过,联系清障车清除障碍。

3. 刑事治安案件、火灾爆炸、危险品泄漏等造成的交通堵塞

遇此类事件,交警必须立即向上级或指挥中心报告,对堵塞区域实行交通管制,堵塞区域外进行调流,为侦查抢险、救援救护指挥车辆打通通道,向安全方向和地带疏导行人和车辆,并随时将事态的发展情况向上级报告,接收新的指令。

4. 群体性事件引起的交通堵塞

若群众上访等原因引发交通堵塞,交警到达现场后了解原因、参与人数及影响交通程度,立即上报,并劝告群众离开。在外围设置警戒线,对现场实施交通管制,防止事态扩大,协助有关部门开展劝说工作,对拒不离开的,配合有关部门采取强制措施,并迅速指挥疏导堵塞车辆,恢复交通。

5. 道路狭窄、人车交织路段发生的交通堵塞

交警应立即请求增援,协助组织外围交通分流,制止后续车辆进入堵塞现场,防止加重堵塞,采取只出不进的措施,让现场最容易恢复通行的车辆先进入或倒出,直到腾出通行路面为止。

6. 路面积水、积雪结冰等气候原因造成的交通堵塞

交警到达现场后,在保证车辆行人安全的前提下进行指挥疏导,并指挥救灾车辆优先通行。同时,向上级报告请求,在堵塞区域外围适时进行调流。

7. 车辆逆行导致双向车道无法通行的交通堵塞

首要任务是清除逆行车辆,使车辆在各自的车道内依次等候,保证对向车道车辆的通行,逆向行驶车辆清除后,交警应站在路段明显位置,防止再出现车辆逆行情况,加重交通堵塞。

(六)单位内部交通堵塞疏导方法

单位内部的交通堵塞一般在单位出入口比较常见,一旦出现拥堵,将会影响人员、车辆正常通行。

1. 单位出入口交通拥堵的情形

(1)单位举办重大活动,如周年庆、年会等,活动开始前进场和结束后离开时,短时间内汇聚大量的车流和人流,甚至超出单位内部道路通行能力。

(2)车辆在主干道和出入口处抛锚,暂时不能驶离。

(3)车辆驾驶员因某种原因与单位或物业发生争执,故意以车堵门或将车停在出入口道路上。

(4)出入口附近的设施、道路或房屋等出现状况影响道路通行。

(5)恶劣天气导致出入口附近路面积水、结冰等影响通行。

2. 单位出入口交通堵塞疏导方法

单位出入口拥堵一旦出现,要及时启动内部交通管理应急预案。内部交通管理者首先要尽快查明堵塞原因。如果是人为因素造成的堵塞,要采取说服教育的方法尽快排除,说服教育不听的,要尽快通知其单位或者向110报警。其次要及向上级报告,请求增派人手、通知相关部门人员到场，协助处理。再次应采取紧急措施疏导交通，指挥车辆有序通行，如采取先出后进的方法交错通行，引导后续车辆绕道而行，在堵点处实行单向通行、启用备用通道等应急疏导方法。

二、交通管制

（一）交通管制的概念及适用情形

交通管制是指公安机关交通管理部门为了维护交通秩序，保证交通安全，保护交通事故现场，在适用其他措施难以达到目的时，依法对车辆和行人在道路上的通行及其他与交通有关的活动所采取的带有疏导、限制或禁止性质的措施。交通管制是一项交通安全管理行政强制措施，必须有明确的法律依据方可实施，其适用的主要情形如下：

1. 交通日常勤务中的交通管制

《道路交通安全法》第三十九条规定，公安机关交通管理部门根据道路和交通流量的具体情况，可以对机动车、非机动车、行人采取疏导、限制通行、禁止通行等措施。这是法律赋予公安机关交通管理部门在实施日常道路执勤时的一项临时交通管理手段，不需要审批，可以理解为一种广义的交通管制手段。

2. 因举办大型活动或大范围施工的交通管制

《道路交通安全法》第三十九条规定，遇有大型群众性活动、大范围施工等情况，需要采取限制交通的措施，或者作出与公众的道路交通活动直接有关的决定，应当提前向社会公告。这是一种特殊的交通管制手段，为了将活动对公众的影响降低到最低程度，要求公安机关交通管理部门在采取管制措施之前向社会公示。

3. 因自然灾害或交通事故的交通管制

《道路交通安全法》第四十条规定，遇有自然灾害、恶劣气象条件或者重大交通事故等严重影响交通安全的情形，采取其他措施难以保证交通安全时，公安机关交通管理部门可以实行交通管制。与前两种情形不同的是，起因是自然灾害或突发重大交通事故，目的是保障道路交通参与者的交通安全。

（二）交通管制的主要措施

1. 向社会公告

对将要进行交通管制的区域，应通过电视、广播、网络等渠道提前向社会公告车辆、行人绕行路线。

2. 设置警示标识

在向社会公告后，交警在将要进行交通管制的区域现场，做好警示标识、绕行引导标识等相关交通设施的设置工作。

3. 疏导交通

在进行交通管制时，交警应做好交通指挥疏导工作，维护交通秩序。对机动车驾驶人提出异议或者不理解的，应做好解释工作。

（三）高速公路恶劣天气交通管制方法

在遇有雾、雨、雪等恶劣天气、自然灾害性事故及治安、刑事案件、交通事故造成交通

中断和堵塞时,需要采取交通管制措施时:

(1)有两名以上交警在管制点进行疏导,至少配备一辆警车,管制点应当设置足够的提示信息。

(2)迅速上报路况信息,包括雾、雨、雪、冰等恶劣天气的区域范围、能见度、车流量等情况。

(3)白天在距管制点来车方向至少500 m处开始,夜间在距管制点来车方向至少1 000 m处开始,每间隔20 m连续摆放发光或者反光的警示标识、警示灯,间隔设置减速提示标牌、反(发)光锥筒、反(发)光导向标识等安全防护设备。

(4)根据路况和上级要求,采取发放警示卡、间隔放行、限制车速、巡逻喊话提醒、警车限速引导等措施。在警示标识起始点设置开启警灯、示宽灯和车载发光警示屏,显示"前方管制、减速行驶"的警车进行预警。

(5)实施禁止机动车通行交通管制措施的,应当在距管制点来车方向至少500 m处,设置"前方禁止通行"反(发)光警示牌。管制点使用反光防撞交通隔离设施对道路进行封闭、隔离,并设置反(发)光绕行引导标识,夜间使用照明设备为管制点提供照明,并开启警报器。在管制点在反光防撞交通隔离设施后进行指挥疏导,夜间在照明区域内的反光防撞交通隔离设施后进行指挥疏导。

(6)在长时间实施交通管制造成管制点后方车辆堵塞时,实施管制的交警应通知指挥中心在距管制点最近的出口提前实施分流。

(7)加强巡逻,及时发现和处置交通事故,严防发生次生交通事故。

(8)关闭高速公路时,要通过设置绕行提示标识、电子显示屏或者可变情报板、交通广播等方式发布提示信息。车辆分流应当在高速公路关闭区段前的站口进行,交警应在分流处指挥疏导。

任务二　交通事故现场处置

任务导入

北京八达岭特大交通事故的应急处置

2005年12月4日20时左右,一辆装载电石的大型货车行至北京市八达岭高速公路进京方向49 km处,因制动失效,与前方正常行驶的大客车后部相撞,致使两车翻入道路左侧山沟,两车起火燃烧,造成24人死亡,9人受伤。

事故发生后,北京市公安局立即组织处置人员赶赴现场。尽管事故现场风力达八级以上,气候恶劣、环境复杂,但现场工作人员采取有效措施,组织抢救伤者,扑灭火情,有效地防止事态扩大。同时,公安各级领导赶赴现场,组织指挥现场处置,并对下一步工作提出具体要求。

在事故发生后不到一小时的时间里,相关部门200余名救援人员相继赶赴到位。交管部门迅速对事故现场及周边道路进行临时交通管制。由于事故车及伤者都在山沟中,救援人员无法从八达岭高速主路前往营救,指挥部在出发前将救援组

> 分成三队,第一队沿大路出发维护主路交通,第二队直接前往路口迎接救护和消防车辆,第三队沿山涧下一条通往羊台子村的小路到山下救人。至23时许,沟渠内的两部车辆残骸依旧蹿着火苗,货车已经碎成几部分。由于气温低,救援人员带去的小型探照灯冻坏了,拍摄取证设备冻停了,所有救援人员身上都是一层冰。只有警车的灯光一晃一晃地照亮着现场。
>
> 　　事故发生地点旁边就是重点防火林地,消防、森林防火部门赶到现场后,除了扑火还要采取各种方式保护山林,防止火势蔓延。
>
> 　　通过此案例,分析特大交通事故的应急处置程序。

一、交通事故的含义和构成要素

（一）交通事故的含义

交通事故是指车辆在道路上因过错或者意外造成的人身伤亡或者财产损失事件。道路交通事故的形态是道路交通事故的外部表现形式,一般分为七种,即碰撞、碾压、刮擦、翻车、坠落事故、失火和爆炸。《道路交通事故处理程序规定》第三条规定,道路交通事故分为财产损失事故、伤人事故和死亡事故。

（二）交通事故的构成要素

1. 道路

交通事故必须发生在《道路交通安全法》所界定的道路上,一般包括公路、城市道路和虽在单位管辖范围但允许社会机动车通行的地方,包括广场、公共停车场等用于公众通行的场所。《道路交通安全法》第一百一十条规定,车辆在道路以外通行时发生的事故,公安交通管理部门接到报案的,参照本规定处理。

2. 车辆

交通事故必须是涉及车辆的事件,即交通事故涉及方至少一方是车辆,不涉及车辆的事件不能称为交通事故。车辆包括机动车和非机动车。超过技术标准的电动车不是非机动车,它是以动力装置驱动、上道路行驶的供人员乘用的车辆,属于机动车。

3. 后果

交通事故必须有损害后果的发生,即必须有人员伤亡或财产损失的后果。处理交通事故的目的是解决事故造成的人身伤亡或财产损失,没有造成人身伤亡或财产损失的不属于交通事故范畴。

4. 过错或意外

交通事故必须是过错或意外造成的事件。过错是指行为人的主观心理状态,分为故意和过失。交通事故中的过错是指当事人对于自身做出违反道路交通安全法律法规的行为而言,既可以是故意,也可以是过失,而对于交通事故损害后果而言只能是过失,即当事人并不希望交通事故的发生。如果利用交通工具作为凶器危害他人,不属于交通事故,而是刑事案件。意外既不是当事人主观上的故意,也不是当事人主观上的过失,而是由不能控制和不能预见的原因引起的后果。意外情况常见的有山体滑坡、塌方、泥石流、地震、台风、洪水、雷击等不可抗拒的自然灾害，也有非行为人的过错而是车辆自身故障，如行驶中车辆部件断裂导致翻车。

5. 交通性质

交通性质是指在道路上进行的人和物空间位置的移动。空间位置的移动是指行驶状态和短暂的停止状态。因此，行人与短暂停止的车辆发生的碰撞事故、车辆开动后发生的人员挤摔伤亡事故、公共汽车到站停车后发生的人员挤摔伤亡事故，都属于交通事故。但是车辆尚未开动而发生的人员挤摔伤亡事故、停车场里从停止的车辆上掉下的事故，不属于交通事故。

因此，要判断某事件是否是交通事故必须依据道路、车辆、后果、过错或意外、交通性质等几个因素来综合判断。

二、交通事故现场的含义和特点

（一）交通事故现场的含义

交通事故现场是指交通事故发生的地点及与交通事故有关的空间场所。交通事故现场通常包括时间、空间、当事人的交通行为、车辆、物品等构成要素。这里需要特别注意的是，交通事故现场与交通事故发生地点是两个不同的概念。事故发生地点仅仅指事故发生所在的空间，与时间的关系不大，即使事故发生后多年还可以说某地点是事故发生地点。而事故现场则同时间有十分密切的关系，这是因为事故现场只能保存一定的时间，不可能长期封闭，只要车辆、物体、人等位置一经移动，有关痕迹一消失，原始现场就不存在了。上述要素的客观存在及它们之间通过特别的交通行为发生的损害后果，构成了各种各样的交通事故现场。

（二）交通事故现场的特点

1. 事故的突发性

大多数的刑事案件在案发前都一般有预谋、准备实施、动机目的、心理变化、案件诱发事件等一系列情况发生，而这些情况的发生都要经历较长的一段时间。这一过程对周围的物质和人际交往环境产生一定的影响和变化，能够对案件的调查提供许多有用的线索。而交通事故几乎是瞬间发生的，事故发生前无任何预谋。当事人心态、行为无任何变化，没有事故发生的迹象。由于交通事故的发生时间短促，人们往往来不及反应，这就导致事故当事人的陈述和证人证言有一定的不可靠性，要认真甄别真伪。所以，无论对于事故发生的过程，还是对于事故调查工作，交通事故现场是能够获得的最直接、最前沿的第一手资料，对交通事故的处理是至关重要的。

2. 格局的开放性

一般的刑事案件现场大多处于相对封闭或容易封锁的环境中，不易遭受变动或破坏，而交通事故现场完全暴露在开放的公共区域。交通事故发生后，往往有大量的围观者，严重的甚至发生次生事故和偷盗、哄抢现场物品等治安刑事案件。现场的车辆、有关散落物、痕迹等极易遭到人为或自然的破坏，而且一旦变动或破坏就不可恢复，给现场处置工作造成一定的困难。因此，如何快速、准确地记录、收集现场的证据就显得非常重要。

3. 发展的时序性

通常交通事故的形成分为三个阶段：交通事故发生前的动态阶段、发生时的动态阶段和发生后的静态阶段。交通事故由这三个阶段按时间顺序演变，导致交通事故损害后果的产生，并形成交通事故的最终表象。交通事故现场的最终表象也反映了交通事故演变的过程。

三、当事人自行撤离现场和协商处理的交通事故的现场处置

（一）当事人可以即行撤离现场的交通事故的现场处置

1. 适用条件

《道路交通安全法》第七十条规定，在道路上发生交通事故，未造成人身伤亡，当事人对事实及成因无争议的，可以即行撤离现场，恢复交通，自行协商处理损害赔偿事宜；不即行撤离现场的，应当迅速报告执勤的交通警察或者公安机关交通管理部门。据此，"可以即行撤离现场"的条件如下：

（1）发生交通事故，未造成人身伤亡。如果造成了人员伤亡，则当事人必须保护现场，立即抢救伤者，并迅速报案。

（2）当事人对事故事实及成因无争议。事故事实是指事故发生的时间、地点、事故造成的损失情况、事故发生的过程、事故当事人的基本情况等信息。事故成因包括当事人的过错、交通违法行为等因素，以及这些因素与事故损害之间是否存在因果关系等。无争议是指事故双方当事人对事实及成因意见一致或基本一致。

2. 处置方法

符合上述条件的，当事人应当立即开启车辆危险报警闪光灯，并在来车方向安全距离摆放三角警示牌。当事人现场拍照取证，至少包括车辆侧前方、侧后方及碰撞部位共三张照片，如图 12-1 所示。拍照后，当事人双方互留联系方式，迅速将事故车辆移至不影响交通的路段停放，双方驾乘人员撤离至路边。当事人双方自行协商赔偿数额和赔偿方式。当事人均已办理机动车第三者责任强制保险的，可以到保险公司进行定损、理赔。对于保险公司开通在线定损理赔的，可以申请在线定损理赔。

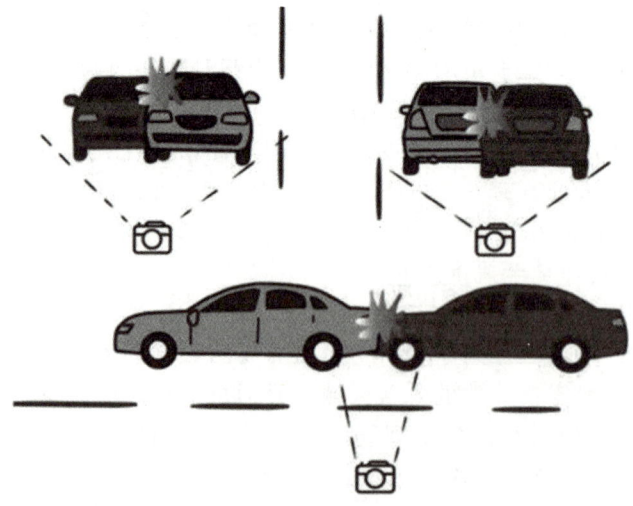

图 12-1 交通事故现场车辆拍照方位

(二)当事人应当先行撤离现场的交通事故的现场处置

1. 适用条件

《道路交通安全法》第七十条规定,在道路上发生交通事故,仅造成轻微财产损失,并且基本事实清楚的,当事人应当先撤离现场再进行协商处理。这里"应当"指"必须"。据此,"应当先撤离现场"的条件如下:

(1)仅造成轻微财产损失。实践中,需要公安机关交管部门与保险公司进行必要的协商确定损失的额度。

(2)基本事实清楚。即道路交通违法行为事实清楚,责任明确,不存在任何争议。

2. 处置方法

符合上述条件的,当事人应当立即开启车辆危险报警闪光灯,并在来车方向安全距离摆放三角警示牌。当事人现场拍照取证,至少包括车辆侧前方、侧后方及碰撞部位两侧共四张照片。拍照后,当事人双方应互留联系方式,迅速将事故车辆移至不影响交通的路段停放,双方驾乘人员撤离至路边。当事人双方自行协商赔偿数额和赔偿方式。当事人均已办理机动车第三者责任强制保险的,可以到保险公司进行定损、理赔。对于保险公司开通在线定损理赔的,可以申请在线定损理赔。

> **拓展案例**
>
> 某日,张某驾驶轻型厢式货车途经某路段时,因未确保安全距离与王某驾驶的小型汽车发生碰撞。该事故造成两车轻微车损,责任明确,张某承担全责,符合交通事故"快撤快赔,自行协商"情形之一,交通指挥中心工作人员多次电话联系,说明该起事故完全符合非伤人事故快速处理的条件,希望事故双方能撤离现场,到不妨碍交通的地点处理,但迟迟得不到回应,造成事故后方车辆大范围拥堵,直到交警到达现场妥善处置,才恢复了该路段的正常通行。双方驾驶人本应运用网络平台快速处置,根据提示填写信息并拍照取证后,将车辆移到路边,后续进行相关理赔事宜,不用10 min就能轻松完成,既节省了时间,又避免了交通拥堵。因实施发生交通事故后,应当自行撤离现场而未撤离,造成交通堵塞的违法行为,交警依法对张某和王某分别做出罚款200元的处罚。

四、当事人需要报警的交通事故的现场处置

(一)需要报警的交通事故的适用条件

《道路交通事故处理程序规定》第十三条规定,发生死亡事故、伤人事故的,或者发生财产损失事故且有下列情形之一的,当事人应当保护现场并立即报警:驾驶人无有效机动车驾驶证或者驾驶的机动车与驾驶证载明的准驾车型不符的;驾驶人有饮酒、服用国家管制的精神药品或者麻醉药品嫌疑的;驾驶人有从事校车业务或者旅客运输,严重超过额定乘员载客,或者严重超过规定时速行驶嫌疑的;机动车无号牌或者使用伪造、变造的号牌的;当事人不能自行移动车辆的;一方当事人离开现场的;有证据证明事故是由一方故意造成的。

《道路交通事故处理程序规定》第十四条规定,发生财产损失事故且有下列情形之一,

车辆可以移动的,当事人应当组织车上人员疏散到路外安全地点,在确保安全的原则下,采取现场拍照或者标划事故车辆现场位置等方式固定证据,将车辆移至不妨碍交通的地点后报警;机动车无检验合格标志或者无保险标志的;碰撞建筑物、公共设施或者其他设施的。

《道路交通事故处理程序规定》第十五条规定,载运爆炸性、易燃性、毒害性、放射性、腐蚀性、传染病病原体等危险物品车辆发生事故的,当事人应当立即报警,危险物品车辆驾驶人、押运人应当按照危险物品安全管理法律、法规、规章以及有关操作规程的规定,采取相应的应急处置措施。

(二)需要报警的交通事故的现场处置

1. 停车报警

作为当事人,一旦发生交通事故,要立即停车,拉紧驻车制动,切断电源,开启危险信号灯,并在来车方向安全距离上放置警示标识。

对有人员受伤的事故现场,应该保护好现场,不要移车,立刻抢救伤员、报警,一旦移车,有可能被视为销毁证据、逃避责任的"逃离现场"。

对没有人员受伤且妨碍交通的事故现场,可在现场拍照取证后再移车。如果没有妨碍到交通,那么建议当事人可以先保留现场,报交警和保险公司,等待下一步指引。

若在高速公路上行驶时发生交通事故,在车辆能动的情况下,应该立刻把车转移到最外侧的应急车道上,随后开启危险报警闪光灯,在应急车道上的车辆后方放置三角警示牌,再报交警和保险公司。

当事人撤离现场,应将车辆移至下列地点:在高速公路上,就近移至紧急停车带内或者硬路肩上;在高架道路、隧道、环线上,就近移至匝道斑马线、出口处导流线或者地面道路;在主干道上,就近移至附近的支小道路;在其他道路上,就近移至非机动车道、人行道上或其他不妨碍交通的地点。

交通事故发生后,现场有关人员应当及时向对事故发生地有管辖权的公安机关交通管理部门报案。现场报案时,应把事故地点、时间、报告人和姓名、住址、车辆类型、车辆牌号、是否载有危险物品,以及事故的死伤和损失等情况向接警员叙述清楚。交警到达现场后,应听从交警指挥并主动如实地反映情况,积极配合交警进行现场勘察和分析等。

此外,对造成道路、供电、供水、供气、通信等设施损毁的交通事故,现场处置人员在发现险情后要及时通知交通、供电、供水、供气、通信相关部门及时维修,消除危险隐患,减少对人民群众正常生活的影响。

若有双方当事人,应在事故发生后,事故处理人员尚未到达现场之前,互相主动出示证件,证明身份、姓名、单位,以防有人为逃避责任而乘乱溜走,给现场勘查和事故处理带来麻烦。除公安机关外,任何单位、任何人都无权扣押事故车辆及各种证件。

2. 抢救伤员

先期处置人员应立即对交通事故中伤员进行救护,并拨打医疗急救电话求救,在医疗救护人员到达现场后,协助其实施各项救护措施。对交通事故伤员应按以下急救原则处理:先抢后救,抢中有救;先救命后治伤;先重伤后轻伤;先分类再运送;快速运送,减少停留;先处理危及生命的严重损伤,在不加重隐蔽伤的条件下,再进行明显损伤的处理和伤员的搬运。如果有死亡人员,确属当场死亡而无丝毫抢救希望者,应原地不动,用草席、篷布、塑料布等物覆盖，不得任意移动尸体。

(1) 交通事故外伤处理的注意事项

① 发生交通事故后，要就地抢救伤员，只有在止血、包扎、固定完成后才搬动伤员。

② 对危重伤员搬动前应先上颈托，固定颈椎。

③ 搬动伤员时，应始终注意保持伤员脊柱在同一轴线上，防止脊柱错位。

④ 伤口禁止用水冲洗，不要涂抹药物，避免伤口污染。

⑤ 不要取出伤口内大块异物，避免损伤神经、血管和脏器。

⑥ 腹壁外伤有内脏突出腹壁，不要还纳，用敷料、纱布盖好伤口，再用盆、碗、茶缸等容器扣住，然后用三角巾包扎固定。

⑦ 脑外伤有脑组织膨出时要用碗扣住，然后用三角巾或纱布包扎固定。

⑧ 烧伤的伤口不要涂抹任何药物，水泡不要扎破。化学烧伤时，要用大量的清水快速冲洗，减少毒物吸收。

(2) 交通事故现场搬运伤员的方法

如果伤者坐在驾驶座位，抢救者应站在伤员背后，使伤员一侧上肢（确保没有损伤）屈肘，前臂横在胸前。抢救者将双手从伤员的两侧腋下向前伸出，紧紧抓住伤员的前臂。请另一名抢救者托住伤员的头部和颈部，保持头、颈与躯体在一条轴线。然后两个人同时慢慢地向侧、后移动，将伤员抬出汽车。如果伤者躺在座位上，抢救者要扶着伤员的头，使其头与身体在同一轴线，并保持固定。另一名抢救者抱住伤员的脚和腿，将伤员轻轻地搬离座位，使腿伸直，并保持与身体在同一轴线。如果伤员没有骨折或其他严重损伤，可将伤员缓慢地搬出汽车。如果怀疑伤员有脊柱损伤或骨折，则应组织 4～5 名抢救者按下列方法搬运：两名抢救者用双手抓住伤员肩部到大腿部位的衣服，并抱住伤员的膝部，另一名抢救者将一块木板轻轻推入伤员背部和靠背之间，用一只手扶着伤员的头部，另一只手扶着木板的上缘。两名抢救者向下探身，用双手抓住木板的下缘，胳膊挡住伤员的身体。在伤员头部的抢救者一手扶着伤员的头，另一只手抓住木板的下缘，同时用前臂保持伤员的头部固定。在伤员脚部的抢救者，用一只手抓着伤员脚部木板的下缘，同时用前臂保持伤员的腿部固定，另一只手抓着木板的上缘。几名抢救者同时用力将木板带伤员稳稳地从座位上抬起，将伤员抬出汽车。

交通事故现场搬运伤员前应标记，如果伤员处于车辆轮胎下面，不移动车辆，伤员出不来，这时应先标记车轮方位和伤者倒卧的位置再移动车辆。具体方法：车轮方位可用粉笔、砖头、土块等画"T"字形标记，分别与车轮平行，与轴头垂直，交叉点位于车轮接地点，要同时标注同侧各轴的车轮。伤员所处的位置应标注其头部、臀部和脚的位置。在紧急情况下，应尽快抢救人，然后标记，但不能影响方位的正确再现。

(3) 交通事故中抢救者的自我保护

抢救者首先要自我保护好，才能有效地抢救伤员，以下两种情况最值得注意：

① 防触电。在交通事故中，如果发现断落的高压电线搭在汽车上，或有人被高压电击伤，抢救者在未采取完全措施前，不要接近汽车或伤员，要保持在 8～10 m 以外的距离，防止跨步电压伤人。要立即设法切断电源或采取安全措施，然后才能进行抢救。抢救时，要先将伤员转移到离高压线 8～10 m 以外，再采取其他抢救措施，或确信线路无电后，再进行就地抢救。

②防化学毒物。在交通事故中,可能会遇到载有某些化学毒品或危险物的汽车。这些汽车应标有特殊的标记,指明是哪一种化学物质,如"剧毒品"或"易爆炸品"等。如果发现有以上标记的汽车,不要盲目接近,而要尽快通知有关部门妥善处理。

3. 划定范围,现场警戒

交通事故发生后,赶到现场的处置人员应当根据需要对事故现场采取设置警戒线、划定隔离区、疏导交通等现场保护措施。

(1)划定现场范围

交通事故现场的警戒范围要依据现场散落物、自然条件等情况来确定,尽量把留有犯罪嫌疑人、肇事人痕迹、物证和尸体的场所都包括进去。同时警戒范围内应留有抢救通道。若需要对现场的伤员、车辆和其他痕迹、物品进行移动,要先做好记号,并详细记录,再实施搬移。在不妨碍人们正常的生活、工作的秩序下,警戒范围可适当宽大一些。具体地说,交通事故现场警戒范围一般应包括事故车辆所在的中心地点;犯罪嫌疑人、肇事人或车辆、物品在受查控中留下重要痕迹、物证的地段;与事故车辆有联系的,具有物证特征的痕迹或物品遗留的地点。

对于敞开性的交通事故现场,由于车辆的机动性,往往有多个关联现场。这时,可以划分1号、2号、3号等多个现场,并合理安排人员进行警戒。

对于封闭性的交通事故现场,如公园、停车场、车站和有围墙的内部环境,要根据现场的出入口、建筑物的结构、现场所处部位,利用地形或车抛物来设置警戒线。对于野外现场,可以利用树木、农作物、公路、桥梁、河道等划分警戒范围。

对于继续燃烧、爆炸或尚在挥发扩散毒源及有放射性物品的交通事故现场,要本着有利于抢救、有利于防止扩大危害的原则,现场保护区要划得大一些,以免危及警戒人员和群众的安全。若运载易燃易爆物品及毒害性、放射性、腐蚀性、传染病病原体等危险物品的车辆发生交通事故,应当立即报告当地人民政府,通报有关部门及时处理,采取封闭道路等交通管制措施;协同有关部门划定隔离区,疏散过往车辆、人员。

(2)实施现场警戒

交通事故现场根据需要,可设置两道或三道警戒线,允许部分有关人员进入警戒线之间活动。对于发生在城市繁华街道的车辆事故现场,为免遭围观群众的破坏,必要时可组成人墙,把群众与现场隔离。可用绳索、白灰线、标杆等作为警戒线,并派人员执勤守护。白天在距离现场来车方向50~150 m外或者路口放置发光或者反光锥筒、警告标识、告示牌等,发光或反光锥筒间隔20 m设置1个。派人引导车辆、行人绕行。允许车辆通行的,还应疏导交通,引导其他车辆减速通行。对重要部位、出入口、要道派专人守护或设置屏障遮挡。也可用到场的处置车辆来充当障碍物,车上可开着警灯作为醒目标识。设置现场的警戒线后,除紧急救险人员和车辆外,禁止其他无关人员进入警戒范围,尽可能使现场保持原始状态。

4. 疏导车辆,维护秩序

对现场车辆的控制和引导是交通事故现场处置的一项重要的任务。对于参与现场处置的工作车辆的指挥和引导,要坚持便利和安全的原则。参与现场处置的勘查车、指挥车、救护车、消防车、清障车和其他救援车辆进入警戒范围时应开启警灯,在夜间还应当开启示廓灯。在停放位置和顺序上,勘查车应停放在事故车辆同车道的后方(来车方向的道路右侧),现场痕迹、散落物范围之外,距现场较近的位置;救护车直接停在事故车辆的前方,以便于就近抢救伤员和驶离现场;消防车和抢险救援车可以直接进入现场救险的位置;其他工作车辆应停放在勘查车的后面;在夜间,照明车应在不破坏现场痕迹、不妨碍救护车通行的前提下,停放在可以照亮整个现场的适当位置;清障车应停在事故处理的前方,既不妨碍救护车的进出,又便于拖曳交通事故车辆。

交通事故现场处置除了对工作车辆进行指挥外,还要对现场中的其他车辆、行人或当事人进行疏导和处置。引导其他无关车辆、行人绕行,如果允许车辆通行,应负责现场警戒、疏导交通;对于交通事故相关人员,如当事人、乘车人、报警人和证人等,应安排在安全地带等候。若需要对事故路段进行封闭,应该在路段的入口处设置交通引导设施,通过广播、交通信息牌,通告广大交通参与者及时调整出行路径。

5. 紧急排险,抢救物资

对于交通事故现场出现车辆、物品发生燃烧、爆炸,有毒、有害物品泄漏,车辆、物品落水,车辆、物品、建(构)筑物濒临坠落或倒塌等危险情况,现场处置人员应当首先在确保自身安全的情况下,针对不同危险情况采取必要的抢救和防范措施,控制或消除现场险情。

(1)火灾、爆炸险情的处置

若现场中出现火灾、爆炸等险情,首先应自行灭火排险。可用随车携带或过往车辆提供的灭火器材奋力扑救,尽量将财产损失降低到最低程度。若火势较猛,或有爆炸危险,应远离现场,提醒过路车辆和行人注意,并及时通知消防部门,同时应设法记录现场原有情形。灭火时,应先切断车辆的电路,迅速拆下油箱或对油箱进行降温、隔热措施,以防止油箱在高温下爆炸。然后使用灭火器或用沙土、篷布等覆盖。如果现场存在爆炸物,可能发生爆炸,应迅速疏散现场人员,切断交通,实施警戒,并及时通知专业部门,等候处理。

对于没有火情的交通事故现场,应注意观察有无引起火灾的隐患,如有无油箱溢出的燃油,有无断落的电线,现场周围有无散落的易燃易爆物品或其他物品。一旦发现隐患,应及时妥善处置。严禁在事故现场及附近吸烟、拨打手机和使用明火等可能引起燃烧、爆炸等严重后果的行为。

(2)有毒、有害物品泄漏的处置

若运送有毒、有害物质的车辆发生事故,应及时向驾驶人、押运人员及其他有关人员了解运载物品的种类,产品的正规名称、通俗名称及可能造成的危害,并及时联系有关部门采取相应的防护和处理措施。现场处理人员则尽量封闭道路,疏散群众及其他车辆,禁止无关人员、车辆进入现场。需要强调的是,在了解车辆所载物品性质前,任何人不得进入警戒区域,包括交警。做好个人防护,不要让有毒、有害物质沾到皮肤上,不要吸入体内;对流淌的地面的泄漏物,不要踩踏,应用泥土筑围拦截,防止其任意流淌,不要贸然接触,防止不必要的损失。

(3)倒塌和坠落事故的处置

交通事故现场若有濒临或坠落的建筑物、电杆、树木、车辆和其他物体,应首先疏散建筑物内人员、围观人员,然后设法固定,可以用木棍、铁架等支撑要倒塌的建筑物。对于无法支撑的,应划定警戒范围,禁止人员进入,或者予以拆除。对于坠落的物体,可以用起重车起吊,用绳索捆绑或者石头塞垫。在操作时,要特别注意安全。

（4）公共设施被毁损的处置

由于道路、供电、通信等设施的损坏直接影响人民群众正常的工作和生活,快速维修并恢复其功能极为重要。如果发现交通事故已经造成道路、供电、通信等设施损毁,应当立即通知交通、供电、通信部门及时维修,消除危险隐患,减少对人民群众正常工作、生活的影响。

（5）对于传染病病原体扩散的防止

交通事故一旦发现传染病病原体扩散险情,必须穿防护服到达现场,强令车辆内人员不得下车。在事故车辆周围设置警戒线,及时采取交通管制措施,阻断交通,禁止一切车辆、行人通行。事故车辆可以继续行驶的,可以由当事人在标注车辆停止位置后迅速驾车驶离现场,除了不能继续行驶的,要及时通知急救中心调集车辆转移患者。交通事故车辆要经过消毒后方可由清障车拖移。

6. 保护现场证据

交通事故现场的保护方法和犯罪现场物证的保护方法大致相同,即运用标记法、警戒法、遮盖法和转移法。但由于现场环境和保护对象的差异,在操作上,交通事故现场保护的方法又有所不同。

（1）现场痕迹和散落物的保护

对于搜索到的痕迹及散落物要特别注意保护方式。对于极易被人忽视的物证,要用醒目的标识加以标记;对于距离中心现场较远的物证,除了标记外,还要派专人警戒;若现场风较大,为防止散落物或痕迹变化,还要码放砖、石等物将其圈围;若遇天气变化,可用不带异味的塑料薄膜或席子、苫布将痕迹物品遮盖起来。若上述方法均不适用,也可直接提取现场物证。对于提取的物品要加包装和加封,在包装物或标签上要注明以下内容:物品的名称和提取的地点、提取时间、案件名称及编号、提取人的职务和姓名及见证人。

（2）现场车辆制动印迹的保护

在交通事故现场中应注意对车辆制动印迹的保护。正确的做法是从路面显示的制动轮拖印迹开始,用粉笔或砖块标记出"["符号,在印迹终点用"]"符号标记。如果事故车辆未移动,只标记制动印迹开始点即可。对伤员倒卧方向位置及现场遗留物品(伤者血迹、随身物品、汽车掉落漆片、灯罩碎片等),可用粉笔或砖块标记出来,但必须标记清楚伤员倒卧路面的头脚位置。

（3）恶劣天气注意保护痕迹物证

若遇刮风、下雨、下雪等恶劣天气,应当将痕迹、尸体和物品用席子、木板、帆布、塑料布等遮盖。对于容易消失的痕迹,拍照固定或者做好标记,并找见证人见证。

7. 确定交通事故当事人,控制肇事嫌疑人,查找证人

交通事故当事人是交通事故后续处理工作的前提。肇事嫌疑人在无证驾驶、酒后驾驶等情况下发生交通事故,内心十分惧怕,担心受罚或高额赔偿款,往往选择逃逸或者寻找"替罪羊"。现场处置人员应密切监视肇事嫌疑人动向,观察其精神状态,防止肇事嫌疑人逃逸或寻找"替罪羊"。一旦发生逃逸,应积极追捕。若条件所限不适宜自行追捕,应及时将相关的信息通知给警方,以便迅速抓获。同时,要防止肇事嫌疑人自杀,阻止死伤者家属殴打肇事人等。

证人证言对于认定交通事故的过程,确定交通事故的成因具有重要的意义。交通事故现场处置人员还应在事故现场确定证人,并适时开展现场访问。访问的对象应包括肇事车辆车主、伤员、过往车辆车主、现场目击者等。要善于寻找、开导现场的目击证人,对于不便或不愿当场接受询问的,应记录联系方式,以便日后再行调查。现场访问的内容应包括事故过程、肇事嫌疑人生理和心理状态、肇事车辆的车况、事故时的环境条件及事故后果等。

8. 清理现场

交通事故现场勘查完毕后,现场处置人员应及时清除交通事故现场遗留物,撤离现场,恢复交通,并做好交通事故现场肇事车辆、散落物、尸体的善后处理。除了需要进一步核查、检验、鉴定和提取证据的事故车辆及由公安机关交通管理部门扣留或者扣押的物品之外,现场的其他车辆及物品应当场发还其所有人或所有人的亲属、代理人。对暂时无法移动的车辆和物品,要及时联系清障车辆进行拖移或转运。在拖移或转运前,应保持开启事故车辆的危险报警闪光灯和保留现场警戒区,并安排人员看守。现场有人员死亡的,由到达现场的医疗、急救机构的医生确认和签名。现场勘查完毕后,应当清理登记死者的随身物品,并将尸体运离现场存放于殡葬服务单位或者有停尸条件的医疗机构,之后再根据需要对尸体做进一步的检验。对于毁坏的市政设施应及时通知相关部门进行尽快抢修,及时恢复其正常功能。对一时无法修复的,应采取临时性加固、支撑、堵塞等措施,或使用临时性替代品,设置临时性标识。待现场道路上的障碍物清除完毕,恢复通行之后,才可以撤离现场。

项目实训

实训案例:

某日,某派出所接报警称,在某学院西侧路上发生一起交通事故,有人员受伤。接警后,该所迅速集合队伍赶赴现场。现场所见:某学院校园西侧的公共环形道路上,一辆轿车在倒车时与一自行车发生碰撞。轿车后保险杠被撞破,司机呆立一旁,不知所措。自行车前轮撞成"S"形,车载两人,一男青年倒卧在轿车两前轮之间,已不省人事,一女青年瘫坐一侧,表情痛苦。现场围观群众众多,且有不少进出车辆。

实训内容:

采用角色扮演法,模拟交通事故现场警戒、保护、访问和急救等应急措施的实施,掌握应急处置组织和协调技能。

实训实施:

(1)由指挥组受理报案并赶赴现场外围观察。

(2)指挥组下达集合动员令,迅速分工,明晰职责。

(3)警戒组、疏导组、急救组、物证保护组、调查组等各处置小组在指挥组的带领下,有序、迅速、合理地开展处置工作。

(4)指挥组掌握各组处置进度,视情况结束现场处置。

(5)教师讲评与总结(评比要素包括精神面貌、组织指挥、团队协作和技能操作质量)。

(6)个人撰写实训报告并上交,教师批阅并在小组基准分的基础上确定个人最终成绩。

项目十三 公共卫生事件应急处置

学习目标

(1)了解突发公共卫生事件的定义。
(2)了解突发公共卫生事件处置的目的。
(3)掌握突发公共卫生事件的处置原则和策略。

素养提升

通过突发公共卫生事件应急预防与处置等知识的学习,感受在危难时刻全社会万众一心、同舟共济的守望相助精神。

任务一 了解突发公共卫生事件应急知识

任务导入

沼气吸入中毒事件

某市下水管网内施工现场,有6~8名工人在作业时突然昏迷,市紧急救援中心指挥调度接到呼救电话迅速下达出诊指令,派6辆急救车、12名急救人员赶往现场,并请求消防部门联动救援,启动了《市紧急救援中心突发公共事件应急预案》。急救人员5 min到达现场,随后到达的消防人员身着防护服进入下水管网内,先后救出8名伤者,初步判断工人为沼气吸入中毒。急救人员立即建立临时救治分区,进行分类检伤和病情分级,确定重度2人、中度4人、轻度2人,现场医疗指挥员向赶到的市政府主要领导汇报了情况。这类突发公共卫生事件发生后如何应急处置?

一、突发公共卫生事件的定义和特点

突发公共卫生事件是指突然发生，造成或者可能造成社会公众健康严重损害的重大传染病疫情、群体性不明原因疾病、重大食物和职业中毒，以及其他严重影响公众健康的事件。突发公共卫生事件具有以下特征：

（一）成因的多样性

突发公共卫生事件的成因较复杂，如传染病、群体中毒、职业中毒、污染中毒、自然灾害、意外事故等。

（二）分布的差异性

分布的差异性体现在时间分布差异上，在不同的季节，传染病的发病率不同，如流行性感冒往往发生在冬季、春季，肠道传染病则多发生在夏季。分布差异性还表现在空间分布差异上，如流感在我国南方和北方的流行存在差异。

（三）传播的广泛性

在全球化的时代，某些病毒可以随人或物通过现代交通工具跨国流动，而一旦造成传播，就会成为全球性的传播。

（四）危害的复杂性

突发公共卫生事件不但对人的健康有影响，可能造成大量人员伤亡，对民众造成心理创伤，还会影响正常的社会秩序，影响经济发展和国家安全，乃至对政治都有较大的影响。

二、突发公共卫生事件的分类

（一）生物病原体致病

生物病原体所致疾病主要指传染病（包括人畜共患传染病）、寄生虫病、地方病区域性流行、暴发流行或出现死亡；预防接种或预防服药后出现群体性异常反应；群体性医院感染等。

（二）食物中毒

食物中毒是指人摄入了含有生物性、化学性有毒有害物质后或把有毒有害物质当作食物摄入后所出现的非传染性的急性或亚急性疾病，属于食源性疾病的范畴。

（三）污染造成群体中毒

这类事件一般由污染，如水体污染、大气污染、放射污染等所致，波及范围广。

（四）自然灾害

自然灾害如地震、火山爆发、泥石流、台风、洪涝等引起传染病疫情等。

（五）意外事故

意外事故是指煤矿瓦斯爆炸、飞机坠毁、空袭等。这类事件事前没有预兆，往往会造成巨大的经济损失和人员伤亡。

（六）不明原因致病

这类事件由不明原因所致，公众缺乏相应的防护和治疗知识，日常也没有针对该事件的特定监测预警系统，所以该类事件常常造成严重的后果。

> **知识链接**
>
> **《国家突发公共卫生事件应急预案》相关规定**
>
> 《国家突发公共卫生事件应急预案》是依据《传染病防治法》《食品卫生法》《职业病防治法》《国境卫生检疫法》《突发公共卫生事件应急条例》《国内交通卫生检疫条例》《国家突发公共事件总体应急预案》制定。该预案分为总则，应急组织体系及职责，突发公共卫生事件的监测、预警与报告，突发公共卫生事件的应急反应和终止，善后处理，突发公共卫生事件应急处置的保障，预案管理与更新，附则八个部分。

三、突发公共卫生事件应急处置工作原则

（一）预防为主，常备不懈

提高全社会对突发公共卫生事件的防范意识，落实各项防范措施，做好人员、技术、物资和设备的应急储备工作。对各类可能引发突发公共卫生事件的情况要及时进行分析、预警，做到早发现、早报告、早处理。

（二）统一领导，分级负责

根据突发公共卫生事件的范围、性质和危害程度，对突发公共卫生事件实行分级管理。各级人民政府负责突发公共卫生事件应急处理的统一领导和指挥，各有关部门按照预案规定，在各自的职责范围内做好突发公共卫生事件应急处理的有关工作。

（三）依法规范，措施果断

地方各级人民政府和卫生行政部门要按照相关法律、法规和规章的规定，完善突发公共卫生事件应急体系，建立健全系统、规范的突发公共卫生事件应急处理工作制度，对突发公共卫生事件和可能发生的公共卫生事件做出快速反应，及时、有效开展监测、报告和处理工作。

（四）依靠科学，加强合作

突发公共卫生事件应急工作要充分尊重和依靠科学，要重视开展防范和处理突发公共卫生事件的科研和培训，为突发公共卫生事件应急处理提供科技保障。各有关部门和单位要通力合作、资源共享，有效应对突发公共卫生事件。要广泛组织、动员公众参与突发公共卫生事件的应急处理。

四、突发公共卫生事件应急处置的体系与职责

（一）应急指挥机构

卫生部依照职责和有关规定，在国务院统一领导下，负责组织、协调全国突发公共卫

生事件应急处理工作,并根据突发公共卫生事件应急处理工作的实际需要,提出成立全国突发公共卫生事件应急指挥部。

地方各级人民政府卫生行政部门依照职责和国家突发公共卫生事件应急预案的规定,在本级人民政府统一领导下,负责组织、协调本行政区域内突发公共卫生事件应急处理工作,并根据突发公共卫生事件应急处理工作的实际需要,向本级人民政府提出成立地方突发公共卫生事件应急指挥部的建议。

(二)应急日常管理机构

国务院卫生行政部门设立卫生应急办公室(突发公共卫生事件应急指挥中心),负责全国突发公共卫生事件应急处理的日常管理工作。

各省、自治区、直辖市人民政府卫生行政部门及军队、武警系统要参照国务院卫生行政部门突发公共卫生事件日常管理机构的设置及职责,结合各自实际情况,指定突发公共卫生事件的日常管理机构,负责本行政区域或本系统内突发公共卫生事件应急的协调、管理工作。

各市(地)级、县级卫生行政部门要指定机构负责本行政区域内突发公共卫生事件应急的日常管理工作。

(三)专家咨询委员会

国务院卫生行政部门和省级卫生行政部门负责组建突发公共卫生事件专家咨询委员会。

市(地)级和县级卫生行政部门可根据本行政区域内突发公共卫生事件应急工作需要,组建突发公共卫生事件应急处理专家咨询委员会。

(四)应急处理专业技术机构

医疗机构、疾病预防控制机构、卫生监督机构、出入境检验检疫机构是突发公共卫生事件应急处理的专业技术机构。应急处理专业技术机构要结合本单位职责开展专业技术人员处理突发公共卫生事件能力培训,提高快速应对能力和技术水平,在发生突发公共卫生事件时,要服从卫生行政部门的统一指挥和安排,开展应急处理工作。

五、突发公共卫生事件的应急反应和终止

(一)应急反应原则

发生突发公共卫生事件时,事发地的县级、市(地)级、省级人民政府及其有关部门按照分级响应的原则,做出相应级别应急反应。同时,要遵循突发公共卫生事件发生发展的客观规律,结合实际情况和预防控制工作的需要,及时调整预警和反应级别,以有效控制事件,减少危害和影响。要根据不同类别突发公共卫生事件的性质和特点,注重分析事件的发展趋势,对事态和影响不断扩大的事件,应及时升级预警和反应级别;对范围局限、不会进一步扩散的事件,应相应降低反应级别,及时撤销预警。

国务院有关部门和地方各级人民政府及有关部门对在学校、区域性或全国性重要活

动期间等发生的突发公共卫生事件,要高度重视,可相应提高报告和反应级别,确保迅速、有效地控制突发公共卫生事件,维护社会稳定。

突发公共卫生事件应急处理要采取边调查、边处理、边抢救、边核实的方式,以有效措施控制事态发展。

事发地之外的地方各级人民政府卫生行政部门接到突发公共卫生事件情况通报后,要及时通知相应的医疗卫生机构,组织做好应急处理所需的人员与物资准备,采取必要的预防控制措施,防止突发公共卫生事件在本行政区域内发生,并服从上一级人民政府卫生行政部门的统一指挥和调度,支援突发公共卫生事件发生地区的应急处理工作。

(二)应急反应具体处置措施

1. 各级人民政府的应急处置措施

(1)组织协调有关部门参与突发公共卫生事件的处理。

(2)根据突发公共卫生事件处理需要,调集本行政区域内各类人员、物资、交通工具和相关设施、设备参加应急处理工作。涉及危险化学品管理和运输安全的,有关部门要严格执行相关规定,防止事故发生。

(3)划定控制区域:甲类、乙类传染病暴发、流行时,县级以上地方人民政府报经上一级地方人民政府决定,可以宣布疫区范围;经省、自治区、直辖市人民政府决定,可以对本行政区域内甲类传染病疫区实施封锁;封锁大、中城市的疫区或者封锁跨省(区、市)的疫区,以及封锁疫区导致中断干线交通或者封锁国境的,由国务院决定。对重大食物中毒和职业中毒事故,根据污染食品扩散和职业危害因素波及的范围,划定控制区域

(4)疫情控制措施:当地人民政府可以在本行政区域内采取以下措施来控制疫情:限制或者停止集市、集会、影剧院演出,以及其他人群聚集的活动;停工、停业、停课;封闭或者封存被传染病病原体污染的公共饮用水源、食品以及相关物品等紧急措施;临时征用房屋、交通工具以及相关设施和设备。

(5)流动人口管理:对流动人口采取预防工作,落实控制措施,对传染病病人、疑似病人采取就地隔离、就地观察、就地治疗的措施,对密切接触者根据情况采取集中或居家医学观察。

(6)实施交通卫生检疫:组织铁路、交通、民航、质检等部门在交通站点和出入境口岸设置临时交通卫生检疫站,对出入境、进出疫区和运行中的交通工具及其乘运人员和物资、宿主动物进行检疫查验,对病人、疑似病人及其密切接触者实施临时隔离、留验和向地方卫生行政部门指定的机构移交。

(7)信息发布:突发公共卫生事件发生后,有关部门要按照有关规定做好信息发布工作,信息发布要及时主动、准确把握、实事求是,正确引导舆论,注重社会效果。

(8)开展群防群治:街道、乡(镇)以及居委会、村委会协助卫生行政部门和其他部门、医疗机构,做好疫情信息的收集、报告、人员分散隔离及公共卫生措施的实施工作。

(9)维护社会稳定:组织有关部门保障商品供应,平抑物价,防止哄抢;严厉打击造谣传谣、哄抬物价、囤积居奇、制假售假等违法犯罪和扰乱社会治安的行为。

2. 公安机关的应急处置措施

突发公共卫生事件易引发社会治安问题,使涉及稳定的不确定因素增加,如一些别有

用心、唯恐天下不乱者通过互联网等渠道编造、散布谣言和虚假恐怖信息，蛊惑人心，危害社会稳定。公安机关在公共卫生事件中的工作目标是及时、准确地掌握有关突发的信息动态，配合有关部门及时处置，严厉打击造谣和借机进行捣乱破坏的违法犯罪活动，切实维护社会正常秩序。围绕这一工作目标，公安机关在政府和上级公安机关的领导下，积极配合卫生防疫等有关部门，以"区分性质、讲究策略、把握时机、严格执法、冷静稳妥"为工作要求，做到早发现、早控制、早处置，把可能导致的损害和影响降至最低限度。具体措施如下：

（1）防范和打击境内外敌对势力、宗教极端势力、民族分裂势力、暴力恐怖势力及邪教组织借机进行的破坏活动。

（2）密切关注社会动态，搜集掌握与突发事件有关尤其是影响社会稳定的情况信息，积极预防、妥善处置由突发事件引发的群体性治安事件。

（3）严密监控网上有关信息，及时处理有害信息。

（4）加强对社会面的控制，及时发现、严厉打击哄抬物价等扰乱市场秩序和造谣惑众等违法犯罪活动。

（5）协助卫生防疫部门对突发公共卫生事件中病人和疑似病人采取强制隔离治疗措施。

（6）协助卫生防疫部门对擅自脱离的突发公共卫生事件中病人和疑似病人进行查找。

（7）协助卫生防部门对突发公共卫生事件隔离区（点）采取封闭隔离措施。

（8）配合卫生防疫部门在主要道路设卡，对过往车辆和人员进行卫生检疫（包括强制检疫）。

（9）做好交通疏导，保障突发公共卫生事件期间道路交通安全畅通，特别是要重点保障疫情处理车辆和人员迅速抵达疫区。

（10）承办突发公共卫生事件指挥部或领导组交办的其他任务。

3. 卫生行政部门的应急处置措施

（1）组织医疗机构、疾病预防控制机构和卫生监督机构开展突发公共卫生事件的调查与处理。

（2）组织突发公共卫生事件专家咨询委员会对突发公共卫生事件进行评估，提出启动突发公共卫生事件应急处理的级别。

（3）应急控制措施：根据需要组织开展应急疫苗接种、预防服药。

（4）督导检查：国务院卫生行政部门组织对全国或重点地区的突发公共卫生事件应急处理工作进行督导和检查。省、市（地）级以及县级卫生行政部门负责对本行政区域内的应急处理工作进行督察和指导。

（5）发布信息与通报：国务院卫生行政部门或经授权的省、自治区、直辖市人民政府卫生行政部门及时向社会发布突发公共卫生事件的信息或公告。国务院卫生行政部门及时向国务院各有关部门和各省、自治区、直辖市卫生行政部门以及军队有关部门通报突发公共卫生事件情况。对涉及跨境的疫情线索，由国务院卫生行政部门向有关国家和地区通报情况。

（6）制定技术标准和规范：国务院卫生行政部门对新发现的突发传染病、不明原因的群体性疾病、重大中毒事件,组织力量制定技术标准和规范,及时组织全国培训。地方各级卫生行政部门开展相应的培训工作。

(7)普及卫生知识:针对事件性质,有针对性地开展卫生知识宣教,提高公众健康意识和自我防护能力,消除公众心理障碍,开展心理危机干预工作。

(8)进行事件评估:组织专家对突发公共卫生事件的处理情况进行综合评估,包括事件概况、现场调查处理概况、病人救治情况、所采取的措施、效果评价等。

4. 医疗机构的应急处置措施

(1)开展病人接诊、收治和转运工作,实行重症和普通病人分开管理,对疑似病人及时排除或确诊。

(2)协助疾病预防控制机构人员开展标本的采集、流行病学调查工作。

(3)做好医院内现场控制、消毒隔离、个人防护、医疗垃圾和污水处理工作,防止院内交叉感染和污染。

(4)做好传染病和中毒病人的报告。对因突发公共卫生事件而引起身体伤害的病人,任何医疗机构不得拒绝接诊。

(5)对群体性不明原因疾病和新发传染病做好病例分析与总结,积累诊断治疗的经验。重大中毒事件,按照现场救援、病人转运、后续治疗相结合的原则进行处置。

(6)开展与突发事件相关的诊断试剂、药品、防护用品等方面的研究。开展国际合作,加快病源查寻和病因诊断。

5. 疾病预防控制机构的应急处置措施

(1)突发公共卫生事件信息报告:国家、省、市(地)、县级疾病预防控制机构做好突发公共卫生事件的信息收集、报告与分析工作。

(2)开展流行病学调查:疾病预防控制机构人员到达现场后,尽快制订流行病学调查计划和方案,地方专业技术人员按照计划和方案,对突发事件累及人群的发病情况、分布特点进行调查分析,提出并实施有针对性的预防控制措施;对传染病病人、疑似病人、病原携带者及其密切接触者进行追踪调查,查明传播链,并向相关地方疾病预防控制机构通报情况。

(3)实验室检测:中国疾病预防控制中心和省级疾病预防控制机构指定的专业技术机构在地方专业机构的配合下,按有关技术规范采集足量、足够的标本,分送省级和国家应急处理功能网络实验室检测,查找致病原因。

(4)开展科研与国际交流:开展与突发事件相关的诊断试剂、疫苗、消毒方法、医疗卫生防护用品等方面的研究。开展国际合作,加快病源查寻和病因诊断。

(5)制订技术标准和规范:中国疾病预防控制中心协助卫生行政部门制订全国新发现的突发传染病、不明原因的群体性疾病、重大中毒事件的技术标准和规范。

(6)开展技术培训:中国疾病预防控制中心具体负责全国省级疾病预防控制中心突发公共卫生事件应急处理专业技术人员的应急培训。各省级疾病预防控制中心负责县级以上疾病预防控制机构专业技术人员的培训工作。

6. 卫生监督机构的应急处置措施

(1)在卫生行政部门的领导下,开展对医疗机构、疾病预防控制机构突发公共卫生事件应急处理各项措施落实情况的督导、检查。

(2)围绕突发公共卫生事件应急处理工作,开展食品卫生、环境卫生、职业卫生等的卫生监督和执法稽查。

(3)协助卫生行政部门依据《突发公共卫生事件应急条例》和有关法律法规,调查处理突发公共卫生事件应急工作中的违法行为。

7. 出入境检验检疫机构的应急处置措施

(1)突发公共卫生事件发生时,调动出入境检验检疫机构技术力量,配合当地卫生行政部门做好口岸的应急处理工作。

(2)及时上报口岸突发公共卫生事件的信息和情况变化。

8. 非事件发生地区的应急反应措施

未发生突发公共卫生事件的地区应根据其他地区发生事件的性质、特点、发生区域和发展趋势,分析本地区受波及的可能性和程度,重点做好以下工作:

(1)密切保持与事件发生地区的联系,及时获取相关信息。

(2)组织做好本行政区域应急处理所需的人员与物资准备。

(3)加强相关疾病与健康监测和报告工作,必要时,建立专门报告制度。

(4)开展重点人群、重点场所和重点环节的监测和预防控制工作,防患于未然。

(5)开展防治知识宣传和健康教育,提高公众自我保护意识和能力。

(6)根据上级人民政府及其有关部门的决定,开展交通卫生检疫等。

(三)突发公共卫生事件的分级反应

特别重大突发公共卫生事件应急处理工作由国务院或国务院卫生行政部门和有关部门组织实施,开展突发公共卫生事件的医疗卫生应急、信息发布、宣传教育、科研攻关、国际交流与合作、应急物资与设备的调集、后勤保障以及督导检查等工作。国务院可根据突发公共卫生事件性质和应急处置工作,成立全国突发公共卫生事件应急处理指挥部,协调指挥应急处置工作。事发地省级人民政府应按照国务院或国务院有关部门的统一部署,结合本地区实际情况,组织协调市(地)、县(市)人民政府开展突发公共事件的应急处理工作。

特别重大级别以下的突发公共卫生事件应急处理工作由地方各级人民政府负责组织实施。超出本级应急处置能力时,地方各级人民政府要及时报请上级人民政府和有关部门提供指导和支持。

(四)应急反应的终止

突发公共卫生事件应急反应的终止需符合以下条件:突发公共卫生事件隐患或相关危险因素消除,或末例传染病病例发生后经过最长潜伏期无新的病例出现。

特别重大突发公共卫生事件由国务院卫生行政部门组织有关专家进行分析论证,提出终止应急反应的建议,报国务院或全国突发公共卫生事件应急指挥部批准后实施。特别重大以下突发公共卫生事件由地方各级人民政府卫生行政部门组织专家进行分析论证,提出终止应急反应的建议,报本级人民政府批准后实施,并向上一级人民政府卫生行政部门报告。上级人民政府卫生行政部门要根据下级人民政府卫生行政部门的请求,及时组织专家对突发公共卫生事件应急反应的终止的分析论证提供技术指导和支持。

(五)善后处理

1. 后期评估

突发公共卫生事件结束后,各级卫生行政部门应在本级人民政府的领导下,组织有关人员对突发公共卫生事件的处理情况进行评估。评估内容主要包括事件概况、现场调查处理概况、病人救治情况、所采取措施的效果评价、应急处理过程中存在的问题和取得的经验及改进建议。评估报告上报本级人民政府和上一级人民政府卫生行政部门。

2. 奖励

县级以上人民政府人事部门和卫生行政部门对参加突发公共卫生事件应急处理做出贡献的先进集体和个人进行联合表彰;民政部门对在突发公共卫生事件应急处理工作中英勇献身的人员,按有关规定追认为烈士。

3. 责任

对在突发公共卫生事件的预防、报告、调查、控制和处理过程中,有玩忽职守、失职、渎职等行为的,依据《突发公共卫生事件应急条例》及有关法律法规追究当事人的责任。

4. 抚恤和补助

地方各级人民政府要组织有关部门对因参与应急处理工作致病、致残、死亡的人员,按照国家有关规定,给予相应的补助和抚恤,对参加应急处理一线工作的专业技术人员应根据工作需要制订合理的补助标准,给予补助。

5. 征用物资、劳务的补偿

突发公共卫生事件应急工作结束后,地方各级人民政府应组织有关部门对应急处理期间紧急调集、征用有关单位、企业、个人的物资和劳务进行合理评估,给予补偿。

任务二 突发传染病事件处置

> **任务导入**
>
> **"登革热"感染事件**
>
> 某院感染性疾病科接到了一名不明原因发热的患者。患者51岁,女性,发热38 ℃且全身肌肉酸痛。患者在发病前一周与他人一起去过云南,但同行的人没出现发热或其他不适。医生想到了"登革热",随即对患者进行了登革热抗原、核酸检测,并对其进行了防蚊隔离。这类突发公共卫生事件发生后如何应急处置?

一、传染病与突发传染病事件

传染病是指由病原微生物,如朊粒、病毒、衣原体、立克次体、支原体、细菌、真菌、螺旋体和寄生虫感染人体后产生的有传染性、在一定条件下可造成流行的疾病。传染病是由特异病原体或它们的毒性产物所引起的疾病。这种病原体及其毒性产物可以通过感染的人、动物或储存宿主以直接或间接的方式（经由中介的动物宿主、昆虫、植物宿主或其他环境因素）传染给易感宿主。

公共卫生突发事件包括许多种类，传染病引起的突发事件是其中的一种。传染病最基本的特点是自身具有突发性、传播性。与非传染性疾病不同，传染病可以在短时间内突然造成大批人群发病或死亡，从而引发群体性恐慌。严重者，可影响到国家安全和政府形象，甚至政治稳定。尤其是新发传染病，其最大特点在于在疫情初发时，临床医生不知采取何种有效治疗方案，发病率或病死率居高不下；预防控制人员也不能及时确定病因，因而无法采取特异性预防和控制措施；政府机构得不到专业人员的明确意见，也很难及时做出决策；大众得不到有效的宣传和教育，恐慌心理严重，容易造成社会的不稳定。

《传染病防治法》是为了预防、控制和消除传染病的发生与流行，保障人体健康和公共卫生制定的法律。1989年2月21日第七届全国人民代表大会常务委员会第六次会议通过，2004年8月28日第十届全国人民代表大会常务委员会第十一次会议修订，根据2013年6月29日第十二届全国人民代表大会常务委员会第三次会议《关于修改〈中华人民共和国文物保护法〉等十二部法律的决定》修正。2023年10月在第十四届全国人民代表大会常务委员会第六次会议上，《传染病防治法（修订草案）》提请初次审议。

二、传染病的特征

传染病与其他疾病的主要区别在于其具有下列四个基本特征。

（一）病原体

每种传染病都是由特异性病原体引起的。病原体可以是微生物或寄生虫。近年还证实一种不同于微生物和寄生虫，缺乏核酸结构的具有感染性的变异蛋白质，称为朊粒，是人类几种中枢神经系统退行性疾病——克雅病、库鲁病等的病原体。历史上许多传染病都是先认识其临床和流行病学特征，然后才认识其病原体。

（二）传染性

传染性意味着病原体能通过某种途径感染他人。传染病患者有传染性的时期称为传染期，它在每一种传染病中都相对固定，可作为隔离患者的依据之一。

（三）流行病学特征

传染病的流行过程在自然和社会因素的影响下，表现出各种流行病学特征：

1. 流行性

流行性可分为散发、暴发、流行和大流行。散发是指某传染病在某地的常年发病情况或常年一般发病率水平，可能是由于人群对某病的免疫水平较高，或某病的隐性感染率较高，或某病不容易传播等。暴发是指在某一局部地区或集体单位中，短期内突然出现许多同一疾病的患者，大多是同一传染源或同一传播途径，如流行性感冒等。某病发病率显著超过该病常年发病率水平或为散发发病率的数倍,称为流行。某病在一定时间内迅速传播,波及全国各地,甚至超出国界或洲境,称为大流行或称世界性流行。

2. 季节性

季节性的主要原因为气温的高低和昆虫媒介的有无。如呼吸道传染病常发生在冬季、春季,肠道传染病及虫媒传染病常发生在夏季、秋季。

3. 地方性

地方性是指有些传染病或寄生虫病由于中间宿主的存在、地理条件、气温条件、人民生活习惯等原因,常局限在一定的地理范围内发生。

4. 外来性

外来性是指在国内或地区内原来不存在,从国外或外地通过外来人口或物品传入的传染病,如霍乱。

(四)感染后免疫

感染后免疫是指免疫功能正常的人体经显性或隐性感染某种病原体后,产生针对该病原体及其产物(如毒素)的特异性免疫。通过血清中特异性抗体的检测可知其是否具有免疫力。感染后获得的免疫力和疫苗接种一样都属于主动免疫。通过注射或从母体获得抗体的免疫力属于被动免疫。感染后免疫力的持续时间在不同传染病中有很大差异。有些传染病,如麻疹、脊髓灰质炎和乙型脑炎等,感染后免疫力持续时间较长,甚至保持终生;但有些传染病感染后免疫力持续时间较短,如流行性感冒、细菌性痢疾和阿米巴病等。

三、传染病流行过程的基本条件

传染病的流行过程就是传染病在人群中发生、发展和转归的过程。流行过程的发生需要有三个基本条件,即传染源、传播途径和人群易感性。

(一)传染源

传染源是指体内有病原体生存、繁殖并能将病原体排出体外的人和动物。传染源包括下列四个方面:

1. 患者

一般情况下,患者发病早期的传染性最大。慢性感染患者可长期排出病原体,可成为长期传染源。

2. 隐性感染者

在某些传染病中,如流行性脑脊髓膜炎、脊髓灰质炎等,隐性感染者在病原体被清除前是重要的传染源。

3. 病原携带者

病原携带者无明显临床症状而长期排出病原体,如伤寒、细菌性痢疾等。

4. 感染动物

感染动物以啮齿动物最为常见,其次是家畜、家禽。

（二）传播途径

病原体离开传染源到达另一个易感者的途径称为传播途径，同一种传染病可以有多种传播途径。

1. 呼吸道传播

病原体存在于空气中的飞沫或气溶胶中，易感者吸入时获得感染，如麻疹、白喉、结核病、禽流感和严重急性呼吸综合征等。

2. 消化道传播

病原体污染食物、水源或食具，易感者于进食时获得感染，如伤寒、细菌性痢疾和霍乱等。

3. 接触传播

易感者与被病原体污染的水或土壤接触时获得感染，如钩端螺旋体病、血吸虫病和钩虫病等。伤口被污染，有可能患破伤风。日常生活的密切接触也有可能获得感染，如麻疹、白喉、流行性感冒等。不洁性接触可传播艾滋病、乙型病毒性肝炎、丙型病毒性肝炎、梅毒螺旋体、淋病等。

4. 虫媒传播

被病原体感染的吸血节肢动物，如按蚊、人虱、鼠蚤、白蛉、硬蜱和恙螨等，于叮咬时把病原体传给易感者，可分别引起疟疾、流行性斑疹伤寒、地方性斑疹伤寒、黑热病、莱姆病和恙虫病等。由于节肢动物的生活习性，这类病例往往有严格的季节性，有些病例还与感染者的职业及地区相关。

5. 血液、体液传播

病原体存在于携带者或患者的血液或体液中，通过应用血制品、分娩或性行为等传播，如疟疾、乙型病毒性肝炎、丙型病毒性肝炎和艾滋病等。

上述途径传播统称为水平传播，母婴传播属于垂直传播。婴儿出生前已从母亲或父亲获得的感染称为先天性感染，如先天性梅毒、先天性弓形虫病。

（三）人群易感性

对某种传染病缺乏特异性免疫力的人称为易感者，他们对该病原体具有易感性。当易感者在某一特定人群中的比例达到一定水平，又有传染源和合适的传播途径时，则很容易发生该传染病流行。

四、传染病预防措施

传染病的预防措施包括传染病报告及针对传染源、传播途径和易感人群的措施。

（一）传染病报告

传染病报告是传染病监测的手段之一，也是控制和消除传染病发生和流行的重要措施。为了加强传染病信息报告管理，《传染病信息报告管理规范（2015年版）》规定，各级各类医疗卫生机构为责任报告单位；其执行职务的人员和乡村医生、个体开业医生均为责任疫情报告人。责任报告单位和责任疫情报告人发现甲类传染病和乙类传染病中的肺炭疽、传染性非典型肺炎等按照甲类管理的传染病人或疑似病人时,或发现其他传染病和不明原因疾病暴发时,应于2小时内将传染病报告卡通过网络报告。对其他乙、丙类传染病病人、疑似病人和规定报告的传染病病原携带者在诊断后,应于24小时内进行网络报告。不具备网络直报条件的医疗机构及时向属地乡镇卫生院、城市社区卫生服务中心或县级疾病预防控制机构报告,并于24小时内寄送出传染病报告卡至代报单位。

(二)针对传染源的措施

1. 病人

针对病人的措施应做到早发现、早诊断、早报告、早隔离、早治疗("五早")。病人一经诊断为传染病或可疑传染病,就应按传染病防治法规定实行分级管理。

2. 病原携带者

对病原携带者,应做好登记、管理和随访,直至其病原体检查2～3次阴性。在饮食、托幼和服务行业工作的病原携带者须暂时离开工作岗位,久治不愈的伤寒或病毒性肝炎病原携带者不得从事威胁性职业。艾滋病、乙型和丙型病毒性肝炎、疟疾病原携带者严禁做献血员。

3. 接触者

凡与传染源有过接触并有可能受感染者都应接受检疫。检疫期为最后接触日至该病的最长潜伏期。

4. 动物传染源

对危害大且经济价值不大的动物传染源应予彻底消灭。对危害大的病畜或野生动物应予捕杀、焚烧或深埋。对危害不大且有经济价值的病畜可予以隔离治疗。此外还要做好家畜和宠物的预防接种和检疫。

(三)针对传播途径的措施

对传染源污染的环境,必须采取有效的措施,去除和杀灭病原体。肠道传染病通过粪便等污染环境,因此应加强被污染物品和周围环境的消毒;呼吸道传染病通过痰和呼出的气污染环境,通风和空气消毒至关重要,如非典型性肺炎预防控制中针对传播途径的措施主要是通风、洗手、空气消毒;艾滋病可通过注射器和性活动传播,应大力推荐使用避孕套,杜绝吸毒和共用注射器;杀虫是防止虫媒传染病传播的有效措施。

(四)针对易感人群的措施

1. 免疫预防

传染病的免疫预防包括主动免疫和被动免疫。其中,计划免疫是预防传染病流行的重要措施,属于主动免疫。此外,在传染病流行时,被动免疫可以为易感者提供及时的保护抗体,如注射胎盘球蛋白和丙种球蛋白预防麻疹、流行性腮腺炎、甲型肝炎等。高危人群应急接种可以通过提高群体免疫力来及时制止传染病大面积流行。

2. 药物预防

药物预防也可以作为一种应急措施来预防传染病的扩散。但药物预防作用时间短、效果不巩固,易产生耐药性,因此其应用具有较大的局限性。一般情况下不提倡使用药物预防。

3. 个人防护

接触传染病的医务人员和实验室工作人员应严格遵守操作规程,配置和使用必要的个人防护用品。有可能暴露于传染病生物传播媒介的个人需穿戴防护用品如口罩、手套、护腿、鞋套等。

(五)传染病暴发、流行的紧急措施

《传染病防治法》规定,传染病暴发、流行时,县级以上地方人民政府应当立即组织力量,按照预防、控制预案进行防治,切断传染病的传播途径,必要时,报经上一级人民政府决定,可以采取下列紧急措施并予以公告:限制或者停止集市、影剧院演出或者其他人群聚集的活动;停工、停业、停课;封闭或者封存被传染病病原体污染的公共饮用水源、食品以及相关物品;控制或者扑杀染疫野生动物、家畜家禽;封闭可能造成传染病扩散的场所。

甲类、乙类传染病暴发、流行时,县级以上地方人民政府报经上一级人民政府决定,可以宣布本行政区域部分或者全部为疫区;国务院可以决定并宣布跨省、自治区、直辖市的疫区。县级以上地方人民政府可以在疫区内采取上述紧急措施,并可以对出入疫区的人员、物资和交通工具实施卫生检疫。

省、自治区、直辖市人民政府可以决定对本行政区域内的甲类传染病疫区实施封锁;但是,封锁大、中城市的疫区或者封锁跨省、自治区、直辖市的疫区,以及封锁疫区导致中断干线交通或者封锁国境的,由国务院决定。

任务三 突发中毒事件处置

> **任务导入**
>
> **毒蘑菇中毒事件**
>
> 2023年5月,广东省报告一起较大级别突发公共卫生事件,为罗定市报告的一起毒蘑菇中毒事件,发病15例,死亡5例。2023年6月,深圳市某市民在小区散步时发现绿化带内长有蘑菇,采摘带回家中制作晚餐。食用3h后,开始出现恶心、呕吐、腹泻等症状,随后被送往医院就诊。经医院治疗,无生命危险,锁定可疑食物为其晚餐食用的野生蘑菇—铅绿褶菇。这类突发中毒事件发生后如何应急处置?

一、中毒和中毒机理

进入人体的化学物质达到中毒量产生组织或器官损害引起的全身性疾病称为中毒。引起中毒的化学物质称毒物。根据来源和用途,毒物可分为工业性毒物、药物、农药、有毒动植物。根据接触毒物的毒性、剂量和时间,中毒可分为急性中毒和慢性中毒。急性中毒由短时间内吸收大量毒物引起,发病急,症状严重,变化迅速,若不积极治疗,可危及生命;

慢性中毒由长时间小量毒物进入人体蓄积引起,起病缓慢,病程较长,缺乏特异性中毒诊断指标,容易误诊和漏诊。

(一)病因

1. 职业中毒

在生产过程中,接触有毒的原料、中间产物或成品,如果不注意劳动保护,可能发生中毒。在保管、使用和运输方面,如果不遵守安全防护制度,也会发生中毒。

2. 生活中毒

误食、意外接触毒物、用药过量、自杀或谋害等情况下,过量毒物进入人体都可引起中毒。

(二)毒物侵入途径

毒物对机体产生毒性作用的快慢、强度和表现与毒物侵入途径和吸收速度有关。通常,毒物可经消化道、呼吸道或皮肤黏膜等途径进入人体引起中毒。

二、突发中毒事件

突发中毒事件是指在短时间内,毒物通过一定方式作用于特定人群造成的群发性健康影响事件。

(一)突发中毒事件的特点

(1)事件发生突然,往往是在一次泄漏事故、爆炸事件后,或无任何明显征兆就出现人群毒物危害。

(2)暴露与发病关系密切。暴露是指研究对象具有某种疑为与患病与否可能有关的特征或曾受到某种疑为与患病与否可能有关的因子的影响。

(3)毒物暴露个体的健康影响相同或相近。

(4)快速响应,早期采取恰当处置措施是成功应对各类中毒事件的关键。

(5)防范和减少公众毒物暴露是应急工作重点。

(二)突发中毒事件的原因

(1)自然灾害:各类自然灾害都可能伴生,或次生出毒物造成人体伤害事件。

(2)事故灾难:主要是安全生产事故和环境事故。

(3)公共卫生事件:食品安全原因引起的突发中毒事件,药品本身及污染引起的群发事件等。

(4)社会安全事件:化学恐怖事件、投毒犯罪、服毒自杀等。

(三)突发中毒事件的分级

《卫生部突发中毒事件卫生应急预案》规定,根据突发中毒事件危害程度和涉及范围等因素,将突发中毒事件分为特别重大(Ⅰ级)、重大(Ⅱ级)、较大(Ⅲ级)和一般(Ⅳ级)突发中毒事件四级。

(四)监测、报告、风险评估与信息通报

1. 监测

各级卫生行政部门指定医疗卫生机构开展突发中毒事件的监测工作,建立并不断完善中毒实时监测分析系统,组织辖区医疗卫生机构开展突发中毒事件涉及的中毒病人相关信息的收集、整理、分析和报告等工作;组织开展针对特定中毒或人群的强化监测工作;组织同级中毒救治基地(或指定救治机构)和疾病预防控制机构开展毒物、突发中毒事件及其中毒病例的实时监测和数据分析工作。

2. 报告

突发中毒事件的责任报告单位、责任报告人、报告时限和程序、网络直报均按照《国家突发公共卫生事件应急预案》执行。

突发中毒事件报告分为首次报告、进程报告和结案报告,应当根据事件的严重程度、事态发展和控制情况及时报告事件进程。

首次报告内容包括突发中毒事件的初步信息,应当说明信息来源、危害源、危害范围及程度、事件性质和人群健康影响的初步判定等,也要报告已经采取和准备采取的控制措施等内容。

进程报告内容包括事件危害进展、新的证据、采取的措施、控制效果、对事件危害的预测、计划采取的措施和需要帮助的建议等。进程报告在事件发生的初期每天报告,对事件的重大进展、采取的重要措施等重要内容应当随时口头及书面报告。重大及特别重大的突发中毒事件至少每日进行进程报告。

结案报告内容包括事件发生原因、毒物种类和数量、波及范围、接触人群、接触方式、中毒人员情况、现场处理措施及效果、医院内处理情况等,还要对事件原因和应急响应进行总结,提出建议。结案报告应当在应急响应终止后7日内呈交。

3. 风险评估

县级及以上人民政府卫生行政部门应当组织专家,开展毒物及突发中毒事件对公众健康危害的风险评估,为政府相关部门开展中毒预警和制定防控对策提供参考。发生突发中毒事件或发现可能造成突发中毒事件的因素后,根据有毒物质种类、数量、状态、波及范围、接触人群及人群中毒症状等,及时开展动态评估,提出预防和控制建议。

4. 信息通报

各级卫生行政部门在处理突发中毒事件过程中,及时向环境保护、安全生产监督管理、公安等相关部门通报卫生应急处理情况;并及时获取其他相关部门处理突发中毒事件涉及的相关信息,以便及时掌握相关突发事件涉及的中毒卫生应急工作情况。

(五)应急响应

发生突发中毒事件时,各级卫生行政部门在本级人民政府领导下和上一级卫生行政部门技术指导下,按照属地管理、分级响应的原则,迅速成立中毒卫生应急救援现场指挥机构,组织专家制定相关医学处置方案,积极开展卫生应急工作。

(六)响应措施

1. 组织协调

各级人民政府卫生行政部门在本级人民政府或其成立的突发事件应急指挥部统一领

导,上一级人民政府卫生行政部门业务指导下,调集卫生应急专业队伍和相关资源,开展突发中毒事件卫生应急救援工作。

2. 现场处置

具备有效防护能力、现场处置知识和技能的医疗卫生应急人员承担突发中毒事件卫生应急现场处置工作,并详细记录现场处置相关内容,按流程转运病人并做好交接工作。

(1) 脱离接触

卫生部门积极配合公安、安全生产监督管理、环境保护等部门控制危害源,搜救中毒人员,封锁危险区域,封存相关物品,防止人员继续接触有毒物质。

(2) 现场医疗救援区域设置

存在毒物扩散趋势的毒物危害事件现场,一般分为热区(红线内)、温区(黄线与红线间)和冷区(绿线与黄线间)。医疗救援区域设立在冷区,并可结合现场救援工作需要,在医疗救援区域内设立洗消区、检伤区、观察区、抢救区、转运区、指挥区、尸体停放区等功能分区。

(3) 样本采集和毒物快速检测

现场调查人员在了解事件发生过程和发生地情况后尽早进行样本采集工作。采集样本时应当注意根据毒物性质和事件危害特征采集具有代表性的样本,选择合适的采样工具和保存、转运容器,防止污染,采集的样本数量应当满足多次重复检测。在有条件时,现场调查人员应当尽早开展现场应急毒物检测,以便根据毒物检测结果指导开展现场处置工作。

(4) 现场洗消

在温区与冷区交界处设立现场洗消点,医疗卫生救援人员协助消防部门对重伤员进行洗消,同时注意染毒衣物和染毒贵重物品的处理。

(5) 现场检伤及医疗救援

现场检伤区设立在现场洗消区附近的冷区内,医疗卫生救援队伍负责对暴露人员进行现场检伤。

现场医疗救援工作由卫生行政部门指挥和调度。中毒病人和暴露人员经现场医学处理且病情相对平稳后,转运至指定的医疗机构等。现场医学处理人员要记录相关病人和暴露人员的现场医学处理措施,与转运病人的医务人员做好交接工作,并定期向卫生行政部门汇报相关信息。

(6) 病人转运

卫生行政部门要指定医疗机构接收救治病人,做到统一调度,合理分流。转运过程中,医护人员必须密切观察中毒病人病情变化,确保治疗持续进行,并随时采取相应急救措施。负责转运的医护人员与接收病人的医疗机构要做好病人交接,并及时向卫生行政部门报告转运及交接情况。

(7) 病人救治

卫生行政部门根据需要组织制定突发中毒事件的诊疗方案,并组织开展指导检查工作。接收病人的医疗机构,做好病人的接收、救治和医学观察工作,并及时向卫生行政部门报告相关信息。根据毒物特点及病人情况,必要时对病人进行二次洗消。

(8) 医疗卫生救援人员的防护

进入现场参与医疗卫生救援的人员,要了解各类防护装备的性能和局限性,根据毒物种类及危害水平选择适宜的个体防护装备,在没有适当个体防护的情况下不得进入现场工作。

(9) 公众健康防护和宣传教育

各级卫生行政部门根据突发中毒事件特点和卫生防护要求,向当地政府及有关部门提出公众健康防护措施建议,开展中毒自救、互救及其卫生防病知识等公众健康影响的宣传教育工作。

(10) 心理援助

发生中毒事件后,各级卫生行政部门在同级人民政府领导下,配合相关部门和团体,开展心理援助工作。根据需要组织有关专业人员开展心理疏导和心理危机干预工作。

(七) 应急响应的终止

各级卫生行政部门要适时组织专家对是否终止突发中毒事件卫生应急响应进行评估,并根据专家组的建议及时决定终止卫生应急响应。

突发中毒事件卫生应急响应的终止必须同时符合以下条件:突发中毒事件危害源和相关危险因素得到有效控制,无同源性新发中毒病例出现,多数中毒病人病情得到基本控制。

(八) 应急响应工作评估

突发中毒事件卫生应急响应结束后,承担应急响应工作的卫生行政部门应当组织有关人员对突发中毒事件卫生应急工作进行评估,及时总结卫生应急工作中的经验、教训。评估报告上报本级人民政府和上一级卫生行政部门。

(九) 非事件发生地区卫生应急措施

可能受到突发中毒事件影响地区的卫生行政部门,应当根据突发中毒事件的性质、特点、发展趋势等情况,分析本地区受波及的可能性和程度,重点做好以下工作:

(1) 密切关注事件进展,及时获取相关信息。

(2) 加强重点环节的人群健康监测,提出安全防护建议。

(3) 组织做好本行政区域的卫生应急处理所需的人员与物资准备。

(4) 有针对性地开展中毒预防控制知识宣传教育,提高公众自我保护意识和能力。

项目实训

实训案例:

某游泳馆(业未取得游泳经营资质,处于试营业阶段)发生疑似氯气泄漏,致多人呼吸道不适,出现头晕呕吐症状。事发后,游泳馆属地政府立即启动应急预案,相关部门赶赴现场处置,将有不适症状人员送往医院救治,并开展调查工作。目前,38人在医院留观治疗,另有23人自行离院。

实训内容：

(1)采用角色扮演法，角色有中毒人员、游泳馆负责人、政府部门工作人员、公安机关工作人员、医疗机构人员等。

(2)模拟游泳馆发生疑似氯气泄漏后，政府的应急处置，公安机关的应急处置，医疗机构的应急处置，应急反应的终止、善后处理。

实训实施：

(1)分组进行情景模拟。

(2)在实际演练过程中，正确实施突发事件报告，政府的应急处置，公安机关的应急处置，医疗机构的应急处置，应急反应的终止、善后处理。

(3)在演练结束时，教师指出错误，进行点评。

(4)学生在教师的指导下正确演练一遍。

思考练习

(1)突发公共卫生事件的定义和特点是什么？

(2)突发公共卫生事件应急处置工作原则有哪些？

(3)传染病流行过程的基本条件有哪些？

(4)突发中毒事件的响应措施有哪些？

项目十四 自然灾害应急处置

学习目标

（1）了解台风、洪水、泥石流和地震等常见自然灾害的特点和危害。
（2）掌握台风、洪水、泥石流和地震等常见自然灾害的紧急处置（自救、互救）、紧急避险的方法。

素养提升

通过对自然灾害避险和逃生知识的学习，树立应急法治、科学避险观念，树立人民至上、生命至上的以人为本的救灾抗灾应急理念。

任务一 台风应急处置

任务导入

美国"卡特里娜"飓风袭击中的天灾与人祸

2005年8月25日，5级飓风"卡特里娜"给美国路易斯安那州、密西西比州等地造成巨大破坏，造成1 865人遇难，705人失踪，80多万人流离失所，损失超过2 000亿美元，对美国经济社会造成极大冲击。这次惨烈的灾难，与美国部分地区在城市规划发展上忽视防灾因素及美国政府应急反应迟缓有直接关系，也与受灾地区民众危机意识淡薄不无关联。很多当地居民对飓风的危害不知情，也不在乎。在政府下达撤离令后，很多人对灾害存在侥幸心理，因眷念财产而不愿撤离。

一、台风的形成

台风又称飓风，实际上是一种强烈的热带气旋。热带气旋是发生在热带海洋上的强烈天气系统,它像在流动江河中前进的涡旋一样,一边绕自己的中心急速旋转,一边随周围大气向前移动。在北半球热带气旋中的气流绕中心沿逆时针方向旋转,在南半球则相反。越靠近热带气旋中心,气压越低,风力越大。但发展强烈的热带气旋,如台风,其中心却是一片风平浪静的晴空区,即台风眼。

根据中心风速,热带气旋可分为六类:热带低压(TD),底层中心附近最大平均风速为10.8～17.1 m/s,中心风力为6～7级;热带风暴(TS),底层中心附近最大平均风速为17.2～24.4 m/s,中心风力为8～9级;强热带风暴(STS),底层中心附近最大平均风速为24.5～32.6 m/s,中心风力为10～11级;台风(TY),底层中心附近最大平均风速为32.7～41.4 m/s,中心风力为12～13级;强台风(STY),底层中心附近最大平均风速为41.5～50.9 m/s,中心风力为14～15级;超强台风(SuperTY),底层中心附近最大平均风速≥51.0 m/s,中心风力为16级或以上。

台风的形成是一个复杂的过程,至今尚未彻底研究清楚。但如此庞然大物,其产生必须具备特有的条件:首先,有足够广阔的热带洋面,并具备60 m深的海水层保持在26.5 ℃以上。其次,在台风形成之前,预先有一个弱的热带涡旋存在。再次,有足够大的地球自转偏向力,因赤道的地转偏向力为零,而向两极逐渐增大,故台风发生地点大约离开赤道5个纬度以上。最后,在弱低压上方,高、低空之间的风向风速差别较小。

台风是影响范围广、危害性大的自然灾害,对人类安全构成巨大威胁。台风灾害主要表现为强风、暴雨和风暴潮。台风形成后,其中心附近风速很大。一个成熟的台风中心附近最大风速可达40～60 m/s,强劲的大风所造成的破坏相当巨大。台风造成的暴雨、洪水会淹没农田,毁坏农作物,导致粮食大幅度减产,甚至绝收,影响沿海渔业生产。台风还会毁坏房屋、通信、交通、水利等基础设施,对国民经济各部门造成严重影响。

二、台风预警

台风气象灾害预警信号图例见表 14-1。

表 14-1 台风气象灾害预警信号图例

图例	预警等级	预警含义
台风 蓝 TYPHOON	Ⅳ级	24 h 内可能或者已经受热带气旋影响,沿海或者陆地平均风力达6级以上,或者阵风8级以上并可能持续
台风 黄 TYPHOON	Ⅲ级	24 h 内可能或者已经受热带气旋影响,沿海或者陆地平均风力达8级以上,或者阵风10级以上并可能持续
台风 橙 TYPHOON	Ⅱ级	12 h 内可能或者已经受热带气旋影响,沿海或者陆地平均风力达10级以上,或者阵风12级以上并可能持续
台风 红 TYPHOON	Ⅰ级	6 h 内可能或者已经受热带气旋影响,沿海或者陆地平均风力达12级以上,或者阵风达14级以上并可能持续

三、台风临灾的应急准备

(一)准备食物和矿泉水

受台风影响,可能会停电、停气、停水,在家中储备些方便面、饼干等干粮和饮用水是必要的。

(二) 留意气象预报

多留意媒体报道、拨打气象查询电话或通过气象网站等了解台风的最新情况,调整出行时间。气象台根据台风可能产生的影响,采用消息、警报和紧急警报三种形式向社会发布预报:消息用于在台风远离或尚未影响到预报责任区时,报道热带气旋的情况,警报解除时也可用消息方式;警报用于台风预计未来 48 h 内将影响本责任区的沿海地区或登临时发布警报;紧急警报用于台风预计未来 24 h 内将影响本责任区的沿海地区或登临时发布紧急警报。

(三) 准备照明用品

为预防来台风时停电,家里最好准备手电、蜡烛或蓄电的节能灯等备用照明用品,并备有电池。

(四) 检查高空物的摆放

遇台风时,折断的树枝、楼顶的广告、阳台上的花盆等易扛不住大风而掉落。台风来临之前,应清理自家阳台窗口的花盆、衣架等;检查楼道窗户,如果有破碎,应在第一时间修补完整,以免台风来时坠落伤人。

(五) 疏通下水管道

在台风来临前,地势低洼地区的居民应检查自家的排水管道,如果有条件,最好疏通一遍。特别是住在一楼的住户,可提前将电器、货物、衣物等转移到高处。

(六) 检查车库是否有积水可能

如果车辆停在地下车库,一定要事先确定车库的排水系统是不是完善,免得台风过后,车子浸泡在水中。

四、台风中的紧急处置

(一) 台风来临时在家中的处置

听到警报后,用木板从外面将窗户封住。屋门应在上、下两端处加固。如需出外躲避,就从屋外加固;若留在屋内,就在屋内加固。门窗的玻璃用纸条或胶带贴成"米"字,缝隙处也要完全封死。在拉门或塑钢窗的滑道里放一个楔子,防止门在暴风雨中滑开。锁上通向阁楼的门窗,并用东西堵住。

台风过后不久,一定要在房子里或原先的藏身处待着不动。因为台风眼在上空掠过后,地面会风平浪静一段时间,但不能认为台风已经结束。通常,这种平静持续不到 1 h,风就会从相反的方向以雷霆万钧之势再度横扫过来,如果在户外躲避,那么此时应转移到原来避风地的对侧。

(二) 台风来临时在街道行走的处置

外出时尽量穿雨衣,不要打伞。尽量远离高大树木、棚子、架子、架空的电线等。不要在高墙、广告牌及居民楼下行走,以免发生重物倾斜或高空坠物等突发事件。避开高层施工现场,不要靠近塔吊或工地围墙。注意街道积水,不要在道路边缘或打着漩涡的路上行走,以免落入窨井。风大造成行走困难时,可就近到商店、饭店等公共场所暂避。看见倾斜及倒下的电杆等输电设施，要远远绕行，以避免触电。切忌在台风中盲目乱跑。

（三）台风中行车的紧急处置

台风期间尽量不要开车外出，若必须外出，要事前仔细检查车况，如检查雨刮器、制动装置、灯光设施是否完好。若在行车过程中遭遇台风，应减速慢行，减少频繁并线，保持与前方车辆的距离；开启雾灯，转弯时放慢速度轻转方向盘；遇水洼地带，慢慢制动，避开积水；遇强风侵袭时，应停车，不可强行驾驶。

任务二　洪水、泥石流应急处置

> **任务导入**
>
> **灾害信息员及时发现险情，村民成功避险**
>
> 2022年10月16日，湖北省十堰市竹溪县丰溪镇西米河村灾害信息员马林涛在五组的一处山坡上巡查隐患时，发现一条长约100 m、宽约1 m的山体裂缝，山体下方不远处有4户居民。马林涛迅速启动灾害风险隐患报送程序，上传现场图片，准确描述隐患地点、灾害类型等。当地应急局和镇政府立即组织危险区内4户6人紧急转移避险。不到1 h，工作人员引导危险区群众全部转移至安置点，并封闭了危险区周边道路，成功避险。据悉湖北省有7万多名灾害信息员，他们发现风险隐患，上报险情，发布预警信息，已经成为风险隐患监测的"前哨探头"，打通预警信息传递的"最后一米"。

一、洪水的临灾处置

（一）洪水的特点和危害

洪水是指江河水量迅猛增加及水位急剧上涨的自然现象。洪水的形成往往受气候、下垫面等自然因素与人类活动因素的影响。按发生的区域，洪水可分为河流洪水、湖泊洪水、海岸洪水、山洪等。按成因，洪水可分为暴雨洪水、融雪洪水、冰凌洪水、溃坝洪水等。我国河流洪水大都是暴雨洪水。具体来说，我国洪水的一般特性如下：

1. 季节性明显

据统计，4～10月全国大部分地区降雨量占全年平均降雨量的70%以上，6～8月降雨量可占全年平均降雨量的50%左右，所以，我国暴雨洪水多发生在春夏秋季节。

2. 洪水峰高量大

干支流易发生遭遇性洪水。我国地形的特点是东南低，西北高，有利于东南暖湿气流与西北冷空气交汇的加强，地面坡度大，植被条件差，造成汇流快，洪水量级大。我国几条主要河流面积较大，干支流洪水经常遭遇，区间来水多，洪峰叠加，易形成峰高量大的暴雨洪水。

3. 洪水年际变化大

我国七大流域洪水年际变化很大，各年洪峰流量相差甚远，北方比南方更明显。如长江以南地区大水年的洪峰流量一般为小水年的 2~3 倍,而海河流域大水年和小水年的洪峰流量比可相差几十倍甚至上百倍。

4.大洪水的阶段性和重复性

从时间上讲,一个流域出现大洪水的时序分布虽然是不均匀的,但据长时间观察,在许多河流上,一个时期大洪水发生的频率较高,而另一时期频率较低,高频期和低频期呈阶段性交替变化。另外,在高频期,大洪水往往连年出现,有连续性。从空间上讲,我国暴雨洪水的发生与当地的天气和地形条件有密切关系,凡是近期出现大洪水的流域和区域,历史上也都发生过类似的大洪水,重复出现暴雨洪水的现象普遍存在。

(二)洪水应急准备

(1)根据当地电视、广播等媒体提供的洪水信息,结合自己所处的位置和条件,冷静地选择最佳路线撤离,避免出现"人未走水先到"的被动局面。

(2)认清路标,明确撤离的路线和目的地。

(3)储备必要物资:准备够食用几天的食品,足够的饮用水和日用品;扎制木排、竹排,搜集木盆、木材、大件泡沫塑料等适合漂浮的材料,加工成救生装置以备急需;将不便携带的贵重物品做防水捆扎后埋入地下或放到高处,票款、首饰等小件贵重物品可缝在衣服内随身携带;保存好通信设备。

(三)洪水中的处置

(1)突然遭遇洪水袭击,要沉着冷静,快速转移。转移时要先人员,后财产;先老幼病残人员,后其他人员。

(2)洪水到来时,来不及转移的人员要就近迅速向山坡、高地、楼房、避洪台等地转移,或者立即爬上屋顶、楼房高层、大树、高墙等高的地方暂避。

(3)如果洪水继续上涨,暂避的地方已难自保,则要充分利用准备好的救生器材逃生,或者迅速找门板、桌椅、木板、大块的泡沫塑料等能漂浮的材料扎成筏逃生。

(4)如果已被洪水包围,要设法尽快与当地政府防汛部门取得联系,报告自己的方位和险情,积极寻求救援。注意:千万不要游泳逃生,不可攀爬带电的电线杆、铁塔,也不要爬到泥坯房的屋顶。

(5)如果已被卷入洪水中,一定要尽可能抓住固定的或能漂浮的东西,寻找机会逃生。

(6)发现高压线铁塔倾斜或者电线断头下垂时,一定要迅速远避,防止直接触电或因地面跨步电压触电。

二、泥石流的临灾处置

(一)泥石流特点及危害

泥石流是山区沟谷或斜坡上由暴雨、冰雪消融等引发的含有大量泥沙、石块、巨石的特殊洪流。由于含有大量固体碎屑物(含量为 15%~80%),其运动过程产生巨大动能,流速、流量、冲刷撞击能力都远大于山洪,对生命财产及工农业生产造成巨大危害。泥石流暴发突然猛烈,持续时间不长。泥石流较难准确预报,易造成较大伤亡。例如,1970 年,秘鲁安第斯山发生冰川泥石流,3 000多万立方米的冰雪泥石冲入山脚下的容加依城,顷刻间全城被彻底摧毁,几万居民遇难。泥石流特点如下:

1.短暂的断流现象与巨大的轰鸣声

泥石流暴发之初常可听到由沟内传来的犹如火车轰鸣或响雷声,地面也发出轻微的震动,有时在响声之前,原在沟槽中流动的水突然出现片刻断流。

2.强劲的冲刷、铲刮与侧蚀

泥石流在沟谷的中上游段具有强烈的冲刷、铲刮沟道底床的作用,常使沟床基底裸露,岸坡垮塌。另外,在中下游段常侧蚀淘刷河岸阶地,使岸边沿线的道路交通、水利工程、农田及建筑物受到破坏。

3.弯道超高与遇障爬高

泥石流运动时直进性很强,当处于河道拐弯处或遇到明显的阻挡物时,泥石流不是顺沟谷平稳下泻,而是直接冲撞河岸凹侧或阻碍物。

4.巨大的撞击、磨蚀现象

快速运动的泥石流动能大、冲击力强。

5.严重的淤埋、堵塞现象

在沟内及沟口的宽缓地带,由于地形纵坡度减小,泥石流流速会骤然减小,大量泥沙石块停积下来,堆积堵塞河道,淤埋农田、道路、水库、建筑物等目标。一些大规模泥石流的冲出物质堆堵在河道,可构成临时性的"小水库",致使上游水位抬高,然而这种堵坝一旦溃决又会形成泥石流,再次对下游造成危害。

6.阵流现象

这种现象主要发生在黏性泥石流中。其特征是自泥石流开始到结束,沿途出现多次泥石流洪峰,即多次泥石流龙头,各次龙头出现间隔时间长短不一。

(二)泥石流临灾准备与处置

1.感知泥石流前兆

(1)河流突然断流或水势突然加大,并夹杂着较多杂草、树枝。

(2)深谷或沟内传来类似火车轰鸣或闷雷般的声音。

(3)沟谷深处忽然变得昏暗,并伴随着轻微的震动感。

(4)泥石流沟谷下游洪水突然断流。

2.临灾准备

(1)泥石流多发区居民要注意自己的生活环境,熟悉逃生路线。

(2)注意政府部门的预警和泥石流的发生前兆,在灾害发生前互相通知,及时准备。

(3)去山地游玩要注意收听当地天气预报,不在暴雨之后或持续阴雨天气进入山区。

(4)宿营时,要选择平整的高地作为营地,避开河(沟)道弯曲的凹岸或地方狭小高度低的凸岸。不要在沟道处或沟内的低平处搭建宿营棚。

(5)在沟谷遭遇暴雨、大雨,要迅速转移到安全的高地,不要在谷地或陡峭的山坡下避雨。

3.临灾处置

(1)发现有泥石流迹象,要向沟谷两侧山坡或高地跑。但注意不要在土质松软、土体不稳定的斜坡停留,千万不要沿着沟向上或向下奔跑。

(2)不要躲在有滚石和大量堆积物的山坡下面。

(3)不要停留在低洼处,也不要攀爬到树上躲避。

(4)不要躲在河(沟)道弯曲的凹岸或地方狭小高度又低的凸岸。

(5)逃生时抛弃重物。

三、滑坡的临灾处置

滑坡是指斜坡上的土体或者岩体,受河流冲刷、地下水活动、地震及人工切坡等因素影响,在重力作用下,沿着一定的软弱面或者软弱带,整体地或者分散地顺坡向下滑动的自然现象。产生滑坡的主要条件一是地质、地貌条件;二是内、外营力(动力)和人为作用的影响。

(一)滑坡前兆

1. 滑坡前缘土体突然强烈上隆鼓胀

这是滑坡向前推挤的明显迹象,表明即将发生较为深层的整体滑动,滑坡规模也较大,具有整体滑动的特征。通常伴随前缘建筑物的强烈挤压变形,甚至错断。

2. 滑坡前缘突然出现局部滑坍

这种情况可能会使滑坡失去支撑而即将发生整体滑动,但是,也可能是局部的失稳。应该及时报告主管部门,及时查看滑坡前、后缘和两侧的变形情况,进行综合判断。

3. 滑坡前缘泉水流量突然异常

滑坡前缘坡脚发生堵塞多年的泉水突然涌出、泉水(水井)突然干枯、井水水位突然变化等异常现象,说明滑坡体变形滑动强烈,可能发生整体滑动。

4. 滑坡地表池塘和水田突然下降或干涸

发生滑坡表层修建的池塘或水田突然干枯、井水位突然变化等异常现象,说明滑坡体上出现了深度较大的拉张裂缝,并且水体渗入滑坡体后,加剧了变形滑动,可能发生整体滑动。

5. 滑坡前缘突然出现规律排列的裂缝

滑坡前部甚至中部出现横向及纵向放射状裂缝,表明滑坡体向前推挤受到阻碍,已经进入临滑状态。

6. 滑坡后缘突然出现明显的弧形裂缝

地面出现裂缝,说明山坡已经处于不稳定状态。弧形张开裂缝和水平扭动裂缝圈闭的范围就是可能发生滑坡的范围。滑坡后缘的裂缝急速扩展,并从裂缝中冒出热气或冷风。

7. 简易观测数据突然变化

滑坡体裂缝或变形观测数据突然增大或减小,说明出现了加速变化的趋势,这是明显的临滑迹象。

8. 危岩体下部突然出现压裂

在崖下突然出现岩石压裂、挤出、脱落或射出,通常伴随有岩石开裂或被剪切挤压的声响,这种迹象表明可能发生崩塌。

9.动物出现异常现象

猪、牛、鸡、狗等惊恐不宁,不入睡,老鼠乱窜不进洞,可能是滑坡、崩塌即将来临。

总之,滑坡灾害的发生通常具有综合的前兆,单一由个别的前兆来判定灾害可能会造成误判,带来不良的社会影响。因此,发现某一前兆时,必须尽快查看,迅速做出综合判定。若同时出现多个前兆,必须迅速疏散人员,并报告当地主管部门。

(二)临灾准备

临时避灾不是灾难临头才想起避灾,而是要从发现灾害前兆之时起就有所准备,因为"有备",才能"无患"。躲避地质灾害应做好以下几方面的准备:

1.预先选定临时避灾场地

在危险区之外选择一处或几处安全场地作为避灾的临时用地。要把地质安全放在第一位,避免从危险区又迁到另一处地质灾害危险区内。

2.预先选定撤离路线、规定预警信号

通过实地踏勘选定转移路线。转移路线要尽量少穿越危险区,沿山脊伸展的道路比沿山谷伸展的道路更安全。事先约定好撤离信号(如广播、敲锣、击鼓、吹号等),同时还要规定信号管制办法,以免误发信号造成混乱。

3.落实公布责任人

要事先落实并公布地质灾害防灾避灾总负责人,以及疏散撤离、救护抢险、生活保障等各项具体工作的负责人。通过电视、有线广播等方式,对拟订的避灾措施进行广泛宣传,做到家喻户晓。必要时还应组织模拟演习,以检验避灾措施的实用性,针对发现的问题,对方案进行完善。

4.预先做好必要的物资储备

有条件时,应在避灾场地预先搭建临时住所,使群众在避灾过程中拥有基本的生活条件。群众的财产和生活用品可以提前转移到避灾场所,这样既能方便群众生活又可减少财产损失。交通工具、通信器材、雨具和常用药品等也应根据具体情况提前做好准备。

(三)灾后自救

滑坡地质灾害发生后,专业救灾队伍未到之前,应及时采取必要的避灾措施。

(1)当滑坡、崩塌发生后,后山斜坡并未立即稳定下来,仍不时发生崩石、滑坍,甚至还会继续发生较大规模的滑坡、崩塌。因此,不要立即进入灾害区去挖掘和搜寻财物。

(2)偏远山区地质灾害发生后,道路、通信毁坏,无法与外界沟通,应该尽快派人将灾情向政府报告,以便尽快开展救援。

(3)灾害发生后,在专业队伍未到达之前,应该迅速组织力量巡查滑坡、崩塌斜坡区和周围是否还存在较大的危岩体和滑坡隐患,并应迅速划定危险区,禁止人员进入。

(4)根据多年的经验,并注意收听广播、收看电视,了解近期是否还会有发生暴雨的可能。如果将有暴雨发生,应该尽快对临时居住的地区进行巡查,建立防灾应急预案,指定专门的人员时刻监视斜坡和沟谷情况,避免新的灾害发生。

(5)撤离灾害地段后,要迅速清点人员,了解伤亡情况。对于失踪人员要尽快组织人员进行查找搜寻。

任务三　地震应急处置

任务导入

攀枝花 8·30 大地震中村民的逃生经历

2008年8月30日16时30分,四川攀枝花发生6.1级地震。部分幸存者表示正是他们听取政府的防震避震知识才得以逃生。

幸存者:段某,76岁,村民。伤情:普通外伤。口述:"那天我正在屋头睡觉,突然听到儿媳妇在屋外喊:'爸!地震了!'我刚起身准备往外头跑的时候,发觉只穿了一条内裤。想到儿媳妇在外面,如果我光着跑出去,肯定不好意思。就顺手抓起裤子准备穿,但这个时候我想到几个月前在电视上看到的地震,房子一下被震倒了把人打死。我就想还是命要紧,管他差不差哦!于是拿着裤子就往外跑。"

四川省地震局"8.30地震"调查结果表明,虽然此次地震的一些特殊性放大了它的破坏力,但政府和传媒此前对地震知识进行了有效讲解,当地人防震意识得到很大提高,并且对不同情况下的逃生技巧有一定了解,让受灾地区伤亡极大减少。

地震是地壳的一种运动形式。当地壳板块间相互位移摩擦时,地层便发生变形。当这种变形超过了地层的承受极限时,就发生了地层的断裂或塌陷,把地壳变形积蓄的能量以地震波的形式释放出来,使地表的建筑物被摧毁。大地震给社会带来的是突然的、致命的灾害。

一、地震的种类

根据成因,地震可分为以下几种:

(一)构造地震

地下深处岩层错动、破裂所造成的地震称为构造地震。这类地震发生的次数最多,破坏力也最大,约占全世界地震的90%以上。

(二)火山地震

火山作用如岩浆活动、气体爆炸等引起的地震称为火山地震。只有在火山活动区才可能发生火山地震,这类地震只占全世界地震的7%左右。

(三)塌陷地震

地下岩洞或矿井顶部塌陷引起的地震称为塌陷地震。这类地震的规模比较小,次数也很少,即使有,也往往发生在溶洞密布的石灰岩地区或大规模地下开采的矿区。

（四）诱发地震

水库蓄水、油田注水等活动引发的地震称为诱发地震。这类地震仅仅在某些特定的水库库区或油田地区发生。

二、临震应急准备

当今科技对临震预防还不能做到及时、准确预报。但对于部分地震，尤其是余震可以做出短期预报。在已发布破坏性地震临震预报的地区，应做好以下几个方面的应急工作：

（一）备好临震急用物品

地震发生之后，食品、医药等日常生活用品的生产和供应都会受到影响。水塔、水管往往被震坏，造成供水中断。为能度过震后初期的生活难关，临震前社会和家庭都应准备一定数量的食品、水和日用品，以解燃眉之急。

（二）建立临震避难场所

地震之后房舍被震坏，需要有安身之处。余震不断发生，要有一个躲藏处。这就需要临时搭建防震、防火、防寒、防雨的防震棚，各种帐篷都可以利用，农村储粮的小圆仓也是很好的抗震房。

（三）划定疏散场所，转运危险物品

城市人口密集，人员避震和疏散比较困难，为确保震时人员安全，震前要按街区分布，就近划定群众避震疏散路线和场所，震前要把易燃、易爆和有毒物质及时转运到城外存放。

（四）建立伤员急救中心

伤员急救中心要设置在城内抗震能力强的场所，或在城外设置急救中心，备好床位、医疗器械、照明设备和药品等。

（五）暂停公共活动

得到正式临震预报通知后，各种公共场所应暂停活动，观众或顾客要有秩序地撤离；中小学可临时在室外上课；车站、码头可在露天候车。

（六）组织人员撤离并转移重要财产

得到正式临震警报或通知后，要迅速而有秩序地动员和组织群众撤离房屋，正在治疗的重病号要转移到安全的地方，对少数思想麻痹的人，也要动员撤到安全区；机关、企事业单位的车辆要开出车库，停在空旷地方，以便在抗震救灾中发挥作用。

（七）防止次生灾害的发生

城市发生地震可能出现严重的次生灾害，特别是化工厂、煤气厂等易发生地震次生灾害的单位，要加强监测和管理，设专人昼夜站岗和值班。

（八）确保机要部门的安全

城市内各种机要部门和银行较多，地震时要加强安全保卫，防止机密泄露和财产损

失。消防队的车辆必须出库,消防人员要整装待发,以便及时扑灭火灾,减少经济损失。

(九)组织抢险队伍,合理安排生产

临震前,各级政府要就地组织好救人、医疗、灭火、供水、供电、通信等抢险救灾队伍。

(十)做好家庭防震准备

已发布地震预报地区的居民须做好家庭防震准备,制订一个家庭防震计划,检查并及时消除家里不利防震的隐患。检查和加固住房;合理放置家具、物品;固定好高大家具;家具物品摆放做到"重在下,轻在上",墙上的悬挂物要取下来,防止掉下来伤人;清理好杂物,让门口、楼道畅通;阳台护墙要清理,拿掉花盆、杂物;易燃易爆和有毒物品要放在安全的地方;准备好必要的防震物品,准备一个包括食品、水、应急灯、简单药品、绳索、收音机等在内的家庭防震包,放在便于取到处;进行家庭防震演练、紧急撤离与疏散练习及"一分钟紧急避险"练习。

三、临震避震

(一)紧急避险

1.珍惜 12 s 自救机会

地震发生时,人们能感觉并受到其伤害的主要有两种地震波,即专业人员常说的 P 波(纵波)和 S 波(横波)。每种地震波以不同的传播方式和速度运动。P 波运动速度最大,传播速度为 5~7 km/s,最先到达地面。在震中区,P 波使人感到的是上下颠簸,造成的破坏不大。S 波的运动速度比 P 波小,通常为 3~4 km/s,是继 P 波后到达地表的破坏性极大的波。它使人感觉到的是前后左右的摇晃及建筑物等的倒塌,是直接危害人们生命财产安全的波。因此,当 P 波到达时,应立即意识到是地震发生了。若能在 S 波到达并造成破坏之前的十几秒内迅速躲避到安全处,就获得了一次自救机会,一般称为 12 s 自救机会。

2.预判地震预警信号

许多地声出现在震前 10 min 内,到临震十余秒时声响最大。临震时先听到"呼呼"风声,接着是"轰轰"声,再就是"咚咚"声,之后地面开始震动。地光是地壳内溢出的气体强化了低空静电场导致的。其形状有带状、片状、球状、柱状,颜色以蓝、白、红、黄居多。地面微动可能是临震前震源区断层预滑造成应力波导致的。历次大地震的幸存者中,很多人就是观察到这些临震异常现象,判断有大地震来临,迅速采取措施避险,而躲过了灾难。

3.果断采取措施

地震发生时,要迅速远离易爆和易燃及有毒气体储存的地域,远离高楼、烟囱、女儿墙、高压线等,以及峭壁、陡坡或海边,不要在狭窄的巷道中停留。震时是跑还是躲,我国多数专家认为:震时就近躲避,震后迅速撤离到安全地方,是应急避震较好的办法。避震应选择室内结实、能掩护身体的物体下(旁)、易于形成三角空间的地方,开间小、有支撑的地方,室外开阔、安全的地方。身体应采取的姿势:伏而待定,蹲下或坐下,尽量蜷曲身体,降低身体重心;抓住桌腿等牢固的物体;保护头颈、眼睛,掩住口鼻;避开人流,不要乱挤乱

拥,不要随便点明火,因为空气中可能有易燃易爆气体。

(二)不同环境的避震方法

1.住宅避震

地震发生时,首先要保持清醒、冷静的头脑,及时判断震动状况。可躲避在坚实的家具下,或墙角处,也可转移到承重墙较多、开间小的厨房、厕所等处暂避。因为这些地方结合力强,尤其是管道经过处理,具有较好的支撑力,抗震系数较大。总之,地震时应根据建筑物布局和室内状况,审时度势,寻找安全空间和通道进行躲避,减少人员伤亡。

2.学校避震

有中长期地震预报的地区,平时要结合教学活动,向学生们讲述地震和防震、避震知识,安排好地震时转移、撤离的路线和场地。地震发生时,应保持冷静与果断。在教室中,应迅速抱头,躲在课桌下、讲台旁。在操场等室外,可原地不动蹲下,双手保护头部,注意避开高大建筑物或危险物。地震后应当有组织地撤离,不要乱跑或跳楼。

3.车间避震

地震发生时,车间工人可以躲在机床等高大设备下,不要惊慌乱跑。特殊岗位上的工人应先关闭易燃易爆、有毒气体阀门,及时降低高温、高压管道的温度,减小其内部压力,关闭运转设备。大部分人员可撤离工作现场,在有安全防护的前提下,少部分人员留在现场随时监视险情,及时处理可能发生的意外事件,防止次生灾害的发生。

4.公共场所避震

地震发生时,如果在影剧院、体育馆等处,就地蹲下或趴在排椅下,用包、手等保护头部,注意避开显示屏、吊灯、电扇等悬挂物;如果在商场等处,选择结实的柜台(避开玻璃商品陈列橱)、商品(如低矮家具等)或柱子边、内墙角等处就地蹲下,用包、手等保护头部,注意避开玻璃橱窗,高大不稳或摆放重物、易碎品的货架,广告招牌等悬挂物。待地震平息,听从工作人员指挥,有组织地撤离,不要慌乱,避免拥挤。

5.街道避震

地震发生时,高层建筑物的玻璃碎片和大楼外侧混凝土碎块、广告招牌、霓虹灯架等可能掉下伤人,因此在街上行走时,最好将皮包或柔软的物品顶在头上,无物品时也可用手护在头上,尽可能做好自我防御准备,避开电线杆和围墙,迅速跑向比较开阔的地区躲避。

6.行驶中的车辆避震

地震发生时,司机应尽快减速,逐步制动。乘客应牢牢抓住拉手或座席等,并注意防止物品从行李架上掉下伤人。面朝行车方向的人,可将胳膊靠在前座席的椅背上,护住面部,身体倾向通道,两手护住头部;背朝行车方向的人,要两手护住后脑部,并抬膝护腹,紧缩身体,做好防御姿势。

四、震后自救

自救是指被压埋人员尽可能地利用自己所处环境,创造条件及时排除险情,保存生命,等待救援。地震时如果被埋压在废墟中,周围一片漆黑,只有极小的空间,一定不要惊慌,树立生存的信心,要千方百计保护自己。地震后,往往还有多次余震发生,处境可能继续恶化,为了免遭新的伤害,要尽量改善自己所处环境。

(一)要保护呼吸畅通

临震时首先要保持呼吸畅通,挪开头部、胸部的杂物。闻到煤气、毒气时,用湿衣服等物捂住口鼻。避开身体上方不结实的倒塌物和其他容易引起掉落的物体,扩大和稳定生存空间,用砖块、木棍等支撑残垣断壁,以防余震发生后,生存环境进一步恶化。

(二)设法脱离险境

如果找不到脱离险境的通道,用石块等敲击发出声响,向外发出呼救信号。不要哭喊、急躁和盲目行动,这样会大量消耗精力和体力。尽可能控制自己的情绪或闭目休息,保存体力,等待救援人员到来。如果受伤,要想法包扎,避免流血过多。

(三)设法维持生命

如果被埋在废墟中的时间比较长,救援人员未到,或者没有听到呼救信号,就要想办法维持自己的生命,尽量寻找食品和饮用水,必要时自己的尿液也能起到解渴作用。

五、震后互救

互救是指灾区幸免于难的人员对亲人、邻里和一切被埋压人员的救助。震后,专业救灾队伍不可能立即赶到救灾现场,在这种情况下,群众积极互救是减轻人员伤亡最及时、最有效的办法。抢救越及时,获救的希望就越大。据有关资料,震后 20 min 获救的人员救活率达 98% 以上,震后 1 h 获救人员的救活率下降到 63%。由灾区群众参与的互救行动,在整个抗震救灾中起到了无可替代的作用。

(一)震后互救的原则

震后救人力求快速、目标准确、方法恰当。具体做法:先救近处的,不论是家人、邻居,还是陌生人,不要舍近求远;先救容易救的人,这样可迅速壮大互救队伍;先救青壮年和医务人员,可使他们在救灾中充分发挥作用;先救"生",后救"人"。

(二)现场施救的方法

应根据震后环境和实际条件,采取行之有效的施救方法,将被困人员安全地从废墟中救出来。通过搜寻,确定废墟中有人员埋压后,判断其埋压位置,向废墟中喊话或通过敲击等方法传递营救信号。

1.现场施救的组织与准备

在施救之前,要有计划、有步骤,哪里该挖、哪里不该挖都要有所考虑。在施救过程中,要科学地进行分析和行动,才能收到好的营救效果。盲目行动,往往会给施救对象造成新的伤害。施救人员应分工包片,先挖后救,挖救结合,按照抢挖、急救、运送的程序合理分工,提高施救工作效率。

2.确定被埋人员的位置

施救时,应避免盲目图快而增加不应有的伤亡。可通过被困人员亲属的帮助迅速判断、查明被困人员的位置,或根据被困人员的呼喊、呻吟、敲击器物的声音及露在瓦砾堆处的肢体留下的血迹初步判断其被困的位置。依房屋结构类型、布置及其倒塌破坏的形式、地震发生时间(昼夜),判断门窗、床、坚实家具等的位置,以判断室内被困人员的位置,进而可通过问讯和侦听反馈信号来确定具体位置。

3.采取正确的施救方法

施救时,先确定被困人员的头部,以准确、轻巧、快捷的动作,使其头部、胸腹部暴露,清除其口鼻内的灰尘和异物,使其自行呼吸,自行脱险;如有窒息,应及时实施人工呼吸。若被困人员不能自行挣脱出来,不应强拉硬拽,而应扒开其周围砖块等,使其全身露出,查明伤情,进行止血、包扎、固定等急救措施后,迅速采取适宜方式运往医疗站,交由医护人员处理。对饥渴、受伤、窒息较严重,埋压时间又较长的人员,救出后要用深色布料蒙上其眼睛,避免强光刺激。

4.施救中的注意事项

(1)使用工具(如铁棒、锄头、棍棒等)时不要伤及被困人员。

(2)不要破坏被困人员所处空间周围的支撑条件,以免引起新的垮塌,使其再次遇险。

(3)应尽快与被困人员的封闭空间沟通,使新鲜空气流入,挖扒中如果尘土太大,应喷水降尘,以免被困人员窒息。

(4)若被困人员被埋压时间较长,一时难以救出,可设法向其输送饮用水、食品和药品,以维持其生命。

六、预防余震,清理环境

强烈破坏性地震发生后,短期内很可能还会有较强的余震,使已受到不同程度破坏的建筑物再次坍塌。因此,地震后不能麻痹大意,要积极预防强余震灾害。搭建防震棚可解决灾民住宿问题,也是预防余震灾害的有力措施。

清理环境主要是指清除人畜尸体。尸体腐烂很快,散发尸臭,污染环境,不但是各种疫病流行的一条根源,而且对人民群众的身心健康构成威胁。对于死亡人数较少的情况,尽量安排迅速火葬;有较多人死亡的,应该在距居住地 5 km 以外,远离水源地,距地面大于 1 m 深度埋葬。

清理尸体时,消毒人员与挖埋人员要分工协作,首先要喷药物除臭,将尸体用塑料袋包严并扎紧袋口。运送尸体的车辆要在车厢垫一层砂土或塑料布,防止尸液污染车厢;同时也要做好尸体挖掘、搬运和掩埋人员的卫生防护工作:要穿防护服,轮换作业,事后做好消毒工作。要把饮水送到以上人员的口中,食堂要单独设置。

此外,震区要大力杀灭蚊蝇,加强垃圾管理,尽快恢复供水,做好防疫工作。

项目实训

实训案例:

以某类自然灾害,如台风、龙卷风、暴雨、雷击、地震等为主题,设计自然灾害防灾减灾宣传资料。

实训内容：

通过自然灾害防灾减灾宣传资料的设计及讲演，了解自然灾害的特点及危害，掌握自然灾害的临灾减灾措施。要求以紧急状态下，个体或事发单位的自救、先期处置为重点设计内容。形式多样，可以是PPT、视频、动画、图片，也可以是应急知识培训方案。

实训实施：

（1）以小组为单位，每组设组长一名，负责方案编制的全盘管理，下设资料收集与分析员、图表制作员、文案制作员若干名。

（2）组长带领大家讨论主题，确定任务重点，制作资料，共同完成一份宣传资料并上交作为小组集体作业，个人上交实训报告。

（3）开展小组宣传资料讲评和互动讨论活动。

（4）教师对宣传资料及讲评情况打分，确定小组基准分（评分规则包含宣传资料研制过程、规范性、操作性、团队协作等因素）。

（5）教师对个人实训报告打分，在小组基准分的基础上确定个人成绩。

思考练习

（1）台风的特点和危害有哪些？

（2）地震中如何自救和避险？

参考文献

[1] 张绪梁,郭锦艳.现场处置[M].北京:中国政法大学出版社,2009.
[2] 丛淑萍.突发事件处置[M].北京:中国政法大学出版社,2018.
[3] 李栋,周静茹.突发事件预防与处置实务[M].北京:中国政法大学出版社,2016.
[4] 李蕊,徐志红.交通警察道路执勤执法工作实务指南[M].北京:中国人民公安大学出版社,2019.
[5] 王鹏.初任民警现场处置技能与战术[M].北京:知识产权出版社,2019.
[6] 孙光.反爆炸学[M].北京:群众出版社,2019.
[7] 王飞,郑晓翠,李鑫,等.应急演练设计与推演[M].北京:清华大学出版社,2020.
[8] 朱其良,吕美琛.群体性事件预防与处置[M].北京:中国人民公安大学出版社,2013.
[9] 郭小蕊,陈念,廖贞星.城市轨道交通应急处置[M].成都:西南交通大学出版社出版,2021.
[10] 邱煜,李春勇,张胜前.大型活动安全管理[M]. 成都:西南交通大学出版社,2022.
[11] 公安部治安管理局.保卫管理员(二级)[M].北京:中国劳动社会保障出版社,2022.
[12] 公安部治安管理局.保安员(二级)[M].北京:中国劳动社会保障出版社,2022.
[13] 杨昌军,林通.警务辅助人员实战技能基本教程[M].北京:中国人民公安大学出版社,2020.
[14] 姬艳涛,金晓伟.警务辅助人员公安业务基本教程[M].北京:中国人民公安大学出版社,2020.
[15] 邱煜.中级保安员职业技能培训教程[M].北京:群众出版社,2015.
[16] 张绪梁.高级保安员职业技能培训教程[M].北京:群众出版社,2015.
[17] 高志程.公安机关重大突发公共卫生事件应急处置执法实务[M].北京:中国人民公安大学出版社,2021.

[18]李春梅,张钰华,张惠娟.现场急救与突发事故处理[M].成都:西南交通大学出版社,2017.

[19]高野,张淑华,闫立强.公安现场急救操作规范[M].北京:中国人民公安出版社,2012.

[20]卢云.大型活动中防爆安检系统构建——以上海世博会为例[J].警察技术,2011(3):49-52.

[21]刘力鞍.论基于标准化的大型活动安全管理[J].湖南警察学院学报,2017(4):80-88.

[22]章春明.大型活动现场安保要点解析[J].云南警官学院学报,2014(3):36-39.

[23]杨建华.我国足球赛场观众暴力的对策研究[J].安阳工学院学报,2007(1):135-138.

[24]郭建华,杜剑虹,钟平波.防控风险背景下大型活动安保现场处置的若干思考——以宁波市大型活动安保工作为例[J].公安学刊,2016(3):44-49.

[25]丁勇,何晓锋.公安机关网络群体性事件治理策略研究[J].辽宁警察学院学报,2021(3):55-60.

[26]杨述厚.网络群体性突发事件防控对策研究[J].江苏警官学院学报,2011(5):131-136.

[27]张丽琼,陈丽娟.网络群体性突发事件的引导与防控研究[J].北京航空航天大学学报(社会科学版》),2012(6):25-29.

[28]汪宇.暴力抗法、阻碍公务引发群体性治安事件的处置[J].武汉公安干部学院学报,2016(4):54-56.

[29]龚晓潇.浅析大型活动暴力袭击事件的现场处置[J].新疆警察学院学报,2021(3):37-43.

附　录

附录一　中华人民共和国突发事件应对法

（2007年8月30日第十届全国人民代表大会常务委员会第二十九次会议通过　2024年6月28日第十四届全国人民代表大会常务委员会第十次会议修订）

第一章　总　则

第一条　为了预防和减少突发事件的发生，控制、减轻和消除突发事件引起的严重社会危害，提高突发事件预防和应对能力，规范突发事件应对活动，保护人民生命财产安全，维护国家安全、公共安全、生态环境安全和社会秩序，根据宪法，制定本法。

第二条　本法所称突发事件，是指突然发生，造成或者可能造成严重社会危害，需要采取应急处置措施予以应对的自然灾害、事故灾难、公共卫生事件和社会安全事件。

突发事件的预防与应急准备、监测与预警、应急处置与救援、事后恢复与重建等应对活动，适用本法。

《中华人民共和国传染病防治法》等有关法律对突发公共卫生事件应对作出规定的，适用其规定。有关法律没有规定的，适用本法。

第三条　按照社会危害程度、影响范围等因素，突发自然灾害、事故灾难、公共卫生事件分为特别重大、重大、较大和一般四级。法律、行政法规或者国务院另有规定的，从其规定。

突发事件的分级标准由国务院或者国务院确定的部门制定。

第四条　突发事件应对工作坚持中国共产党的领导，坚持以马克思列宁主义、毛泽东思想、邓小平理论、"三个代表"重要思想、科学发展观、习近平新时代中国特色社会主义思想为指导，建立健全集中统一、高效权威的中国特色突发事件应对工作领导体制，完善党委领导、政府负责、部门联动、军地联合、社会协同、公众参与、科技支撑、法治保障的治理体系。

第五条　突发事件应对工作应当坚持总体国家安全观，统筹发展与安全；坚持人民至上、生命至上；坚持依法科学应对，尊重和保障人权；坚持预防为主、预防与应急相结合。

第六条　国家建立有效的社会动员机制,组织动员企业事业单位、社会组织、志愿者等各方力量依法有序参与突发事件应对工作,增强全民的公共安全和防范风险的意识,提高全社会的避险救助能力。

第七条　国家建立健全突发事件信息发布制度。有关人民政府和部门应当及时向社会公布突发事件相关信息和有关突发事件应对的决定、命令、措施等信息。

任何单位和个人不得编造、故意传播有关突发事件的虚假信息。有关人民政府和部门发现影响或者可能影响社会稳定、扰乱社会和经济管理秩序的虚假或者不完整信息的,应当及时发布准确的信息予以澄清。

第八条　国家建立健全突发事件新闻采访报道制度。有关人民政府和部门应当做好新闻媒体服务引导工作,支持新闻媒体开展采访报道和舆论监督。

新闻媒体采访报道突发事件应当及时、准确、客观、公正。

新闻媒体应当开展突发事件应对法律法规、预防与应急、自救与互救知识等的公益宣传。

第九条　国家建立突发事件应对工作投诉、举报制度,公布统一的投诉、举报方式。

对于不履行或者不正确履行突发事件应对工作职责的行为,任何单位和个人有权向有关人民政府和部门投诉、举报。

接到投诉、举报的人民政府和部门应当依照规定立即组织调查处理,并将调查处理结果以适当方式告知投诉人、举报人；投诉、举报事项不属于其职责的,应当及时移送有关机关处理。

有关人民政府和部门对投诉人、举报人的相关信息应当予以保密,保护投诉人、举报人的合法权益。

第十条　突发事件应对措施应当与突发事件可能造成的社会危害的性质、程度和范围相适应；有多种措施可供选择的,应当选择有利于最大程度地保护公民、法人和其他组织权益,且对他人权益损害和生态环境影响较小的措施,并根据情况变化及时调整,做到科学、精准、有效。

第十一条　国家在突发事件应对工作中,应当对未成年人、老年人、残疾人、孕产期和哺乳期的妇女、需要及时就医的伤病人员等群体给予特殊、优先保护。

第十二条　县级以上人民政府及其部门为应对突发事件的紧急需要,可以征用单位和个人的设备、设施、场地、交通工具等财产。被征用的财产在使用完毕或者突发事件应急处置工作结束后,应当及时返还。财产被征用或者征用后毁损、灭失的,应当给予公平、合理的补偿。

第十三条　因依法采取突发事件应对措施,致使诉讼、监察调查、行政复议、仲裁、国家赔偿等活动不能正常进行的,适用有关时效中止和程序中止的规定,法律另有规定的除外。

第十四条　中华人民共和国政府在突发事件的预防与应急准备、监测与预警、应急处置与救援、事后恢复与重建等方面,同外国政府和有关国际组织开展合作与交流。

第十五条　对在突发事件应对工作中做出突出贡献的单位和个人,按照国家有关规定给予表彰、奖励。

第二章　管理与指挥体制

第十六条　国家建立统一指挥、专常兼备、反应灵敏、上下联动的应急管理体制和综合协调、分类管理、分级负责、属地管理为主的工作体系。

第十七条　县级人民政府对本行政区域内突发事件的应对管理工作负责。突发事件发生后,发生地县级人民政府应当立即采取措施控制事态发展,组织开展应急救援和处置工作,并立即向上一级人民政府报告,必要时可以越级上报,具备条件的,应当进行网络直报或者自动速报。

突发事件发生地县级人民政府不能消除或者不能有效控制突发事件引起的严重社会危害的,应当及时向上级人民政府报告。上级人民政府应当及时采取措施,统一领导应急处置工作。

法律、行政法规规定由国务院有关部门对突发事件应对管理工作负责的,从其规定;地方人民政府应当积极配合并提供必要的支持。

第十八条　突发事件涉及两个以上行政区域的,其应对管理工作由有关行政区域共同的上一级人民政府负责,或者由各有关行政区域的上一级人民政府共同负责。共同负责的人民政府应当按照国家有关规定,建立信息共享和协调配合机制。根据共同应对突发事件的需要,地方人民政府之间可以建立协同应对机制。

第十九条　县级以上人民政府是突发事件应对管理工作的行政领导机关。

国务院在总理领导下研究、决定和部署特别重大突发事件的应对工作;根据实际需要,设立国家突发事件应急指挥机构,负责突发事件应对工作;必要时,国务院可以派出工作组指导有关工作。

县级以上地方人民政府设立由本级人民政府主要负责人、相关部门负责人、国家综合性消防救援队伍和驻当地中国人民解放军、中国人民武装警察部队有关负责人等组成的突发事件应急指挥机构,统一领导、协调本级人民政府各有关部门和下级人民政府开展突发事件应对工作;根据实际需要,设立相关类别突发事件应急指挥机构,组织、协调、指挥突发事件应对工作。

第二十条　突发事件应急指挥机构在突发事件应对过程中可以依法发布有关突发事件应对的决定、命令、措施。突发事件应急指挥机构发布的决定、命令、措施与设立它的人民政府发布的决定、命令、措施具有同等效力,法律责任由设立它的人民政府承担。

第二十一条　县级以上人民政府应急管理部门和卫生健康、公安等有关部门应当在各自职责范围内做好有关突发事件应对管理工作,并指导、协助下级人民政府及其相应部门做好有关突发事件的应对管理工作。

第二十二条　乡级人民政府、街道办事处应当明确专门工作力量,负责突发事件应对有关工作。

居民委员会、村民委员会依法协助人民政府和有关部门做好突发事件应对工作。

第二十三条　公民、法人和其他组织有义务参与突发事件应对工作。

第二十四条　中国人民解放军、中国人民武装警察部队和民兵组织依照本法和其他有关法律、行政法规、军事法规的规定以及国务院、中央军事委员会的命令,参加突发事件的应急救援和处置工作。

第二十五条　县级以上人民政府及其设立的突发事件应急指挥机构发布的有关突发事件应对的决定、命令、措施，应当及时报本级人民代表大会常务委员会备案；突发事件应急处置工作结束后，应当向本级人民代表大会常务委员会作出专项工作报告。

第三章　预防与应急准备

第二十六条　国家建立健全突发事件应急预案体系。

国务院制定国家突发事件总体应急预案，组织制定国家突发事件专项应急预案；国务院有关部门根据各自的职责和国务院相关应急预案，制定国家突发事件部门应急预案并报国务院备案。

地方各级人民政府和县级以上地方人民政府有关部门根据有关法律、法规、规章、上级人民政府及其有关部门的应急预案以及本地区、本部门的实际情况，制定相应的突发事件应急预案并按国务院有关规定备案。

第二十七条　县级以上人民政府应急管理部门指导突发事件应急预案体系建设，综合协调应急预案衔接工作，增强有关应急预案的衔接性和实效性。

第二十八条　应急预案应当根据本法和其他有关法律、法规的规定，针对突发事件的性质、特点和可能造成的社会危害，具体规定突发事件应对管理工作的组织指挥体系与职责和突发事件的预防与预警机制、处置程序、应急保障措施以及事后恢复与重建措施等内容。

应急预案制定机关应当广泛听取有关部门、单位、专家和社会各方面意见，增强应急预案的针对性和可操作性，并根据实际需要、情势变化、应急演练中发现的问题等及时对应急预案作出修订。

应急预案的制定、修订、备案等工作程序和管理办法由国务院规定。

第二十九条　县级以上人民政府应当将突发事件应对工作纳入国民经济和社会发展规划。县级以上人民政府有关部门应当制定突发事件应急体系建设规划。

第三十条　国土空间规划等规划应当符合预防、处置突发事件的需要，统筹安排突发事件应对工作所必需的设备和基础设施建设，合理确定应急避难、封闭隔离、紧急医疗救治等场所，实现日常使用和应急使用的相互转换。

第三十一条　国务院应急管理部门会同卫生健康、自然资源、住房城乡建设等部门统筹、指导全国应急避难场所的建设和管理工作，建立健全应急避难场所标准体系。县级以上地方人民政府负责本行政区域内应急避难场所的规划、建设和管理工作。

第三十二条　国家建立健全突发事件风险评估体系，对可能发生的突发事件进行综合性评估，有针对性地采取有效防范措施，减少突发事件的发生，最大限度减轻突发事件的影响。

第三十三条　县级人民政府应当对本行政区域内容易引发自然灾害、事故灾难和公共卫生事件的危险源、危险区域进行调查、登记、风险评估，定期进行检查、监控，并责令有关单位采取安全防范措施。

省级和设区的市级人民政府应当对本行政区域内容易引发特别重大、重大突发事件的危险源、危险区域进行调查、登记、风险评估，组织进行检查、监控，并责令有关单位采取安全防范措施。

县级以上地方人民政府应当根据情况变化，及时调整危险源、危险区域的登记。登记的危险源、危险区域及其基础信息，应当按照国家有关规定接入突发事件信息系统，并及时向社会公布。

第三十四条　县级人民政府及其有关部门、乡级人民政府、街道办事处、居民委员会、村民委员会应当及时调解处理可能引发社会安全事件的矛盾纠纷。

第三十五条　所有单位应当建立健全安全管理制度，定期开展危险源辨识评估，制定安全防范措施；定期检查本单位各项安全防范措施的落实情况，及时消除事故隐患；掌握并及时处理本单位存在的可能引发社会安全事件的问题，防止矛盾激化和事态扩大；对本单位可能发生的突发事件和采取安全防范措施的情况，应当按照规定及时向所在地人民政府或者有关部门报告。

第三十六条　矿山、金属冶炼、建筑施工单位和易燃易爆物品、危险化学品、放射性物品等危险物品的生产、经营、运输、储存、使用单位，应当制定具体应急预案，配备必要的应急救援器材、设备和物资，并对生产经营场所、有危险物品的建筑物、构筑物及周边环境开展隐患排查，及时采取措施管控风险和消除隐患，防止发生突发事件。

第三十七条　公共交通工具、公共场所和其他人员密集场所的经营单位或者管理单位应当制定具体应急预案，为交通工具和有关场所配备报警装置和必要的应急救援设备、设施，注明其使用方法，并显著标明安全撤离的通道、路线，保证安全通道、出口的畅通。

有关单位应当定期检测、维护其报警装置和应急救援设备、设施，使其处于良好状态，确保正常使用。

第三十八条　县级以上人民政府应当建立健全突发事件应对管理培训制度，对人民政府及其有关部门负有突发事件应对管理职责的工作人员以及居民委员会、村民委员会有关人员定期进行培训。

第三十九条　国家综合性消防救援队伍是应急救援的综合性常备骨干力量，按照国家有关规定执行综合应急救援任务。县级以上人民政府有关部门可以根据实际需要设立专业应急救援队伍。

县级以上人民政府及其有关部门可以建立由成年志愿者组成的应急救援队伍。乡级人民政府、街道办事处和有条件的居民委员会、村民委员会可以建立基层应急救援队伍，及时、就近开展应急救援。单位应当建立由本单位职工组成的专职或者兼职应急救援队伍。

国家鼓励和支持社会力量建立提供社会化应急救援服务的应急救援队伍。社会力量建立的应急救援队伍参与突发事件应对工作应当服从履行统一领导职责或者组织处置突发事件的人民政府、突发事件应急指挥机构的统一指挥。

县级以上人民政府应当推动专业应急救援队伍与非专业应急救援队伍联合培训、联合演练，提高合成应急、协同应急的能力。

第四十条　地方各级人民政府、县级以上人民政府有关部门、有关单位应当为其组建的应急救援队伍购买人身意外伤害保险，配备必要的防护装备和器材，防范和减少应急救援人员的人身伤害风险。

专业应急救援人员应当具备相应的身体条件、专业技能和心理素质，取得国家规定的应急救援职业资格,具体办法由国务院应急管理部门会同国务院有关部门制定。

第四十一条 中国人民解放军、中国人民武装警察部队和民兵组织应当有计划地组织开展应急救援的专门训练。

第四十二条 县级人民政府及其有关部门、乡级人民政府、街道办事处应当组织开展面向社会公众的应急知识宣传普及活动和必要的应急演练。

居民委员会、村民委员会、企业事业单位、社会组织应当根据所在地人民政府的要求,结合各自的实际情况,开展面向居民、村民、职工等的应急知识宣传普及活动和必要的应急演练。

第四十三条 各级各类学校应当把应急教育纳入教育教学计划,对学生及教职工开展应急知识教育和应急演练,培养安全意识,提高自救与互救能力。

教育主管部门应当对学校开展应急教育进行指导和监督,应急管理等部门应当给予支持。

第四十四条 各级人民政府应当将突发事件应对工作所需经费纳入本级预算,并加强资金管理,提高资金使用绩效。

第四十五条 国家按照集中管理、统一调拨、平时服务、灾时应急、采储结合、节约高效的原则,建立健全应急物资储备保障制度,动态更新应急物资储备品种目录,完善重要应急物资的监管、生产、采购、储备、调拨和紧急配送体系,促进安全应急产业发展,优化产业布局。

国家储备物资品种目录、总体发展规划,由国务院发展改革部门会同国务院有关部门拟订。国务院应急管理等部门依据职责制定应急物资储备规划、品种目录,并组织实施。应急物资储备规划应当纳入国家储备总体发展规划。

第四十六条 设区的市级以上人民政府和突发事件易发、多发地区的县级人民政府应当建立应急救援物资、生活必需品和应急处置装备的储备保障制度。

县级以上地方人民政府应当根据本地区的实际情况和突发事件应对工作的需要,依法与有条件的企业签订协议,保障应急救援物资、生活必需品和应急处置装备的生产、供给。有关企业应当根据协议,按照县级以上地方人民政府要求,进行应急救援物资、生活必需品和应急处置装备的生产、供给,并确保符合国家有关产品质量的标准和要求。

国家鼓励公民、法人和其他组织储备基本的应急自救物资和生活必需品。有关部门可以向社会公布相关物资、物品的储备指南和建议清单。

第四十七条 国家建立健全应急运输保障体系,统筹铁路、公路、水运、民航、邮政、快递等运输和服务方式,制定应急运输保障方案,保障应急物资、装备和人员及时运输。

县级以上地方人民政府和有关主管部门应当根据国家应急运输保障方案,结合本地区实际做好应急调度和运力保障,确保运输通道和客货运枢纽畅通。

国家发挥社会力量在应急运输保障中的积极作用。社会力量参与突发事件应急运输保障,应当服从突发事件应急指挥机构的统一指挥。

第四十八条 国家建立健全能源应急保障体系,提高能源安全保障能力,确保受突发事件影响地区的能源供应。

第四十九条 国家建立健全应急通信、应急广播保障体系,加强应急通信系统、应急广播系统建设,确保突发事件应对工作的通信、广播安全畅通。

第五十条　国家建立健全突发事件卫生应急体系,组织开展突发事件中的医疗救治、卫生学调查处置和心理援助等卫生应急工作,有效控制和消除危害。

第五十一条　县级以上人民政府应当加强急救医疗服务网络的建设,配备相应的医疗救治物资、设施设备和人员,提高医疗卫生机构应对各类突发事件的救治能力。

第五十二条　国家鼓励公民、法人和其他组织为突发事件应对工作提供物资、资金、技术支持和捐赠。

接受捐赠的单位应当及时公开接受捐赠的情况和受赠财产的使用、管理情况,接受社会监督。

第五十三条　红十字会在突发事件中,应当对伤病人员和其他受害者提供紧急救援和人道救助,并协助人民政府开展与其职责相关的其他人道主义服务活动。有关人民政府应当给予红十字会支持和资助,保障其依法参与应对突发事件。

慈善组织在发生重大突发事件时开展募捐和救助活动,应当在有关人民政府的统筹协调、有序引导下依法进行。有关人民政府应当通过提供必要的需求信息、政府购买服务等方式,对慈善组织参与应对突发事件、开展应急慈善活动予以支持。

第五十四条　有关单位应当加强应急救援资金、物资的管理,提高使用效率。

任何单位和个人不得截留、挪用、私分或者变相私分应急救援资金、物资。

第五十五条　国家发展保险事业,建立政府支持、社会力量参与、市场化运作的巨灾风险保险体系,并鼓励单位和个人参加保险。

第五十六条　国家加强应急管理基础科学、重点行业领域关键核心技术的研究,加强互联网、云计算、大数据、人工智能等现代技术手段在突发事件应对工作中的应用,鼓励、扶持有条件的教学科研机构、企业培养应急管理人才和科技人才,研发、推广新技术、新材料、新设备和新工具,提高突发事件应对能力。

第五十七条　县级以上人民政府及其有关部门应当建立健全突发事件专家咨询论证制度,发挥专业人员在突发事件应对工作中的作用。

第四章　监测与预警

第五十八条　国家建立健全突发事件监测制度。

县级以上人民政府及其有关部门应当根据自然灾害、事故灾难和公共卫生事件的种类和特点,建立健全基础信息数据库,完善监测网络,划分监测区域,确定监测点,明确监测项目,提供必要的设备、设施,配备专职或者兼职人员,对可能发生的突发事件进行监测。

第五十九条　国务院建立全国统一的突发事件信息系统。

县级以上地方人民政府应当建立或者确定本地区统一的突发事件信息系统,汇集、储存、分析、传输有关突发事件的信息,并与上级人民政府及其有关部门、下级人民政府及其有关部门、专业机构、监测网点和重点企业的突发事件信息系统实现互联互通,加强跨部门、跨地区的信息共享与情报合作。

第六十条　县级以上人民政府及其有关部门、专业机构应当通过多种途径收集突发事件信息。

县级人民政府应当在居民委员会、村民委员会和有关单位建立专职或者兼职信息报告员制度。

公民、法人或者其他组织发现发生突发事件,或者发现可能发生突发事件的异常情况,应当立即向所在地人民政府、有关主管部门或者指定的专业机构报告。接到报告的单位应当按照规定立即核实处理,对于不属于其职责的,应当立即移送相关单位核实处理。

第六十一条　地方各级人民政府应当按照国家有关规定向上级人民政府报送突发事件信息。县级以上人民政府有关主管部门应当向本级人民政府相关部门通报突发事件信息,并报告上级人民政府主管部门。专业机构、监测网点和信息报告员应当及时向所在地人民政府及其有关主管部门报告突发事件信息。

有关单位和人员报送、报告突发事件信息,应当做到及时、客观、真实,不得迟报、谎报、瞒报、漏报,不得授意他人迟报、谎报、瞒报,不得阻碍他人报告。

第六十二条　县级以上地方人民政府应当及时汇总分析突发事件隐患和监测信息,必要时组织相关部门、专业技术人员、专家学者进行会商,对发生突发事件的可能性及其可能造成的影响进行评估;认为可能发生重大或者特别重大突发事件的,应当立即向上级人民政府报告,并向上级人民政府有关部门、当地驻军和可能受到危害的毗邻或者相关地区的人民政府通报,及时采取预防措施。

第六十三条　国家建立健全突发事件预警制度。

可以预警的自然灾害、事故灾难和公共卫生事件的预警级别,按照突发事件发生的紧急程度、发展势态和可能造成的危害程度分为一级、二级、三级和四级,分别用红色、橙色、黄色和蓝色标示,一级为最高级别。

预警级别的划分标准由国务院或者国务院确定的部门制定。

第六十四条　可以预警的自然灾害、事故灾难或者公共卫生事件即将发生或者发生的可能性增大时,县级以上地方人民政府应当根据有关法律、行政法规和国务院规定的权限和程序,发布相应级别的警报,决定并宣布有关地区进入预警期,同时向上一级人民政府报告,必要时可以越级上报;具备条件的,应当进行网络直报或者自动速报;同时向当地驻军和可能受到危害的毗邻或者相关地区的人民政府通报。

发布警报应当明确预警类别、级别、起始时间、可能影响的范围、警示事项、应当采取的措施、发布单位和发布时间等。

第六十五条　国家建立健全突发事件预警发布平台,按照有关规定及时、准确向社会发布突发事件预警信息。

广播、电视、报刊以及网络服务提供者、电信运营商应当按照国家有关规定,建立突发事件预警信息快速发布通道,及时、准确、无偿播发或者刊载突发事件预警信息。

公共场所和其他人员密集场所,应当指定专门人员负责突发事件预警信息接收和传播工作,做好相关设备、设施维护,确保突发事件预警信息及时、准确接收和传播。

第六十六条　发布三级、四级警报,宣布进入预警期后,县级以上地方人民政府应当根据即将发生的突发事件的特点和可能造成的危害,采取下列措施:

(一)启动应急预案;

(二)责令有关部门、专业机构、监测网点和负有特定职责的人员及时收集、报告有关

信息,向社会公布反映突发事件信息的渠道,加强对突发事件发生、发展情况的监测、预报和预警工作;

(三)组织有关部门和机构、专业技术人员、有关专家学者,随时对突发事件信息进行分析评估,预测发生突发事件可能性的大小、影响范围和强度以及可能发生的突发事件的级别;

(四)定时向社会发布与公众有关的突发事件预测信息和分析评估结果,并对相关信息的报道工作进行管理;

(五)及时按照有关规定向社会发布可能受到突发事件危害的警告,宣传避免、减轻危害的常识,公布咨询或者求助电话等联络方式和渠道。

第六十七条　发布一级、二级警报,宣布进入预警期后,县级以上地方人民政府除采取本法第六十六条规定的措施外,还应当针对即将发生的突发事件的特点和可能造成的危害,采取下列一项或者多项措施:

(一)责令应急救援队伍、负有特定职责的人员进入待命状态,并动员后备人员做好参加应急救援和处置工作的准备;

(二)调集应急救援所需物资、设备、工具,准备应急设施和应急避难、封闭隔离、紧急医疗救治等场所,并确保其处于良好状态,随时可以投入正常使用;

(三)加强对重点单位、重要部位和重要基础设施的安全保卫,维护社会治安秩序;

(四)采取必要措施,确保交通、通信、供水、排水、供电、供气、供热、医疗卫生、广播电视、气象等公共设施的安全和正常运行;

(五)及时向社会发布有关采取特定措施避免或者减轻危害的建议、劝告;

(六)转移、疏散或者撤离易受突发事件危害的人员并予以妥善安置,转移重要财产;

(七)关闭或者限制使用易受突发事件危害的场所,控制或者限制容易导致危害扩大的公共场所的活动;

(八)法律、法规、规章规定的其他必要的防范性、保护性措施。

第六十八条　发布警报,宣布进入预警期后,县级以上人民政府应当对重要商品和服务市场情况加强监测,根据实际需要及时保障供应、稳定市场。必要时,国务院和省、自治区、直辖市人民政府可以按照《中华人民共和国价格法》等有关法律规定采取相应措施。

第六十九条　对即将发生或者已经发生的社会安全事件,县级以上地方人民政府及其有关主管部门应当按照规定向上一级人民政府及其有关主管部门报告,必要时可以越级上报,具备条件的,应当进行网络直报或者自动速报。

第七十条　发布突发事件警报的人民政府应当根据事态的发展,按照有关规定适时调整预警级别并重新发布。

有事实证明不可能发生突发事件或者危险已经解除的,发布警报的人民政府应当立即宣布解除警报,终止预警期,并解除已经采取的有关措施。

第五章　应急处置与救援

第七十一条　国家建立健全突发事件应急响应制度。

突发事件的应急响应级别,按照突发事件的性质、特点、可能造成的危害程度和影响范围等因素分为一级、二级、三级和四级,一级为最高级别。

突发事件应急响应级别划分标准由国务院或者国务院确定的部门制定。县级以上人民政府及其有关部门应当在突发事件应急预案中确定应急响应级别。

第七十二条　突发事件发生后,履行统一领导职责或者组织处置突发事件的人民政府应当针对其性质、特点、危害程度和影响范围等,立即启动应急响应,组织有关部门,调动应急救援队伍和社会力量,依照法律、法规、规章和应急预案的规定,采取应急处置措施,并向上级人民政府报告;必要时,可以设立现场指挥部,负责现场应急处置与救援,统一指挥进入突发事件现场的单位和个人。

启动应急响应,应当明确响应事项、级别、预计期限、应急处置措施等。

履行统一领导职责或者组织处置突发事件的人民政府,应当建立协调机制,提供需求信息,引导志愿服务组织和志愿者等社会力量及时有序参与应急处置与救援工作。

第七十三条　自然灾害、事故灾难或者公共卫生事件发生后,履行统一领导职责的人民政府应当采取下列一项或者多项应急处置措施:

(一)组织营救和救治受害人员,转移、疏散、撤离并妥善安置受到威胁的人员以及采取其他救助措施;

(二)迅速控制危险源,标明危险区域,封锁危险场所,划定警戒区,实行交通管制、限制人员流动、封闭管理以及其他控制措施;

(三)立即抢修被损坏的交通、通信、供水、排水、供电、供气、供热、医疗卫生、广播电视、气象等公共设施,向受到危害的人员提供避难场所和生活必需品,实施医疗救护和卫生防疫以及其他保障措施;

(四)禁止或者限制使用有关设备、设施,关闭或者限制使用有关场所,中止人员密集的活动或者可能导致危害扩大的生产经营活动以及采取其他保护措施;

(五)启用本级人民政府设置的财政预备费和储备的应急救援物资,必要时调用其他急需物资、设备、设施、工具;

(六)组织公民、法人和其他组织参加应急救援和处置工作,要求具有特定专长的人员提供服务;

(七)保障食品、饮用水、药品、燃料等基本生活必需品的供应;

(八)依法从严惩处囤积居奇、哄抬价格、牟取暴利、制假售假等扰乱市场秩序的行为,维护市场秩序;

(九)依法从严惩处哄抢财物、干扰破坏应急处置工作等扰乱社会秩序的行为,维护社会治安;

(十)开展生态环境应急监测,保护集中式饮用水水源地等环境敏感目标,控制和处置污染物;

(十一)采取防止发生次生、衍生事件的必要措施。

第七十四条　社会安全事件发生后,组织处置工作的人民政府应当立即启动应急响应,组织有关部门针对事件的性质和特点,依照有关法律、行政法规和国家其他有关规定,采取下列一项或者多项应急处置措施:

(一)强制隔离使用器械相互对抗或者以暴力行为参与冲突的当事人,妥善解决现场纠纷和争端,控制事态发展;

（二）对特定区域内的建筑物、交通工具、设备、设施以及燃料、燃气、电力、水的供应进行控制；

（三）封锁有关场所、道路，查验现场人员的身份证件，限制有关公共场所内的活动；

（四）加强对易受冲击的核心机关和单位的警卫，在国家机关、军事机关、国家通讯社、广播电台、电视台、外国驻华使领馆等单位附近设置临时警戒线；

（五）法律、行政法规和国务院规定的其他必要措施。

第七十五条　发生突发事件，严重影响国民经济正常运行时，国务院或者国务院授权的有关主管部门可以采取保障、控制等必要的应急措施，保障人民群众的基本生活需要，最大限度地减轻突发事件的影响。

第七十六条　履行统一领导职责或者组织处置突发事件的人民政府及其有关部门，必要时可以向单位和个人征用应急救援所需设备、设施、场地、交通工具和其他物资，请求其他地方人民政府及其有关部门提供人力、物力、财力或者技术支援，要求生产、供应生活必需品和应急救援物资的企业组织生产、保证供给，要求提供医疗、交通等公共服务的组织提供相应的服务。

履行统一领导职责或者组织处置突发事件的人民政府和有关主管部门，应当组织协调运输经营单位，优先运送处置突发事件所需物资、设备、工具、应急救援人员和受到突发事件危害的人员。

履行统一领导职责或者组织处置突发事件的人民政府及其有关部门，应当为受突发事件影响无人照料的无民事行为能力人、限制民事行为能力人提供及时有效帮助；建立健全联系帮扶应急救援人员家庭制度，帮助解决实际困难。

第七十七条　突发事件发生地的居民委员会、村民委员会和其他组织应当按照当地人民政府的决定、命令，进行宣传动员，组织群众开展自救与互救，协助维护社会秩序；情况紧急的，应当立即组织群众开展自救与互救等先期处置工作。

第七十八条　受到自然灾害危害或者发生事故灾难、公共卫生事件的单位，应当立即组织本单位应急救援队伍和工作人员营救受害人员，疏散、撤离、安置受到威胁的人员，控制危险源，标明危险区域，封锁危险场所，并采取其他防止危害扩大的必要措施，同时向所在地县级人民政府报告；对因本单位的问题引发的或者主体是本单位人员的社会安全事件，有关单位应当按照规定上报情况，并迅速派出负责人赶赴现场开展劝解、疏导工作。

突发事件发生地的其他单位应当服从人民政府发布的决定、命令，配合人民政府采取的应急处置措施，做好本单位的应急救援工作，并积极组织人员参加所在地的应急救援和处置工作。

第七十九条　突发事件发生地的个人应当依法服从人民政府、居民委员会、村民委员会或者所属单位的指挥和安排，配合人民政府采取的应急处置措施，积极参加应急救援工作，协助维护社会秩序。

第八十条　国家支持城乡社区组织健全应急工作机制，强化城乡社区综合服务设施和信息平台应急功能，加强与突发事件信息系统数据共享，增强突发事件应急处置中保障群众基本生活和服务群众能力。

第八十一条　国家采取措施，加强心理健康服务体系和人才队伍建设，支持引导心理健康服务人员和社会工作者对受突发事件影响的各类人群开展心理健康教育、心理评估、心理疏导、心理危机干预、心理行为问题诊治等心理援助工作。

第八十二条　对于突发事件遇难人员的遗体，应当按照法律和国家有关规定，科学规范处置，加强卫生防疫，维护逝者尊严。对于逝者的遗物应当妥善保管。

第八十三条　县级以上人民政府及其有关部门根据突发事件应对工作需要，在履行法定职责所必需的范围和限度内，可以要求公民、法人和其他组织提供应急处置与救援需要的信息。公民、法人和其他组织应当予以提供，法律另有规定的除外。县级以上人民政府及其有关部门对获取的相关信息，应当严格保密，并依法保护公民的通信自由和通信秘密。

第八十四条　在突发事件应急处置中，有关单位和个人因依照本法规定配合突发事件应对工作或者履行相关义务，需要获取他人个人信息的，应当依照法律规定的程序和方式取得并确保信息安全，不得非法收集、使用、加工、传输他人个人信息，不得非法买卖、提供或者公开他人个人信息。

第八十五条　因依法履行突发事件应对工作职责或者义务获取的个人信息，只能用于突发事件应对，并在突发事件应对工作结束后予以销毁。确因依法作为证据使用或者调查评估需要留存或者延期销毁的，应当按照规定进行合法性、必要性、安全性评估，并采取相应保护和处理措施，严格依法使用。

第六章　事后恢复与重建

第八十六条　突发事件的威胁和危害得到控制或者消除后，履行统一领导职责或者组织处置突发事件的人民政府应当宣布解除应急响应，停止执行依照本法规定采取的应急处置措施，同时采取或者继续实施必要措施，防止发生自然灾害、事故灾难、公共卫生事件的次生、衍生事件或者重新引发社会安全事件，组织受影响地区尽快恢复社会秩序。

第八十七条　突发事件应急处置工作结束后，履行统一领导职责的人民政府应当立即组织对突发事件造成的影响和损失进行调查评估，制定恢复重建计划，并向上一级人民政府报告。

受突发事件影响地区的人民政府应当及时组织和协调应急管理、卫生健康、公安、交通、铁路、民航、邮政、电信、建设、生态环境、水利、能源、广播电视等有关部门恢复社会秩序，尽快修复被损坏的交通、通信、供水、排水、供电、供气、供热、医疗卫生、水利、广播电视等公共设施。

第八十八条　受突发事件影响地区的人民政府开展恢复重建工作需要上一级人民政府支持的，可以向上一级人民政府提出请求。上一级人民政府应当根据受影响地区遭受的损失和实际情况，提供资金、物资支持和技术指导，组织协调其他地区和有关方面提供资金、物资和人力支援。

第八十九条　国务院根据受突发事件影响地区遭受损失的情况，制定扶持该地区有关行业发展的优惠政策。

受突发事件影响地区的人民政府应当根据本地区遭受的损失和采取应急处置措施的情况，制定救助、补偿、抚慰、抚恤、安置等善后工作计划并组织实施，妥善解决因处置突发事件引发的矛盾纠纷。

第九十条　公民参加应急救援工作或者协助维护社会秩序期间，其所在单位应当保证其工资待遇和福利不变，并可以按照规定给予相应补助。

第九十一条　县级以上人民政府对在应急救援工作中伤亡的人员依法落实工伤待遇、抚恤或者其他保障政策，并组织做好应急救援工作中致病人员的医疗救治工作。

第九十二条　履行统一领导职责的人民政府在突发事件应对工作结束后，应当及时查明突发事件的发生经过和原因，总结突发事件应急处置工作的经验教训，制定改进措施，并向上一级人民政府提出报告。

第九十三条　突发事件应对工作中有关资金、物资的筹集、管理、分配、拨付和使用等情况，应当依法接受审计机关的审计监督。

第九十四条　国家档案主管部门应当建立健全突发事件应对工作相关档案收集、整理、保护、利用工作机制。突发事件应对工作中形成的材料，应当按照国家规定归档，并向相关档案馆移交。

第七章　法律责任

第九十五条　地方各级人民政府和县级以上人民政府有关部门违反本法规定，不履行或者不正确履行法定职责的，由其上级行政机关责令改正；有下列情形之一，由有关机关综合考虑突发事件发生的原因、后果、应对处置情况、行为人过错等因素，对负有责任的领导人员和直接责任人员依法给予处分：

（一）未按照规定采取预防措施，导致发生突发事件，或者未采取必要的防范措施，导致发生次生、衍生事件的；

（二）迟报、谎报、瞒报、漏报或者授意他人迟报、谎报、瞒报以及阻碍他人报告有关突发事件的信息，或者通报、报送、公布虚假信息，造成后果的；

（三）未按照规定及时发布突发事件警报、采取预警期的措施，导致损害发生的；

（四）未按照规定及时采取措施处置突发事件或者处置不当，造成后果的；

（五）违反法律规定采取应对措施，侵犯公民生命健康权益的；

（六）不服从上级人民政府对突发事件应急处置工作的统一领导、指挥和协调的；

（七）未及时组织开展生产自救、恢复重建等善后工作的；

（八）截留、挪用、私分或者变相私分应急救援资金、物资的；

（九）不及时归还征用的单位和个人的财产，或者对被征用财产的单位和个人不按照规定给予补偿的。

第九十六条　有关单位有下列情形之一，由所在地履行统一领导职责的人民政府有关部门责令停产停业，暂扣或者吊销许可证件，并处五万元以上二十万元以下的罚款；情节特别严重的，并处二十万元以上一百万元以下的罚款：

（一）未按照规定采取预防措施，导致发生较大以上突发事件的；

（二）未及时消除已发现的可能引发突发事件的隐患，导致发生较大以上突发事件的；

（三）未做好应急物资储备和应急设备、设施日常维护、检测工作，导致发生较大以上突发事件或者突发事件危害扩大的；

（四）突发事件发生后，不及时组织开展应急救援工作，造成严重后果的。

其他法律对前款行为规定了处罚的，依照较重的规定处罚。

第九十七条　违反本法规定,编造并传播有关突发事件的虚假信息,或者明知是有关突发事件的虚假信息而进行传播的,责令改正,给予警告;造成严重后果的,依法暂停其业务活动或者吊销其许可证件;负有直接责任的人员是公职人员的,还应当依法给予处分。

第九十八条　单位或者个人违反本法规定,不服从所在地人民政府及其有关部门依法发布的决定、命令或者不配合其依法采取的措施的,责令改正;造成严重后果的,依法给予行政处罚;负有直接责任的人员是公职人员的,还应当依法给予处分。

第九十九条　单位或者个人违反本法第八十四条、第八十五条关于个人信息保护规定的,由主管部门依照有关法律规定给予处罚。

第一百条　单位或者个人违反本法规定,导致突发事件发生或者危害扩大,造成人身、财产或者其他损害的,应当依法承担民事责任。

第一百零一条　为了使本人或者他人的人身、财产免受正在发生的危险而采取避险措施的,依照《中华人民共和国民法典》、《中华人民共和国刑法》等法律关于紧急避险的规定处理。

第一百零二条　违反本法规定,构成违反治安管理行为的,依法给予治安管理处罚;构成犯罪的,依法追究刑事责任。

第八章　附　则

第一百零三条　发生特别重大突发事件,对人民生命财产安全、国家安全、公共安全、生态环境安全或者社会秩序构成重大威胁,采取本法和其他有关法律、法规、规章规定的应急处置措施不能消除或者有效控制、减轻其严重社会危害,需要进入紧急状态的,由全国人民代表大会常务委员会或者国务院依照宪法和其他有关法律规定的权限和程序决定。

紧急状态期间采取的非常措施,依照有关法律规定执行或者由全国人民代表大会常务委员会另行规定。

第一百零四条　中华人民共和国领域外发生突发事件,造成或者可能造成中华人民共和国公民、法人和其他组织人身伤亡、财产损失的,由国务院外交部门会同国务院其他有关部门、有关地方人民政府,按照国家有关规定做好应对工作。

第一百零五条　在中华人民共和国境内的外国人、无国籍人应当遵守本法,服从所在地人民政府及其有关部门依法发布的决定、命令,并配合其依法采取的措施。

第一百零六条　本法自2024年11月1日起施行。

附录二 国家突发公共事件总体应急预案

1 总则

1.1 编制目的

提高政府保障公共安全和处置突发公共事件的能力,最大程度地预防和减少突发公共事件及其造成的损害,保障公众的生命财产安全,维护国家安全和社会稳定,促进经济社会全面、协调、可持续发展。

1.2 编制依据

依据宪法及有关法律、行政法规,制定本预案。

1.3 分类分级

本预案所称突发公共事件是指突然发生,造成或者可能造成重大人员伤亡、财产损失、生态环境破坏和严重社会危害,危及公共安全的紧急事件。

根据突发公共事件的发生过程、性质和机理,突发公共事件主要分为以下四类:

(1)自然灾害。主要包括水旱灾害,气象灾害,地震灾害,地质灾害,海洋灾害,生物灾害和森林草原火灾等。

(2)事故灾难。主要包括工矿商贸等企业的各类安全事故,交通运输事故,公共设施和设备事故,环境污染和生态破坏事件等。

(3)公共卫生事件。主要包括传染病疫情,群体性不明原因疾病,食品安全和职业危害,动物疫情,以及其他严重影响公众健康和生命安全的事件。

(4)社会安全事件。主要包括恐怖袭击事件,经济安全事件和涉外突发事件等。

各类突发公共事件按照其性质、严重程度、可控性和影响范围等因素,一般分为四级:Ⅰ级(特别重大)、Ⅱ级(重大)、Ⅲ级(较大)和Ⅳ级(一般)。

1.4 适用范围

本预案适用于涉及跨省级行政区划的,或超出事发地省级人民政府处置能力的特别重大突发公共事件应对工作。

本预案指导全国的突发公共事件应对工作。

1.5 工作原则

(1)以人为本,减少危害。切实履行政府的社会管理和公共服务职能,把保障公众健康和生命财产安全作为首要任务,最大程度地减少突发公共事件及其造成的人员伤亡和危害。

(2)居安思危,预防为主。高度重视公共安全工作,常抓不懈,防患于未然。增强忧患意识,坚持预防与应急相结合,常态与非常态相结合,做好应对突发公共事件的各项准备工作。

(3)统一领导,分级负责。在党中央、国务院的统一领导下,建立健全分类管理、分级负责,条块结合、属地管理为主的应急管理体制,在各级党委领导下,实行行政领导责任制,充分发挥专业应急指挥机构的作用。

(4)依法规范,加强管理。依据有关法律和行政法规,加强应急管理,维护公众的合法权益,使应对突发公共事件的工作规范化、制度化、法制化。

(5)快速反应,协同应对。加强以属地管理为主的应急处置队伍建设,建立联动协调制度,充分动员和发挥乡镇、社区、企事业单位、社会团体和志愿者队伍的作用,依靠公众力量,形成统一指挥、反应灵敏、功能齐全、协调有序、运转高效的应急管理机制。

(6)依靠科技,提高素质。加强公共安全科学研究和技术开发,采用先进的监测、预测、预警、预防和应急处置技术及设施,充分发挥专家队伍和专业人员的作用,提高应对突发公共事件的科技水平和指挥能力,避免发生次生、衍生事件;加强宣传和培训教育工作,提高公众自救、互救和应对各类突发公共事件的综合素质。

1.6 应急预案体系

全国突发公共事件应急预案体系包括：

(1)突发公共事件总体应急预案。总体应急预案是全国应急预案体系的总纲,是国务院应对特别重大突发公共事件的规范性文件。

(2)突发公共事件专项应急预案。专项应急预案主要是国务院及其有关部门为应对某一类型或某几种类型突发公共事件而制定的应急预案。

(3)突发公共事件部门应急预案。部门应急预案是国务院有关部门根据总体应急预案、专项应急预案和部门职责为应对突发公共事件制定的预案。

(4)突发公共事件地方应急预案。具体包括：省级人民政府的突发公共事件总体应急预案、专项应急预案和部门应急预案;各市(地)、县(市)人民政府及其基层政权组织的突发公共事件应急预案。上述预案在省级人民政府的领导下,按照分类管理、分级负责的原则,由地方人民政府及其有关部门分别制定。

(5)企事业单位根据有关法律法规制定的应急预案。

(6)举办大型会展和文化体育等重大活动,主办单位应当制定应急预案。

各类预案将根据实际情况变化不断补充、完善。

2 组织体系

2.1 领导机构

国务院是突发公共事件应急管理工作的最高行政领导机构。在国务院总理领导下,由国务院常务会议和国家相关突发公共事件应急指挥机构(以下简称相关应急指挥机构)负责突发公共事件的应急管理工作;必要时,派出国务院工作组指导有关工作。

2.2 办事机构

国务院办公厅设国务院应急管理办公室,履行值守应急、信息汇总和综合协调职责,发挥运转枢纽作用。

2.3 工作机构

国务院有关部门依据有关法律、行政法规和各自的职责,负责相关类别突发公共事件的应急管理工作。具体负责相关类别的突发公共事件专项和部门应急预案的起草与实施,贯彻落实国务院有关决定事项。

2.4　地方机构

地方各级人民政府是本行政区域突发公共事件应急管理工作的行政领导机构,负责本行政区域各类突发公共事件的应对工作。

2.5　专家组

国务院和各应急管理机构建立各类专业人才库,可以根据实际需要聘请有关专家组成专家组,为应急管理提供决策建议,必要时参加突发公共事件的应急处置工作。

3　运行机制

3.1　预测与预警

各地区、各部门要针对各种可能发生的突发公共事件,完善预测预警机制,建立预测预警系统,开展风险分析,做到早发现、早报告、早处置。

3.1.1　预警级别和发布

根据预测分析结果,对可能发生和可以预警的突发公共事件进行预警。预警级别依据突发公共事件可能造成的危害程度、紧急程度和发展势态,一般划分为四级:Ⅰ级(特别严重)、Ⅱ级(严重)、Ⅲ级(较重)和Ⅳ级(一般),依次用红色、橙色、黄色和蓝色表示。

预警信息包括突发公共事件的类别、预警级别、起始时间、可能影响范围、警示事项、应采取的措施和发布机关等。

预警信息的发布、调整和解除可通过广播、电视、报刊、通信、信息网络、警报器、宣传车或组织人员逐户通知等方式进行,对老、幼、病、残、孕等特殊人群以及学校等特殊场所和警报盲区应当采取有针对性的公告方式。

3.2　应急处置

3.2.1　信息报告

特别重大或者重大突发公共事件发生后,各地区、各部门要立即报告,最迟不得超过4小时,同时通报有关地区和部门。应急处置过程中,要及时续报有关情况。

3.2.2　先期处置

突发公共事件发生后,事发地的省级人民政府或者国务院有关部门在报告特别重大、重大突发公共事件信息的同时,要根据职责和规定的权限启动相关应急预案,及时、有效地进行处置,控制事态。

在境外发生涉及中国公民和机构的突发事件,我驻外使领馆、国务院有关部门和有关地方人民政府要采取措施控制事态发展,组织开展应急救援工作。

3.2.3　应急响应

对于先期处置未能有效控制事态的特别重大突发公共事件,要及时启动相关预案,由国务院相关应急指挥机构或国务院工作组统一指挥或指导有关地区、部门开展处置工作。

现场应急指挥机构负责现场的应急处置工作。

需要多个国务院相关部门共同参与处置的突发公共事件,由该类突发公共事件的业务主管部门牵头,其他部门予以协助。

3.2.4　应急结束

特别重大突发公共事件应急处置工作结束,或者相关危险因素消除后,现场应急指挥机构予以撤销。

3.3 恢复与重建

3.3.1 善后处置

要积极稳妥、深入细致地做好善后处置工作。对突发公共事件中的伤亡人员、应急处置工作人员，以及紧急调集、征用有关单位及个人的物资，要按照规定给予抚恤、补助或补偿，并提供心理及司法援助。有关部门要做好疫病防治和环境污染消除工作。保险监管机构督促有关保险机构及时做好有关单位和个人损失的理赔工作。

3.3.2 调查与评估

要对特别重大突发公共事件的起因、性质、影响、责任、经验教训和恢复重建等问题进行调查评估。

3.3.3 恢复重建

根据受灾地区恢复重建计划组织实施恢复重建工作。

3.4 信息发布

突发公共事件的信息发布应当及时、准确、客观、全面。事件发生的第一时间要向社会发布简要信息，随后发布初步核实情况、政府应对措施和公众防范措施等，并根据事件处置情况做好后续发布工作。

信息发布形式主要包括授权发布、散发新闻稿、组织报道、接受记者采访、举行新闻发布会等。

4 应急保障

各有关部门要按照职责分工和相关预案做好突发公共事件的应对工作，同时根据总体预案切实做好应对突发公共事件的人力、物力、财力、交通运输、医疗卫生及通信保障等工作，保证应急救援工作的需要和灾区群众的基本生活，以及恢复重建工作的顺利进行。

4.1 人力资源

公安（消防）、医疗卫生、地震救援、海上搜救、矿山救护、森林消防、防洪抢险、核与辐射、环境监控、危险化学品事故救援、铁路事故、民航事故、基础信息网络和重要信息系统事故处置，以及水、电、油、气等工程抢险救援队伍是应急救援的专业队伍和骨干力量。地方各级人民政府和有关部门、单位要加强应急救援队伍的业务培训和应急演练，建立联动协调机制，提高装备水平；动员社会团体、企事业单位以及志愿者等各种社会力量参与应急救援工作；增进国际间的交流与合作。要加强以乡镇和社区为单位的公众应急能力建设，发挥其在应对突发公共事件中的重要作用。

中国人民解放军和中国人民武装警察部队是处置突发公共事件的骨干和突击力量，按照有关规定参加应急处置工作。

4.2 财力保障

要保证所需突发公共事件应急准备和救援工作资金。对受突发公共事件影响较大的行业、企事业单位和个人要及时研究提出相应的补偿或救助政策。要对突发公共事件财政应急保障资金的使用和效果进行监管和评估。

鼓励自然人、法人或者其他组织（包括国际组织）按照《中华人民共和国公益事业捐赠法》等有关法律、法规的规定进行捐赠和援助。

4.3 物资保障

要建立健全应急物资监测网络、预警体系和应急物资生产、储备、调拨及紧急配送体系,完善应急工作程序,确保应急所需物资和生活用品的及时供应,并加强对物资储备的监督管理,及时予以补充和更新。

地方各级人民政府应根据有关法律、法规和应急预案的规定,做好物资储备工作。

4.4 基本生活保障

要做好受灾群众的基本生活保障工作,确保灾区群众有饭吃、有水喝、有衣穿、有住处、有病能得到及时医治。

4.5 医疗卫生保障

卫生部门负责组建医疗卫生应急专业技术队伍,根据需要及时赴现场开展医疗救治、疾病预防控制等卫生应急工作。及时为受灾地区提供药品、器械等卫生和医疗设备。必要时,组织动员红十字会等社会卫生力量参与医疗卫生救助工作。

4.6 交通运输保障

要保证紧急情况下应急交通工具的优先安排、优先调度、优先放行,确保运输安全畅通;要依法建立紧急情况社会交通运输工具的征用程序,确保抢险救灾物资和人员能够及时、安全送达。

根据应急处置需要,对现场及相关通道实行交通管制,开设应急救援"绿色通道",保证应急救援工作的顺利开展。

4.7 治安维护

要加强对重点地区、重点场所、重点人群、重要物资和设备的安全保护,依法严厉打击违法犯罪活动。必要时,依法采取有效管制措施,控制事态,维护社会秩序。

4.8 人员防护

要指定或建立与人口密度、城市规模相适应的应急避险场所,完善紧急疏散管理办法和程序,明确各级责任人,确保在紧急情况下公众安全、有序的转移或疏散。

要采取必要的防护措施,严格按照程序开展应急救援工作,确保人员安全。

4.9 通信保障

建立健全应急通信、应急广播电视保障工作体系,完善公用通信网,建立有线和无线相结合、基础电信网络与机动通信系统相配套的应急通信系统,确保通信畅通。

4.10 公共设施

有关部门要按照职责分工,分别负责煤、电、油、气、水的供给,以及废水、废气、固体废弃物等有害物质的监测和处理。

4.11 科技支撑

要积极开展公共安全领域的科学研究;加大公共安全监测、预测、预警、预防和应急处置技术研发的投入,不断改进技术装备,建立健全公共安全应急技术平台,提高我国公共安全科技水平;注意发挥企业在公共安全领域的研发作用。

5 监督管理

5.1 预案演练

各地区、各部门要结合实际,有计划、有重点地组织有关部门对相关预案进行演练。

5.2 宣传和培训

宣传、教育、文化、广电、新闻出版等有关部门要通过图书、报刊、音像制品和电子出版物、广播、电视、网络等,广泛宣传应急法律法规和预防、避险、自救、互救、减灾等常识,增强公众的忧患意识、社会责任意识和自救、互救能力。各有关方面要有计划地对应急救援和管理人员进行培训,提高其专业技能。

5.3 责任与奖惩

突发公共事件应急处置工作实行责任追究制。

对突发公共事件应急管理工作中做出突出贡献的先进集体和个人要给予表彰和奖励。

对迟报、谎报、瞒报和漏报突发公共事件重要情况或者应急管理工作中有其他失职、渎职行为的,依法对有关责任人给予行政处分;构成犯罪的,依法追究刑事责任。

6 附则

6.1 预案管理

根据实际情况的变化,及时修订本预案。

本预案自发布之日起实施。

附录三　突发事件应急演练指南

1　总则

根据《中华人民共和国突发事件应对法》、《国家突发公共事件总体应急预案》和国务院有关规定,为加强对应急演练工作的指导,促进应急演练规范、安全、节约、有序地开展,制定本指南。

1.1 应急演练定义

应急演练是指各级人民政府及其部门、企事业单位、社会团体等(以下统称演练组织单位)组织相关单位及人员,依据有关应急预案,模拟应对突发事件的活动。

1.2 应急演练目的

(1)检验预案。通过开展应急演练,查找应急预案中存在的问题,进而完善应急预案,提高应急预案的实用性和可操作性。

(2)完善准备。通过开展应急演练,检查应对突发事件所需应急队伍、物资、装备、技术等方面的准备情况,发现不足及时予以调整补充,做好应急准备工作。

(3)锻炼队伍。通过开展应急演练,增强演练组织单位、参与单位和人员等对应急预案的熟悉程度,提高其应急处置能力。

(4)磨合机制。通过开展应急演练,进一步明确相关单位和人员的职责任务,理顺工作关系,完善应急机制。

(5)科普宣教。通过开展应急演练,普及应急知识,提高公众风险防范意识和自救互救等灾害应对能力。

1.3 应急演练原则

(1)结合实际、合理定位。紧密结合应急管理工作实际,明确演练目的,根据资源条件确定演练方式和规模。

(2)着眼实战、讲求实效。以提高应急指挥人员的指挥协调能力、应急队伍的实战能力为着眼点。重视对演练效果及组织工作的评估、考核,总结推广好经验,及时整改存在问题。

(3)精心组织、确保安全。围绕演练目的,精心策划演练内容,科学设计演练方案,周密组织演练活动,制订并严格遵守有关安全措施,确保演练参与人员及演练装备设施的安全。

(4)统筹规划、厉行节约。统筹规划应急演练活动,适当开展跨地区、跨部门、跨行业的综合性演练,充分利用现有资源,努力提高应急演练效益。

1.4 应急演练分类

(1)按组织形式划分,应急演练可分为桌面演练和实战演练。

①桌面演练。桌面演练是指参演人员利用地图、沙盘、流程图、计算机模拟、视频会议等辅助手段,针对事先假定的演练情景,讨论和推演应急决策及现场处置的过程,从而促进相关人员掌握应急预案中所规定的职责和程序,提高指挥决策和协同配合能力。桌面

演练通常在室内完成。

②实战演练。实战演练是指参演人员利用应急处置涉及的设备和物资,针对事先设置的突发事件情景及其后续的发展情景,通过实际决策、行动和操作,完成真实应急响应的过程,从而检验和提高相关人员的临场组织指挥、队伍调动、应急处置技能和后勤保障等应急能力。实战演练通常要在特定场所完成。

(2)按内容划分,应急演练可分为单项演练和综合演练。

①单项演练。单项演练是指只涉及应急预案中特定应急响应功能或现场处置方案中一系列应急响应功能的演练活动。注重针对一个或少数几个参与单位(岗位)的特定环节和功能进行检验。

②综合演练。综合演练是指涉及应急预案中多项或全部应急响应功能的演练活动。注重对多个环节和功能进行检验,特别是对不同单位之间应急机制和联合应对能力的检验。

(3)按目的与作用划分,应急演练可分为检验性演练、示范性演练和研究性演练。

①检验性演练。检验性演练是指为检验应急预案的可行性、应急准备的充分性、应急机制的协调性及相关人员的应急处置能力而组织的演练。

②示范性演练。示范性演练是指为向观摩人员展示应急能力或提供示范教学,严格按照应急预案规定开展的表演性演练。

③研究性演练。研究性演练是指为研究和解决突发事件应急处置的重点、难点问题,试验新方案、新技术、新装备而组织的演练。

不同类型的演练相互组合,可以形成单项桌面演练、综合桌面演练、单项实战演练、综合实战演练、示范性单项演练、示范性综合演练等。

1.5 应急演练规划

演练组织单位要根据实际情况,并依据相关法律法规和应急预案的规定,制订年度应急演练规划,按照"先单项后综合、先桌面后实战、循序渐进、时空有序"等原则,合理规划应急演练的频次、规模、形式、时间、地点等。

2 应急演练组织机构

演练应在相关预案确定的应急领导机构或指挥机构领导下组织开展。演练组织单位要成立由相关单位领导组成的演练领导小组,通常下设策划部、保障部和评估组;对于不同类型和规模的演练活动,其组织机构和职能可以适当调整。根据需要,可成立现场指挥部。

2.1 演练领导小组

演练领导小组负责应急演练活动全过程的组织领导,审批决定演练的重大事项。演练领导小组组长一般由演练组织单位或其上级单位的负责人担任;副组长一般由演练组织单位或主要协办单位负责人担任;小组其他成员一般由各演练参与单位相关负责人担任。在演练实施阶段,演练领导小组组长、副组长通常分别担任演练总指挥、副总指挥。

2.2 策划部

策划部负责应急演练策划、演练方案设计、演练实施的组织协调、演练评估总结等工作。策划部设总策划、副总策划,下设文案组、协调组、控制组、宣传组等。

(1)总策划。总策划是演练准备、演练实施、演练总结等阶段各项工作的主要组织者,一般由演练组织单位具有应急演练组织经验和突发事件应急处置经验的人员担任;副总策划协助总策划开展工作,一般由演练组织单位或参与单位的有关人员担任。

(2)文案组。在总策划的直接领导下,负责制定演练计划、设计演练方案、编写演练总结报告以及演练文档归档与备案等;其成员应具有一定的演练组织经验和突发事件应急处置经验。

(3)协调组。负责与演练涉及的相关单位以及本单位有关部门之间的沟通协调,其成员一般为演练组织单位及参与单位的行政、外事等部门人员。

(4)控制组。在演练实施过程中,在总策划的直接指挥下,负责向演练人员传送各类控制消息,引导应急演练进程按计划进行。其成员最好有一定的演练经验,也可以从文案组和协调组抽调,常称为演练控制人员。

(5)宣传组。负责编制演练宣传方案,整理演练信息、组织新闻媒体和开展新闻发布等。其成员一般是演练组织单位及参与单位宣传部门的人员。

2.3 保障部

保障部负责调集演练所需物资装备,购置和制作演练模型、道具、场景,准备演练场地,维持演练现场秩序,保障运输车辆,保障人员生活和安全保卫等。其成员一般是演练组织单位及参与单位后勤、财务、办公等部门人员,常称为后勤保障人员。

2.4 评估组

评估组负责设计演练评估方案和编写演练评估报告,对演练准备、组织、实施及其安全事项等进行全过程、全方位评估,及时向演练领导小组、策划部和保障部提出意见、建议。其成员一般是应急管理专家、具有一定演练评估经验和突发事件应急处置经验专业人员,常称为演练评估人员。评估组可由上级部门组织,也可由演练组织单位自行组织。

2.5 参演队伍和人员

参演队伍包括应急预案规定的有关应急管理部门(单位)工作人员、各类专兼职应急救援队伍以及志愿者队伍等。

参演人员承担具体演练任务,针对模拟事件场景作出应急响应行动。有时也可使用模拟人员替代未现场参加演练的单位人员,或模拟事故的发生过程,如释放烟雾、模拟泄漏等。

3 应急演练准备

3.1 制定演练计划

演练计划由文案组编制,经策划部审查后报演练领导小组批准。主要内容包括:

(1)确定演练目的,明确举办应急演练的原因、演练要解决的问题和期望达到的效果等。

(2)分析演练需求,在对事先设定事件的风险及应急预案进行认真分析的基础上,确定需调整的演练人员、需锻炼的技能、需检验的设备、需完善的应急处置流程和需进一步明确的职责等。

(3)确定演练范围,根据演练需求、经费、资源和时间等条件的限制,确定演练事件类型、等级、地域、参演机构及人数、演练方式等。演练需求和演练范围往往互为影响。

(4)安排演练准备与实施的日程计划,包括各种演练文件编写与审定的期限、物资器材准备的期限、演练实施的日期等。

(5)编制演练经费预算,明确演练经费筹措渠道。

3.2 设计演练方案

演练方案由文案组编写,通过评审后由演练领导小组批准,必要时还需报有关主管单位同意并备案。主要内容包括:

3.2.1 确定演练目标

演练目标是需完成的主要演练任务及其达到的效果,一般说明"由谁在什么条件下完成什么任务,依据什么标准,取得什么效果"。演练目标应简单、具体、可量化、可实现。一次演练一般有若干项演练目标,每项演练目标都要在演练方案中有相应的事件和演练活动予以实现,并在演练评估中有相应的评估项目判断该目标的实现情况。

3.2.2 设计演练情景与实施步骤

演练情景要为演练活动提供初始条件,还要通过一系列的情景事件引导演练活动继续,直至演练完成。演练情景包括演练场景概述和演练场景清单。

(1)演练场景概述。要对每一处演练场景的概要说明,主要说明事件类别、发生的时间地点、发展速度、强度与危险性、受影响范围、人员和物资分布、已造成的损失、后续发展预测、气象及其他环境条件等。

(2)演练场景清单。要明确演练过程中各场景的时间顺序列表和空间分布情况。演练场景之间的逻辑关联依赖于事件发展规律、控制消息和演练人员收到控制消息后应采取的行动。

3.2.3 设计评估标准与方法

演练评估是通过观察、体验和记录演练活动,比较演练实际效果与目标之间的差异,总结演练成效和不足的过程。演练评估应以演练目标为基础。每项演练目标都要设计合理的评估项目方法、标准。根据演练目标的不同,可以用选择项(如:是/否判断,多项选择)、主观评分(如:1—差、3—合格、5—优秀)、定量测量(如:响应时间、被困人数、获救人数)等方法进行评估。

为便于演练评估操作,通常事先设计好评估表格,包括演练目标、评估方法、评价标准和相关记录项等。有条件时还可以采用专业评估软件等工具。

3.2.4 编写演练方案文件

演练方案文件是指导演练实施的详细工作文件。根据演练类别和规模的不同,演练方案可以编为一个或多个文件。编为多个文件时可包括演练人员手册、演练控制指南、演练评估指南、演练宣传方案、演练脚本等,分别发给相关人员。对涉密应急预案的演练或不宜公开的演练内容,还要制订保密措施。

(1)演练人员手册。内容主要包括演练概述、组织机构、时间、地点、参演单位、演练目的、演练情景概述、演练现场标识、演练后勤保障、演练规则、安全注意事项、通信联系方式等,但不包括演练细节。演练人员手册可发放给所有参加演练的人员。

(2)演练控制指南。内容主要包括演练情景概述、演练事件清单、演练场景说明、参演人员及其位置、演练控制规则、控制人员组织结构与职责、通信联系方式等。演练控制指南主要供演练控制人员使用。

（3）演练评估指南。内容主要包括演练情景概述、演练事件清单、演练目标、演练场景说明、参演人员及其位置、评估人员组织结构与职责、评估人员位置、评估表格及相关工具、通信联系方式等。演练评估指南主要供演练评估人员使用。

（4）演练宣传方案。内容主要包括宣传目标、宣传方式、传播途径、主要任务及分工、技术支持、通信联系方式等。

（5）演练脚本。对于重大综合性示范演练，演练组织单位要编写演练脚本，描述演练事件场景、处置行动、执行人员、指令与对白、视频背景与字幕、解说词等。

3.2.5 演练方案评审

对综合性较强、风险较大的应急演练，评估组要对文案组制订的演练方案进行评审，确保演练方案科学可行，以确保应急演练工作的顺利进行。

3.3 演练动员与培训

在演练开始前要进行演练动员和培训，确保所有演练参与人员掌握演练规则、演练情景和各自在演练中的任务。

所有演练参与人员都要经过应急基本知识、演练基本概念、演练现场规则等方面的培训。对控制人员要进行岗位职责、演练过程控制和管理等方面的培训；对评估人员要进行岗位职责、演练评估方法、工具使用等方面的培训；对参演人员要进行应急预案、应急技能及个体防护装备使用等方面的培训。

3.4 应急演练保障

3.4.1 人员保障

演练参与人员一般包括演练领导小组、演练总指挥、总策划、文案人员、控制人员、评估人员、保障人员、参演人员、模拟人员等，有时还会有观摩人员等其他人员。在演练的准备过程中，演练组织单位和参与单位应合理安排工作，保证相关人员参与演练活动的时间；通过组织观摩学习和培训，提高演练人员素质和技能。

3.4.2 经费保障

演练组织单位每年要根据应急演练规划编制应急演练经费预算，纳入该单位的年度财政（财务）预算，并按照演练需要及时拨付经费。对经费使用情况进行监督检查，确保演练经费专款专用、节约高效。

3.4.3 场地保障

根据演练方式和内容，经现场勘察后选择合适的演练场地。桌面演练一般可选择会议室或应急指挥中心等；实战演练应选择与实际情况相似的地点，并根据需要设置指挥部、集结点、接待站、供应站、救护站、停车场等设施。演练场地应有足够的空间，良好的交通、生活、卫生和安全条件，尽量避免干扰公众生产生活。

3.4.4 物资和器材保障

根据需要，准备必要的演练材料、物资和器材，制作必要的模型设施等，主要包括：

（1）信息材料：主要包括应急预案和演练方案的纸质文本、演示文档、图表、地图、软件等。

（2）物资设备：主要包括各种应急抢险物资、特种装备、办公设备、录音摄像设备、信息显示设备等。

(3)通信器材:主要包括固定电话、移动电话、对讲机、海事电话、传真机、计算机、无线局域网、视频通信器材和其他配套器材,尽可能使用已有通信器材。

(4)演练情景模型:搭建必要的模拟场景及装置设施。

3.4.5 通信保障

应急演练过程中应急指挥机构、总策划、控制人员、参演人员、模拟人员等之间要有及时可靠的信息传递渠道。根据演练需要,可以采用多种公用或专用通信系统,必要时可组建演练专用通信与信息网络,确保演练控制信息的快速传递。

3.4.6 安全保障

演练组织单位要高度重视演练组织与实施全过程的安全保障工作。大型或高风险演练活动要按规定制定专门应急预案,采取预防措施,并对关键部位和环节可能出现的突发事件进行针对性演练。根据需要为演练人员配备个体防护装备,购买商业保险。对可能影响公众生活、易于引起公众误解和恐慌的应急演练,应提前向社会发布公告,告示演练内容、时间、地点和组织单位,并做好应对方案,避免造成负面影响。

演练现场要有必要的安保措施,必要时对演练现场进行封闭或管制,保证演练安全进行。演练出现意外情况时,演练总指挥与其他领导小组成员会商后可提前终止演练。

4 应急演练实施

4.1 演练启动

演练正式启动前一般要举行简短仪式,由演练总指挥宣布演练开始并启动演练活动。

4.2 演练执行

4.2.1 演练指挥与行动

(1)演练总指挥负责演练实施全过程的指挥控制。当演练总指挥不兼任总策划时,一般由总指挥授权总策划对演练过程进行控制。

(2)按照演练方案要求,应急指挥机构指挥各参演队伍和人员,开展对模拟演练事件的应急处置行动,完成各项演练活动。

(3)演练控制人员应充分掌握演练方案,按总策划的要求,熟练发布控制信息,协调参演人员完成各项演练任务。

(4)参演人员根据控制消息和指令,按照演练方案规定的程序开展应急处置行动,完成各项演练活动。

(5)模拟人员按照演练方案要求,模拟未参加演练的单位或人员的行动,并作出信息反馈。

4.2.2 演练过程控制

总策划负责按演练方案控制演练过程。

(1)桌面演练过程控制

在讨论式桌面演练中,演练活动主要是围绕对所提出问题进行讨论。由总策划以口头或书面形式,部署引入一个或若干个问题。参演人员根据应急预案及有关规定,讨论应采取的行动。

在角色扮演或推演式桌面演练中,由总策划按照演练方案发出控制消息,参演人员接收到事件信息后,通过角色扮演或模拟操作,完成应急处置活动。

(2)实战演练过程控制

在实战演练中,要通过传递控制消息来控制演练进程。总策划按照演练方案发出控制消息,控制人员向参演人员和模拟人员传递控制消息。参演人员和模拟人员接收到信息后,按照发生真实事件时的应急处置程序,或根据应急行动方案,采取相应的应急处置行动。

控制消息可由人工传递,也可以用对讲机、电话、手机、传真机、网络等方式传送,或者通过特定的声音、标志、视频等呈现。演练过程中,控制人员应随时掌握演练进展情况,并向总策划报告演练中出现的各种问题。

4.2.3 演练解说

在演练实施过程中,演练组织单位可以安排专人对演练过程进行解说。解说内容一般包括演练背景描述、进程讲解、案例介绍、环境渲染等。对于有演练脚本的大型综合性示范演练,可按照脚本中的解说词进行讲解。

4.2.4 演练记录

演练实施过程中,一般要安排专门人员,采用文字、照片和音像等手段记录演练过程。文字记录一般可由评估人员完成,主要包括演练实际开始与结束时间、演练过程控制情况、各项演练活动中参演人员的表现、意外情况及其处置等内容,尤其要详细记录可能出现的人员"伤亡"(如进入"危险"场所而无安全防护,在规定的时间内不能完成疏散等)及财产"损失"等情况。

照片和音像记录可安排专业人员和宣传人员在不同现场、不同角度进行拍摄,尽可能全方位反映演练实施过程。

4.2.5 演练宣传报道

演练宣传组按照演练宣传方案作好演练宣传报道工作。认真做好信息采集、媒体组织、广播电视节目现场采编和播报等工作,扩大演练的宣传教育效果。对涉密应急演练要做好相关保密工作。

4.3 演练结束与终止

演练完毕,由总策划发出结束信号,演练总指挥宣布演练结束。演练结束后所有人员停止演练活动,按预定方案集合进行现场总结讲评或者组织疏散。保障部负责组织人员对演练场地进行清理和恢复。

演练实施过程中出现下列情况,经演练领导小组决定,由演练总指挥按照事先规定的程序和指令终止演练:(1)出现真实突发事件,需要参演人员参与应急处置时,要终止演练,使参演人员迅速回归其工作岗位,履行应急处置职责;(2)出现特殊或意外情况,短时间内不能妥善处理或解决时,可提前终止演练。

5 应急演练评估与总结

5.1 演练评估

演练评估是在全面分析演练记录及相关资料的基础上,对比参演人员表现与演练目标要求,对演练活动及其组织过程作出客观评价,并编写演练评估报告的过程。所有应急演练活动都应进行演练评估。

演练结束后可通过组织评估会议、填写演练评价表和对参演人员进行访谈等方式,也可要求参演单位提供自我评估总结材料,进一步收集演练组织实施的情况。

演练评估报告的主要内容一般包括演练执行情况、预案的合理性与可操作性、应急指挥人员的指挥协调能力、参演人员的处置能力、演练所用设备装备的适用性、演练目标的实现情况、演练的成本效益分析、对完善预案的建议等。

5.2 演练总结

演练总结可分为现场总结和事后总结。

(1)现场总结。在演练的一个或所有阶段结束后,由演练总指挥、总策划、专家评估组长等在演练现场有针对性地进行讲评和总结。内容主要包括本阶段的演练目标、参演队伍及人员的表现、演练中暴露的问题、解决问题的办法等。

(2)事后总结。在演练结束后,由文案组根据演练记录、演练评估报告、应急预案、现场总结等材料,对演练进行系统和全面的总结,并形成演练总结报告。演练参与单位也可对本单位的演练情况进行总结。

演练总结报告的内容包括:演练目的,时间和地点,参演单位和人员,演练方案概要,发现的问题与原因,经验和教训,以及改进有关工作的建议等。

5.3 成果运用

对演练中暴露出来的问题,演练单位应当及时采取措施予以改进,包括修改完善应急预案、有针对性地加强应急人员的教育和培训、对应急物资装备有计划地更新等,并建立改进任务表,按规定时间对改进情况进行监督检查。

5.4 文件归档与备案

演练组织单位在演练结束后应将演练计划、演练方案、演练评估报告、演练总结报告等资料归档保存。

对于由上级有关部门布置或参与组织的演练,或者法律、法规、规章要求备案的演练,演练组织单位应当将相关资料报有关部门备案。

5.5 考核与奖惩

演练组织单位要注重对演练参与单位及人员进行考核。对在演练中表现突出的单位及个人,可给予表彰和奖励;对不按要求参加演练,或影响演练正常开展的,可给予相应批评。

6 附则

6.1 名词解释

(1)演练情景。指根据应急演练的目标要求,根据突发事件发生与演变的规律,事先假设的事件发生发展过程,一般从事件发生的时间、地点、状态特征、波及范围、周边环境、可能的后果以及随时间的演变进程等方面进行描述。

(2)应急响应功能。突发事件应急响应过程中需要完成的某些任务的集合,这些任务之间联系紧密,共同构成应急响应的一个功能模块。比较核心的应急响应功能包括:接警与信息报送、指挥与调度、警报与信息公告、应急通信、公共关系、事态监测与评估、警戒与治安、人群疏散与安置、人员搜救、医疗救护、生活救助、工程抢险、紧急运输、应急资源调配等。

(3)应急指挥机构。应急预案所规定的应急指挥协调机构,如现场指挥部等。

(4)演练参与人员。参与演练活动的各类人员的总称,主要分为以下几类:

演练领导小组:负责演练活动组织领导的临时性机构,一般包括组长、副组长、成员。

演练总指挥:负责演练实施过程的指挥控制,一般由演练领导小组组长或上级领导担任;副总指挥协助演练总指挥对演练实施过程进行控制。

总策划:负责组织演练准备与演练实施各项活动,在演练实施过程中在演练总指挥的授权下对演练过程进行控制;副总策划是总策划的助手,协助总策划开展工作。

文案人员:指负责演练计划和方案设计等文案工作的人员。

评估人员:指负责观察和记录演练进展情况,对演练进行评估的专家或专业人员。

控制人员:指根据演练方案和现场情况,通过发布控制消息和指令,引导和控制应急演练进程的人员。

参演人员:指在应急演练活动中承担具体演练任务,需针对模拟事件场景作出应急响应行动的人员。

模拟人员:指演练过程中扮演、代替某些应急响应机构和服务部门,或模拟事件受害者的人员。

后勤保障人员:指在演练过程中提供安全警戒、物资装备、生活用品等后勤保障工作的人员。

观摩人员:指观摩演练过程的其他各类人员。

(5)演练控制消息。指演练过程中向演练人员传递的事件信息,一般用于提示事件情景的出现和引导和控制演练进程。

(6)演练规划。指演练组织单位根据实际情况,依据相关法律法规和应急预案的规定,对一定时期内各类应急演练活动作出的总体计划安排,通常包括应急演练的频次、规模、形式、时间、地点等。

(7)演练计划。指对拟举行演练的基本构想和准备活动的初步安排,一般包括演练的目的、方式、时间、地点、日程安排、经费预算和保障措施等。

(8)演练方案。内容一般包括演练目标、演练情景、演练实施步骤、评估标准与方法、后勤保障、安全注意事项等。

(9)演练评估。由专业人员在全面分析演练记录及相关资料的基础上,对比参演人员表现与演练目标要求,对演练活动及其组织过程作出客观评价,并编写演练评估报告。

6.2 适用范围

本指南适用于各级、各类应急管理领导机构组织开展突发事件应急演练时参考。并可结合本地区、本部门、本行业、本单位的实际情况制定具体的应急演练操作细则。

附录四 大型活动安全要求(节选)

GB/T 33170.1—2016）
第 2 部分:人员管控
1. 范围

GB/T 33170 的本部分规定了为保障大型活动安全在安全检查、人员监测、预警以及处置等管控措施方面的要求。

本部分适用于大型活动中的人员管控工作。

2. 规范性引用文件

下列文件对于本文件的应用是必不可少的。凡是注日期的引用文件,仅注日期的版本适用于本文件。凡是不注日期的文件,其最新版本(包括所有的修改单)适用于本文件。

GB 20815 视频安防监控数字录像设备

GB/T 33170.1—2016 大型活动安全要求 第 1 部分:安全评估

GB 50348 安全防范工程技术规范

GA/T 368 入侵报警系统技术要求

GA/T 405 安全技术防范产品分类与代码

3. 术语和定义

GB/T 33170.1—2016 界定的以及下列术语和定义适用于本文件。

3.1 人员管控 personnel management and control

为保障大型活动的安全,在活动中对进入场地的人员和人流采取的必要性安检、监测、检查、引导、控制及其他措施。

3.2 禁带物品 prohibited article

与影响活动安全有关的禁止携带进入现场的违禁物品。

3.3 限带物品 limited article

不违反法律法规规定,但根据承办者活动安全管理等需要,不许带入的大型活动举办场地内部的物品。

3.4 安全检查 security check

对进入大型活动场所的人员、物品、车辆以及场地等进行的涉及安全的专业检查,简称安检。

3.5 监测 personnel monitoring

采取一定的手段对人群整体或人员个体的正常性进行实时监视和在线测试。

3.6 预警 early warning

在大型活动中,于需要提防的危险发生之前,根据以往总结的规律或观测得到的可能性前兆,向接受方发出紧急信号,报告危险情况,以避免危害在不知情或准备不足的情况下发生,从而最大程度的减低危害所造成的损失的行为。

3.7 处置 treatment

根据大型活动预警信息类型或突发事件类型的不同,而采取不同的控制发展和减轻影响的措施。

4. 总则

4.1 基本原则

大型活动的人员管控工作应遵循"分级布控,突出重点、人防技防相结合"的原则。

4.2 人员管控程序

大型活动人员管控程序包括监测、预警、处置三个环节。

4.3 人员管控要求

4.3.1 大型活动人员管控实行分类分级,应根据大型活动安全评估级别的不同,制定符合级别安全要求的措施。

4.3.2 大型活动开始之前,承办者应提出备案禁带物品、限带物品的种类和明细并经管理部门批准。限带物品采用票证背书、入场须知等方式予以公告,应明确标识不同权限人员的活动范围。

注 1:禁带物品如下:
——枪支、弹药、爆炸物;
——弩、仿真枪、管制刀具(包括匕首、三棱刀、弹簧刀,少数民族佩戴的藏刀、腰刀、靴刀等);
——烟花爆竹、汽油、酒精等易燃、易爆危险品;
——剧毒、腐蚀性及放射性危险物质;
——有害生物制剂、传染病病原体等物质;
——海洛因、可卡因、大麻、冰毒等各类毒品;
——中国法律法规明令禁止的其他物品。

注 2:根据大型活动的性质不同,以下物品可被列入限带物品类:
——易碎品与各类容器;
——自带的各类软包装饮料,以及大量的易投食品;
——未经活动主办方允许的横幅和标语;
——除婴儿车和轮椅外的任何代步工具;
——动物(导盲犬等服务类动物除外);
——乐器;
——球棒、长棍、尖锐物等造成人身伤害的物品;
——体积较大的箱包、手提袋;
——非经允许的旗帜、标语、横幅;
——任何未经授权的专业摄像设备及照相、摄像器材的支架;
——其他可能影响安全的物品。

5. 安全检查

5.1 入场安检

根据现场情况设置安检站,利用安检门、X 光安检机、手持金属探测器等安检设备手段对进入现场的人员和物品进行安全检查。如有涉及政治敏感性的物品,应进行专门安检。

5.2 场地安检

要对活动举办场所进行全面检查,重点对活动现场主席台、观众席、舞台、要人休息区及活动区进行检查,主要检查有无地质和结构安全隐患,电气设备的可靠性、防火设备的充足性和有效性,必要时要进行防爆检查。

5.3 车辆安检

根据大型活动的性质和安全级别,安排车辆安检,重点检查发动机舱、驾驶舱、行李舱以及车底和顶棚有无禁带和限带物品,同时视情况在车道配备驾驶员和乘坐人员的人检设施,对司乘人员进行人身检查。

注 1:重点对承担警卫任务的车辆和进入安保警戒区域内的车辆进行检查。

注 2:利用车底检查镜、X 光扫描系统等技术手段与人工感官相结合的方式对车辆进行安检。

6. 监测

6.1 票证监测

6.1.1 票证监测指大型活动管理方应配备专人验证入场人员和车辆票证的有效信息,并根据票证信息进行活动人员车辆情况的记录。发售的票证上应注明禁止或限制性携带的物品等安全管理要求,并在发售票证前通过新闻媒体、现场广播、宣传海报等方式向社会公告。票证监测包括人员票证监测和车辆票证监测。

6.1.2 票证主要包括:

—— 入场活动人员入场券(票、卡);

—— 工作人员工作证(卡);

—— 入场车辆通行证及司乘人员有关证件。

6.1.3 票证中与安全有关的信息主要包括:

—— 能否寄存物品;

—— 限带物品清单;

—— 允许活动的区域范围;

—— 允许的时间范围;

—— 允许的参与权限;

—— 安全评估风险等级为高或极高的活动票证应增加防伪信息和人员身份信息。

6.1.4 票证应通过不同颜色、不同外形来明确标识不同的权限,并采取分时分区监测。

6.2 携带物品监测

6.2.1 大型活动承办者应配备专人对入场人员和车辆携带物品进行监测。宜结合人工检查和设备检查相结合的方式。

6.2.2 大型活动人员携带物品监测,应运用安全检查的手段对入场人员及其随身物品进行监测,判断是否存在禁带物品或限带物品。

6.2.3 为避免人员携带金属类禁带、限带物品,应对入场人员携带金属类物品进行监测。

6.2.4 为避免人员携带易燃、易爆类禁带、限带物品,应对入场人员携带易燃、易爆物品进行监测。

6.2.5 进入活动现场的车辆应通过包括车辆底盘检查、车厢、车顶部等方面内容的检查。

6.2.6 监测过程中发现枪支弹药、爆炸可疑物、腐蚀性与放射性物品等违禁物品，监测人员应当迅速报告现场公安机关进行处理。

6.3 活动范围监测

6.3.1 活动范围监测是指对人员和车辆在允许进入区域内的行为、以及依据对允许进入区域的授权等级做出的超出范围的行为进行监测。

6.3.2 人员和车辆在允许进入区域内的需要监测的行为包括徘徊、不当停靠、突然加速运动、逆行、接近重要物品设施等。

6.3.3 人员和车辆超出授权等级允许的区域范围的行为包括入侵、越界、进入禁区、离开禁区等。

6.3.4 大型活动场地周边的车辆停靠情况也应进行监测。

6.3.5 监测的重点主要选取不同授权等级的交界处、重要物品设施区域、禁止进入区域等。

6.3.6 监测的措施采取人防、物防、技防相结合的手段，对于人员和车辆在允许进入区域内的徘徊、不当停靠、突然加速、逆行、接近重要物品设施等行为能够有效提示，对于人员和车辆进入超出授权等级允许区域的行为能够及时发出警示。

6.4 人群聚集监测

6.4.1 人群聚集监测是指对大型活动场地内易产生人群聚集的区域范围进行人群聚集和拥挤现象的监测。

6.4.2 大型活动中，为防止人群聚集、拥挤现象的发生，宜采用计数器、电子票以及视频统计等手段实时采集人员流量。

6.4.3 人群聚集监测的重点是在活动中心场地及狭窄通道、出入口、上下坡、楼梯、桥梁、涵洞、观景场所等易产生人群聚集的区域。

6.5 其他监测

6.5.1 活动秩序监测。大型活动过程中，承办者宜采用人工和视频监测手段对活动范围内及周界影响秩序的事件进行监测。

6.5.2 突发事件监测。大型活动过程中，承办者应针对恶劣天气、火灾、气体泄漏、人为破坏基础设施等风险较高的突发事件进行有针对性的监测，及早发现征兆。

6.6 监测系统要求

6.6.1 对于出入口控制系统，如果管理/控制设备是采用电位和/或电脉冲信号控制和/或驱动执行部分的，则某出入口与信号相关的连线与连接装置应置于该出入口的对应受控区、同级别受控区或高级别受控区内。

6.6.2 进出口（闸机）处、通道进出口处、重点场馆进出口、售票口排队区域、站台候车区域、楼梯出入口、扶梯出入口、重要交叉路口、周界点、地下通道、行人天桥等点位处以及其它活动现场重要位置宜设置监测点位。

6.6.3 活动承办者按照安全评估结果确定需要的重点区域，宜安装图像信息系统。

6.6.4 大型活动图像信息记录时间满足,活动举办时限要求视频监控资料保留至少 30 天。

6.6.5 在环境温湿度条件下,监测系统应能满足基本试验中的要求。

6.6.6 大型活动人员监测相关设备的电磁兼容性应符合 GB 20815 的要求。

6.6.7 大型活动中人员监控相关设备的可靠性应符合 GB 50348 和 GB 20815 的要求。本标准的本部分采用平均无故障工作时间(MTBF)衡量产品的可靠性水平。设备在正常气候条件下的平均无故障工作时间(MTBF)应不小于 4000h,并在产品的技术文件中明示。

7. 预警

7.1 预警级别

7.1.1 一般(Ⅲ级)预警

人员监测得到的信息显示,事件发生对大型活动造成了局部影响或产生不良后果的,应采取一般预警措施。

7.1.2 严重(Ⅱ级)预警

人员监测得到的信息显示,事件发生对大型活动造成了较大范围的影响或产生较严重不良后果的,应采取严重预警措施。

7.1.3 特别严重(Ⅰ级)预警

人员监测得到的信息显示,事件发生紧急,且对大型活动造成了非常大范围的影响或产生特别严重不良后果的,应采取特别严重预警措施。

7.2 预警过程

7.2.1 信息上传

大型活动承办者相关人员应根据不同的预警级别,向相关机构上报预警信息。当人员监测到异常情况时,应将有关视频图像等预警信息及时上传到指挥中心,以利于指挥中心第一时间掌握现场情况,判断异常情况种类,协助第一时间了解预警信息、妥善处理和合理调配应对力量。

7.2.2 信息核实

在收到各类报警信息时,现场指挥中心应及时进行核实,以利于作出正确的判断。

7.2.3 现场指挥

现场指挥中心应及时调配安保人员,合理使用各类安保资源。

7.2.4 信息发布

大型活动承办者应根据不同的预警级别,准确、及时、有效发布对应的预警信息。预警信息应能正确引导大型活动工作人员处置预警,并应能快速疏导人员。

7.2.5 预警信息撤销

预警解除,大型活动承者应及时发布撤销预警的相关信息。

8. 处置

8.1 拒检处置

人员携带物品监测一般在人员进入大型活动举办区域前进行,拒绝接受检查者不准参与大型活动。

8.2 人员携带物品监测报警处置

8.2.1 禁带物品处置

在监测过程中,发现人员或车辆携带禁带物品时,安检人员应对该禁带物品进行复检,如确属禁带物品,则由公安机关按规定控制住禁带物品携带人,并扣留禁带物品,对该物品作进一步确认和处理。

8.2.2 限带物品处置

在监测过程中,发现人员或车辆携带限带物品,提示安检人员对该限带物品进行复检,如确属限带物品,不得带入大型活动区域,由大型活动承办者代为保管或者由携带者自行处置。

8.3 人员活动范围监测报警处置

在监测过程中,发现人员或车辆有非法入侵、单向越界、双向越界、进入禁区、离开禁区或有影响活动进程的长期徘徊、快速运动、逆行行为时,活动承办者应及时派工作人员予以劝阻。不听劝阻的,在可能影响到大型活动安全的情况下,可先采取必要的控制措施,并报公安部门处理。

8.4 人群聚集报警处置

在监测过程中,发现人群聚集和拥挤现象时,活动承办者应及时派工作人员予以疏导。发生人群聚集报警后的现场秩序维护、人群疏导的主要工作包括:

——对水、电、气等重点部位的看护;
——对桥梁、涵洞、窄路、水域等危险区域的控制;
——对出入口、安全通道的疏导;
——入退场人员和车辆的导向;
——入场人员达到安全额定容量时的控制;
——广播疏导宣传。

8.5 秩序扰乱及突发事件处置

大型活动承办者应制定相关处置方案,针对人员扰乱滋事、群体性突发事件以及其它恶劣天气、火灾、气体泄漏、人为破坏基础设施等突发事件明确处置程序。